普通高等教育"十四五"金融学类专业产教融合系列规划教材

总主编 杨力

Finance

期货投资实务
——商品基本面分析

主 编／曹 雷

立信会计出版社
LIXIN ACCOUNTING PUBLISHING HOUSE

图书在版编目(CIP)数据

期货投资实务:商品基本面分析/曹雷主编. —上海:立信会计出版社,2021.9(2024.7 重印)

普通高等教育"十四五"金融学类专业产教融合系列规划教材

ISBN 978 - 7 - 5429 - 6816 - 6

Ⅰ.①期… Ⅱ.①曹… Ⅲ.①期货交易—高等学校—教材 Ⅳ.①F830.93

中国版本图书馆 CIP 数据核字(2021)第 170212 号

策划编辑　　窦瀚修　张善涛
责任编辑　　孙　勇
助理编辑　　吴佳璘
封面设计　　南房间

期货投资实务——商品基本面分析
QIHUO TOUZI SHIWU SHANGPIN JIBENMIAN FENXI

出版发行	立信会计出版社			
地　　址	上海市中山西路 2230 号	邮政编码	200235	
电　　话	(021)64411389	传　真	(021)64411325	
网　　址	www.lixinaph.com	电子邮箱	lixinaph2019@126.com	
网上书店	http://lixin.jd.com	http://lxkjcbs.tmall.com		
经　　销	各地新华书店			

印　　刷	苏州市古得堡数码印刷有限公司
开　　本	787 毫米×1092 毫米　　1/16
印　　张	12.75
字　　数	311 千字
版　　次	2021 年 9 月第 1 版
印　　次	2024 年 7 月第 2 次
书　　号	ISBN 978 - 7 - 5429 - 6816 - 6/F
定　　价	39.00 元

如有印订差错,请与本社联系调换

普通高等教育"十四五"金融学类专业
产教融合系列规划教材

编委会

总　主　编：杨　力

副总主编：张　云

编委会成员（按姓氏笔画排序）：

王　蓓　刘全宝　杨　宜　吴力权　吴卫星

郑海伟　孟　昊　胡金焱　徐永林　黄　巍

总　序

党的十九大报告指出："建设教育强国是中华民族伟大复兴的基础工程。"当前，我们正处于实现中华民族伟大复兴的关键时期，面对世界百年未有之大变局和"两个一百年"奋斗目标历史交汇的关键节点，高等教育作为"一个国家发展水平和发展潜力的重要标志"（习近平，2016）应当主动把握历史发展的关键时期，做到超前识变、积极应变和主动求变。文科教育培养人的自信心、自豪感、自主性，是形成国家民族文化自觉的主战场、主阵地、主渠道，理应在历史发展的关键时期有所作为。2020年11月，全国有关高校和专家齐聚中华文化重要发祥地山东，共商新时代文科教育发展大计，发布了《新文科建设宣言》。对于推动文科教育创新发展、提升国家文化软实力具有重要意义。金融学类专业作为新文科的重要组成部分，需要主动肩负新的时代使命，应对时代挑战，革新金融学科教育体系、培养特色金融人才，积极融入新文科建设。

上海立信会计金融学院地处上海国际金融中心腹地，具有近百年的办学历史，被业界誉为"未来金融家摇篮"，是上海高水平地方应用型高校建设试点高校。金融学院坚持以立德树人为根本任务，贯彻落实"三全育人"，不断深化产教融合人才培养模式，"金融学"和"金融工程"专业先后入选国家一流本科专业建设点。当前，金融学院积极对标国家"双万计划"建设目标，持续深化本科教育教学改革，不断加强学科专业建设，彰显"诚信为本、学验并重"办学特色，主动对接上海国际金融中心建设，为国家新时代金融事业发展培养高水平应用型金融人才。通过精心策划和深入论证，特推出"十四五"金融学类专业产教融合系列规划教材。本系列教材突出校企合作、产教融合的人才培养特点，主题涵盖现代商业银行经营、国际结算、外汇交易实务、互联网金融、金融科技发展、绿色金融、金融理财规划、金融投资实战、金融专业实验与金融发展史等领域，由高校专业教师与行业专家共同编写，较全面的反映了金融行业发展现状，体现了金融学科发展趋势。本系列教材具有以下特点：

第一，突出校企协同，紧贴金融市场发展前沿。本系列教材采取校企合作开发模式，编委会成员和编写团队由高校专业教师、金融行业专家共同组成，体现了学校与企业相协同、理论与实践相结合。系列教材以金融理论为基础，以金融行业岗位专业知识与能力要求为编写准则，依托企业资源，充分发挥行业专家丰富实践经验、掌握一手前沿信息的优势，系列教材内容反映了国内外金融市场发展的最新趋势、热点领域和重大理论前沿发展，可帮助在校学生、社会金融从业人员进一步加深对金融领域前沿发展的了解，提高对现代金融运行机制、规律的认识。

第二，秉承"学验并重"办学特色，对标应用型人才培养目标。"学验并重"是理论教学与实验教学并举、理论学习与实验实践互补的教学模式，是立信多年凝练而成的鲜明办学特色。加强金融实验教学建设符合应用型本科院校人才培养定位，满足金融市场和金融机构人才需求，契合金融专业课程特色和教学目标。系列教材包含多本金融实验教材，从具体软件工具与金融的结合运用，到金融专业综合模拟实验，全面融入了金融实务和操作模块，为学生系统掌握金融学分析方法，提升实践运用能力提供有效指导。

第三，彰显学科融合发展趋势，探寻金融行业创新路径。系列教材不断突破既有的学科边界，围绕互联网金融、金融科技、人工智能、绿色金融等新兴技术和先进理念展开，积极响应新文科建设对跨学科融合的现实要求，突出科技创新与金融创新的有机融合，充分阐述金融业新业务模式与服务内涵，面向金融业发展的现状和未来提供有价值的学术引领和知识规范。在展现多学科融合发展趋势的同时，引导读者积极探索金融市场创新路径，致力于培养学生的创新意识和创新能力。

本系列教材凝结了编委会全体专家的殷切关怀，吸收了学校金融学院和兄弟院校同仁们的教学研究成果以及行业专家的宝贵从业经验，系列教材的顺利出版正得益于各位专家的共同努力。在此对各位编委会成员、业界专家学者和主编参编作者们的辛勤工作，致以最诚挚的谢意！同时，还要感谢立信会计出版社的领导和编辑老师们的大力支持和辛劳付出。最后必须要说明的是本系列教材具有筚路蓝缕的探索性质，受各种因素制约，仍不可避免存在着不足，诚恳期望得到大家的批评指正，在今后的教学与研究过程中不断得到完善，共同推进金融学科教育事业的发展。

前　言

　　编者在1990年代初开始介入金融市场，先后从事外汇交易、大宗商品期货市场和股票市场的投资和研究。由于自身的经历，所以编者非常推崇约翰·墨菲（John Murphy）首倡的跨市场（intermarket）分析的观点。站在全球宏观投资角度，金融市场可分成4种类型：股票市场、债券市场、大宗商品市场和外汇市场，全球资金在这4个市场中寻找洼地，进行跨市场套利或投机。

　　在这4个市场中，相对来说，商品市场并不被大多数人所关注和熟悉，这与其在全球金融市场的地位并不相称。商品市场（commodity market）虽然是一个小众的市场，但是作为一个连接实体经济和虚拟经济的枢纽，能快速、迅捷地感知商业周期的风起于青萍之末，所以有诸如"铜博士"之说。与股票、债券、外汇之类的金融产品不同，商品价格波动受金融属性的影响较少，更多是受其商品属性影响。所以编者选取了能源、工业金属、农产品等品种，而将贵金属排除在外。由于资料搜集原因，编者未将铁矿石等新的品种纳入本书范围。

　　从商品的基本面属性来论述金融投资，是个有益的尝试，但也面临着很多困难：首先是难以收集相关资料，就编者所知，美国在1990年代和2008年曾经出版过两本以商品基本面分析为主旨的书籍，但数据已经严重老化，不能反映当前的商品市场状况，而国内还没有相关方面的资料。其次，大宗商品价格和股票债券价格不同，由于商品本身的通用性，使得全球各地的商品价格趋同，必须以全球化、跨市场的视野来分析和处理问题。

编　者

2021年5月

目 录

第一章	大宗商品基本面分析的

第一章　大宗商品基本面分析的原理及概述

 学习目标

掌握商品供需状况及各因素。

 能力目标

掌握商品供需平衡表的制作过程。

 案例导入

近几年来,全球大宗商品价格的波动幅度已难以仅用商品供求关系的变化加以解释,而表现出明显的金融化特征。以石油期货价格为例,自2003年初至2008年金融危机发生前的5年间,价格上涨了近5倍,最高达到每桶147美元。受金融危机的影响,2009年2月,石油价格暴跌至每桶34美元左右,其后两年内又上涨,达到每桶80美元。然而,2020年上半年石油期货价格出现了负价格。由于在石油美元体制下的能源期货交易量相当于现货交易量的10~12倍,美英等发达国家得以利用金融资本来掌控世界能源期货交易,通过操纵各种投机性因素来影响国际油价走势,导致国际油价常常背离正常的市场规律。除石油以外,2008~2010年,铜、铝、小麦等也都出现了几倍的价格涨幅。但自2011年3月开始,国际主要大宗商品价格纷纷出现大幅下滑,2011年5月初,白银价格曾4天累计跌幅高达27%,创1983年以来最大跌幅。2011年5月11日,纽约商品交易所的各类原油期货品种出现暴跌行情,甚至迫使交易所罕见地暂停了所有能源期货品种交易5分钟。

第一节　大宗商品供需和供需平衡表

一、大宗商品供需分析

按照经济学原理,供给曲线的价格越高,供给量越大。但是从大宗商品角度来看,无

1

论价格水平如何变动,整体经济所能供给的数量最终都会受到总产量加库存的限制。当然,当价格水平偏高时,生产者愿意保留较少的库存而增加供给;反之,价格偏低时,生产者将增加库存而减少供给,所以供给曲线的斜率也反映了库存与销售之间的取舍关系。

对于易腐性商品(如鸡蛋、土豆)和不可存储商品(如活牛、活猪)来说,短期供给大致固定,供给曲线可以表示为一条垂直线。例如我们绘制半年期的活猪供给曲线,该期间内的活猪供给量相对不会受市场价格影响。一方面活猪一旦到达销售重量之后,除了短暂延迟之外,不论价格如何,生产商都不得不把猪送到市场上,价格偏低不会降低供给量。另一方面,由于生产者决定把小猪生产下来到销售之间,大约有一年的时间差,价格偏高也无法使供给量增加。事实上,如果价格可以影响供给的话,更有可能会让供给曲线的斜率变成负数,即价格上升会造成供给量减少,理由是:价格偏高诱使生产者保留猪作为繁殖之用,而减少了当前的供给。但为了简单起见,我们假定易腐性与不可储存的商品供给曲线为垂直线。

需求可以视为价格与消费量的关系,某种意义上需求可以被认为衡量消费者的买进力量,需求曲线的斜率向下,意味着较低价格的需求量较高。

需求弹性是需求增加百分率除以价格下降百分率,如果某商品的需求缺乏弹性,意味着相对大幅的价格波动百分率仅能够造成小幅的需求量变动率。需求弹性的大小取决于两个因素:可替代品和购买该商品价格占总收入的比重。总体上,大多数商品需求弹性都不高,简言之,当价格发生某个百分比变动时,需求量发生反向变动的百分比都不大,这是一个很重要的现象,因为需求曲线缺乏弹性,一旦供给发生变动,价格的波动都比较严重。

在进行供需分析时,供给比较容易处理,易腐性和不可储存的商品供给大约固定,其他商品也可以根据产量和库存的统计数据判断。但有一个难题,就是需求不容易量化,即使可以采用统计抽样的方法,也会成本太高且不切实际——很难想象一般的消费者都能精确描述其需求曲线。

解决需求的量化问题时常用的方法是以消费代替需求,可是,这种方法有一个重大瑕疵:消费是需求的使用数量,还取决于供/需因素,两者不能简单替代。

解决方法因各个市场不同而变,我们可以总结出下列的特点:

(1)需求稳定的市场。这些市场可以合理假定需求量非常稳定,完全可以通过供给面的统计数据来预测需求。

(2)需求变动具有某种成长形态的市场。这些市场虽然每年变动,但变动的形态可以简化为某种模型。我们可以设计某种指数来代表需求,让它反映假定的需求成长模型,原糖就是典型的例子。

(3)辨别需求的影响因素。有些市场需求变动虽然没有稳定的成长模型,但存在可以辨别的需求影响因素。例如有些年份牛肉需求增加,而有些年份需求减少。这些需求的变动取决于某些可以辨别的因素,例如替代肉类的供给。在这种情况下,我们不需要直接处理需求曲线,而是在价格预测模型中考虑供给面的资料与间接需求等决定因素。铜价的预测模型也可以采用这个方法,通过下游产业活动水平来反映铜的需求。

(4)极度缺乏弹性的需求(即供给弹性相对大于需求弹性)。虽然经济学概念上是不正确的,但就实务而言,这种市场可以采用消费来代表需求,由于需求缺乏弹性,所以不管价格如何变动,市场的消费量都不会有重大变化。所以我们能假定既有的消费量大致反映需求水平。

二、商品供需平衡表

顾名思义,供需平衡表就是由供给与需求两方面组成的一种分析方法,需求综合了该品种所有的下游需求因素,而供给则是加总了该品种所有的产能释放。

1. 在工业品中,测量需求量非常重要

因为工业品的需求经常呈现出较强的周期性和季节性,所以需要综合考虑两者的影响。相对而言,在研究农产品时,测算需求更多考虑人口增长和消费习惯等因素,但这些因素变化较为缓慢,导致农产品的周期性不明显,而季节性却非常强。

以螺纹钢为例,螺纹钢的下游需求主要是房地产和基建,所以可以用自下而上的方法来测算螺纹钢的需求,即分别测算出房地产所需要的螺纹钢数量以及基建所需要的螺纹钢数量,两者之和作为螺纹钢的总需求,同时加上出口需求。这样,商品需求测算可以用下列等式表示:

$$商品的需求 = 商品下游1的需求 + 商品下游2的需求 + \cdots + 商品下游N的需求 + 出口$$

每一个下游的需求都可以用计量经济的方法进行推导,比如最小二乘的线性回归、极大似然估计、自相关模型、GARCH、ARCH 等模型。这种自下而上的需求测算最大的优点,就是可以清楚每一个下游需求的变动对商品总体需求的边际影响。互联网流传广泛的《商品研究的一点感悟》中提到:"供给和需求本身并不重要,重要的是你所测算的变量对供给和需求影响的弹性,绝对数量其实没有什么很大的意义。可以通过敏感性分析(sensitive analysis)或者情景分析(scenario analysis)进行弹性分析,以便得出边际变化对于整体供需的影响的变化。"也就是说,应用自下而上的需求估算方法,我们是可以知道每一单位的下游变化对总体需求量的影响是多少。这对于我们具体判断商品供需的变化具有深远的意义。

当然,自下而上需求测算的最大缺点和优点遥相呼应,对于每一个下游求总和,可能会产生"精确的错误"。也就是说,虽然可以认真地估算每一个下游对该商品的需求,但是由于下游变量实在太多,使得基础假设实在太多,而导致了整体估算的可信度并不高。

仍以螺纹钢的需求侧进行自下而上的计算,首先估算房地产所需要的螺纹钢,运用模型测算房地产新开工面积的增速、在建面积增速等变量,由于这些模型的假设变量都只是"假设"而已,因此测算出的房地产螺纹钢需求就有多个假设变量。然后通过类似的方法估算基建的螺纹钢需求,也同样有多个假设变量。可见螺纹钢总需求其实是基于大量假设变量的基础上得出的结果,表面上看似我们很"精细"地估算了所有螺纹钢的下游需求,但是一旦假设变量有所偏差,可能就会"失之毫厘谬以千里"。

所以对于商品的需求,尤其是工业品的需求,如果采用自上而下的方法进行估算,即假设一些诸如投资增速、GDP 增速、利率之类的宏观变量,尽管可能带来宏观层面的"模糊的正确",却可避免了自下而上方法的"精确的错误"。

当然,自上而下的方法也有自身的缺点:就是过于宏观,对于细节处并不精细,而且从逻辑上来讲,也有点因果颠倒,因为本身应该是商品的需求构成了经济,而非相反。

实际操作中,两种方法都可以采用,同时做出估计,再观察这两种方法的偏差是否很大。当两种方法估算的结果产生较大偏差时,正是审视原来假设是否正确的时候,而且,一旦找到了偏差产生的原因,可能就意味着存在良好的交易机会。

2. 供给

计算供给的公式非常的简单:

$$商品的供给 = 商品产能1 \times 产能利用率1 + 商品产能2 \times 产能利用率2 + \cdots \\ + 商品产能N \times 产能利用率N + 进口$$

供给的测算并没有多大的诀窍,就是把每一条产线的产能和产能利用率都搞清楚,然后加总,但是供给的测算非常昂贵。如果是工业品,那么产线和产能利用率的测算非常简单,只需要买数据。工业品的供给数据如铜、铝、铅、锌这四大基本金属的供给数据即成本曲线(cost curve)数据,基本上每一个品种都是几万美元,而且都是季度更新的。研究铁矿石供给的动态变化时,很重要的数据是发货量和到港量,这些船舶的数据可以高价从专业的机构如克拉克森(Clarkson)购买,也可以从彭博社(Bloomberg)或者路透社的终端加价购买实时的船舶动态地图模块。这样可以很快就知道矿石的船有多少艘、大概多少吨位的船到了哪里,还有多少时间到港,甚至有些机构自己租了几个卫星来数船。所以供给分析成本是阻挡个人投资者做基本面研究最重要的原因。当然对供需平衡表的细致程度要求,决定了投资者对供需研究的细致程度,如果想要捕捉比较短时间范围的行情,就必须对行业内影响短时间供需的细节动态有很深入以及很迅速的了解。

这就是为什么利用商品基本面研究的投资者,"调研"是非常重要的。一线的感受,可以让其对供需的变化有最敏锐的反馈。这也是为什么在商品研究中,很少有"全才"。大多数人一生可能只能专注在几个品种上,这是因为每个商品都有特定的供应和需求的链条,想要在每一个环节吃透并且深入研究,是需要付出大量的时间和精力的。这就是为什么ABCD(阿丹米、邦吉、嘉吉和路易达孚)横霸农产品市场,嘉能可(Glencore)在工业品上有绝对话语权,英国石油公司(BP)是原油期货市场巨头的原因,因为他们本身就是现货商,他们对商品供需每一个环节的细致了解,是其他人所无法望其项背的。

3. 库存

除了供需之外,在供需平衡表中还有一个特别重要的概念——"库存"。而库存既是需求,又是供给,因为库存的增加或减少,有主动或被动的原因。当被动增加库存的时候,库存会形成对价格巨大的压力,这时的库存是供给;当主动增加库存的时候,库存会形成对价格巨大的支撑,这时库存是需求。当然,反之则反是。

那么库存数据该如何取得呢?由于库存具备供需两方面的特点,所以库存的取得方法一种是可以通过购买数据,另一种则是实际调研。

知道了供给、需求和库存之后,就得到了下面这个总公式:

$$供给 + 期初库存 = 需求 + 期末库存$$

这个等式填写完,一张完整的供需平衡表就完成了。

有了供需平衡表,就可以知道供给与需求的差值,这个差值如果是正的,也就是通常所说的供过于求,被称为过剩(surplus);这个差值如果是负的,也就是通常所说的供不应求,即缺口(gap)。按常理来说,有过剩的品种价格有下行的压力,而有缺口的品种价格有上行的动能。

所以,供需平衡表是商品基本面分析的灵魂。当然供需平衡表只是基本面分析最初级的起点,从研究到交易再到赚钱,还有很长的路要走。

第二节　商品基本面分析

一、预期在基本面分析中的作用

模型中的价格解释变量,采用过去的估计值而不是实际的数据,预测的结果往往精确性更高。例如我们建立一个模型,希望解释并预测某商品在 9 月到 11 月份期间的价格行为,我们会发现,往往 9 月到 11 月所公布的过去供给估计值比实际的供给数据更能反映历史价格的变动。价格行为基本上是反映市场过去认定的看法,而不是最近修正过的数据,这种现象并不意外,因为市场参与者只能根据当时所获得的预计数据来拟定销售和交易策略。当然采用过去的预期数据,资料搜集较为麻烦,这也是大多数模型采用最后修正资料的原因。但是,一分耕耘一分收获,正确的方法没有捷径。

前文只考虑 2 种选择:利用预期资料或实际数据来解释过去的价格变动,不论哪种选择,模型都可以增加一个变量来预期下一期数据。我们列举模型纳入预期因素的 4 种可能性:

(1)价格是当期实际数据的函数,就不采用预期因素。

(2)价格是当期预期数据的函数,当期资料采用预期的数据。

(3)价格是当期实际数据与下一期预期数据的函数,下一期资料采用预期数据。

(4)价格是当期预计数据与下一期预期数据的函数,当期与下一期的资料都采用预期数据。

下一期预期数据对于价格的影响程度经常大于既有的基本面数据,这种说法尤其适用于下半段期间,因为此时基本面已经非常明确,不容易发生大的变动。事实上,如果农产品的旧作物基本面与新作物的预期之间可以做截然划分的话,新作物通常都会主导价格走势。

为什么下一期的预期数据会影响当期的价格呢? 因为未来的预期会影响当前的买卖心理。例如,如果市场预期供给将由松转紧,卖方不愿意轻易卖出,每个价位上的供给量都会减少(供给曲线向上移动)。同时,买方希望增加存货,每个价位的购买量都会增加(需求曲线向上移动),这两种效果会彼此强化,最后导致当期的价格走高。

新作物的多头预期,将导致当期基本面趋于空头,下列因果关系可以解释这种看似矛盾的现象:新作物的多头预期→旧作物年度价格上升→旧作物的消费与出口下降→旧作物的期末存量上升。

由于这种逻辑发展,当市场对于新作物产生多头预期心理,根据旧作物基本面解释的价格将显得高估,这也是为什么价格预测模型应该尽可能纳入新作物预期因素的理由所在。

就供给面而言,新作物的预期可以建立在耕种意愿和耕种亩数的估计值上面,利用这些估计值来界定预期。通常会假设某种趋势性的收成(将回归分析套用在过去收成的时间序列中,最佳适配直线所隐含的收成)。如果没有明显的趋势,则采用平均收成(如各州或各地区的 5 年平均值)。中性的预测值可以根据良好的气候向上调整,或根据恶劣气候向下调整。

就需求面来说,我们可以利用历史形态来界定预期,比如某商品近年来的消费变动量介于-2%与+4%之间,实际的变动量取决于价格变动方向和幅度,如果没有进一步的资料可供参考,可以假定消费量增加1%,以此代表新作物的预期消费量。

历史的预期数据也可以利用相同的方式界定,或是统计美国农业部过去公布的作物报告、贸易报告或分析师报告。当然这种方法不免涉及主观成分,因为不同的资料来源与不同的加权方法都可能产生不同的预期数据,可是,这并不是一个严重的缺失,因为在任何特定时期,各种来源的新作物预测数据都会集中在某种水平附近。

二、季节性分析

很多市场都呈现季节性的趋势,季节性形态有时候可以归之于明显的基本面原因。例如,农产品收成期的卖压或潜在酷寒期间之前的买进,金融市场也有一些基本面造成的季节性形态。可是某些情况下,季节性形态并没有显著的基本面因素。

利用季节性形态来拟定交易决策,这个观念建立在一个前提之上:季节性的影响将造成价格走势的偏颇。当然,这种关系绝对不可能完美,我们经常可以发现,实际的价格走势与正常的季节性趋势背道而驰。可是,我们所希望了解的是整体情况,换言之,未来的价格走势与过去的季节性形态之间是否存在足够的正向关联,而使季节性形态可以成为预测价格的有效资料。我们知道,即使是随机的序列也可能呈现季节性形态,所以很难判断季节性价格形态中有多少成分是反映真正的偏颇,又有多少成分是属于随机的性质。所以,如何评估季节性形态的重要性,其中不免涉及主观判断的成分,原则上说,我们不应该仅仅凭着季节性形态拟定交易决策,而应该将这方面的资料纳入基本分析和技术分析里面。

这里要注意:现货与期货价格的季节性形态可能不同。例如,某作物的现货价格在收成期间都几乎一定会下跌,这种类型的形态未必代表交易的机会,期货市场很可能预先反映现货市场收成期间的疲弱走势。

由于市场通常都会预先反映预期中的事件(如季节的更替),所以实际的季节性形态可能完全不同于一般的看法。某些市场与严寒季节之间有密切联系,如燃料油、冷冻浓缩橙汁与咖啡,一般认为他们在冬季应该呈现相对强劲的价格走势(就咖啡而言,冬季是7月份到8月份)。可是,这些市场都是冬季之前就呈现明显的季节性涨势,冬季开始之后反而呈现下降的趋势,燃料油在12月份到次年2月份期间有特别明显的季节性下跌,咖啡在6月份到7月份也是如此。

即使某个市场表面上呈现明确的季节性形态,也不代表它具有真正的季节性形态。如果我们分析许多市场在许多时间内的价格行为,只要分析对象的数量够多,最后几乎一定会出现某些明显的季节性形态,即使这些价格序列都具有随机性质也是如此。换言之,过去的季节性形态可能是来自常态的概率分配,而不代表未来价格行为的任何潜在偏离。

计算季节性指数有很多方法,最简单的是平均百分比法,过程如下:第一,计算月平均价格在全年或全期的平均值(尽管日和周的季节性指数更好,但需要处理较多的资料);第二,将每个月份的平均价表示为该年平均价的百分率;第三,就每个月份,计算第二步骤结果的平均数,其结果就是季节性指数。

第二种方法是关联相对法,计算过程如下:第一,将每个月的资料表示为前一个月数据的百分比;第二,计算每个月份百分比的平均值;第三,将第一个月份的数据设定为100.0,然后将第二步骤的结果重新表示为第一个月份的相对百分比;第四,根据前述调整第三步骤的结果;第五,将第四步骤的结果乘以某个共同因子,使平均的月份季节性指数为100.0。

三、预测模型的建立

由于商品市场之间存在差异,并没有适用于每个市场的标准化基本面模型,造成这些的重要因素包括:商品的可存储性、商品的可替代程度、进口与出口的重要性、政府干预的类型、对于总体经济状况的敏感性等。所以,每个市场都各自有一套基本分析的方法。不像技术分析,某特定方法可以适用于许多市场。

基本分析非常耗费时间,很难涵盖许多市场,所以,基于现实的考虑,如果希望通过基本分析来拟定交易策略,必须采用下列一种方法:第一种:采用基本分析的方法,检视众多市场的重要统计数据;第二种:针对少数市场而采用深入的基本分析,其他市场则采用技术分析;第三种:采用公开发行的基本分析报告。

第一种方法通常是不恰当的妥协之道,如果市场知识仅仅来自粗略的基本面资料,那么还不如全然忽略基本面,事实上,这是最糟的资金管理方法。非专业交易者在商品市场中,之所以发生亏损,最常见的理由可能就是根据浮于表面的基本面资讯拟定交易策略(换言之,凭着报纸媒体的文章报道或经纪商提供的一两行分析就行动)。我们假定投资者是采用第二种方法,对于初学者来说,最好先跟踪分析一两个市场的基本面,等到熟悉这些市场的研究方法之后,才扩展到其他市场。第三种方法也是个人投资者的一种合理辅助方法,其中当然涉及选择性的问题,遗憾的是许多公开发行的研究报告在分析方法上都不健全。不过,如果你充分了解本章所述原则,应该不难评估这些研究报告的分析价值。

一旦选定某市场作为基本分析的对象,可以采用下列步骤循序渐进进行分析:

(1)阅读背景资料。任何分析都必须由市场的背景资料着手,了解市场主要受哪些基本面因素的影响;查询统计资料的主要来源,资料来源包括书籍和论文在内。

(2)收集统计资料。一旦了解市场的根本运作机制之后,列示价格分析所需的所有统计资料。美国农业部针对国内外的农产品发布了很多报告,是非常好的资料来源。每一种商品后面也提供了该商品的信息收集来源,本书附录还提供了相关网址供参考。当然,对于很多市场而言,除了一般资料之外,还需要查询专业的资料来源。

(3) 计算平减价格指数,进行基本面的价格预测。这是非常重要的一个步骤。

(4) 建立模型。根据计量金融学的方法,尝试建立一个解释价格的模型。

(5) 修正模型。如果模型不能解释过去某些年份的价格行为,判断这些异常现象是来自于哪些因素,尝试将这些解释变量纳入到模型之中。某些情况下,过去所发生的不寻常价格行为,是反映孤立事件的影响(如价格管制、出口禁运或某大型投机集团认赔出场),显然与目前行情无关。如果这样,或许应该将这些异常年份剔除出模型。可是我们必须强调一点,如果仅是因为模型无法解释而剔除资料,这不是恰当的处理方法。如何决定模型所应该剔除的年份,这是实务上的重要问题。

(6) 纳入预期。观察预期的统计数据是否可以改善模型。

(7) 推估自变量。自变量是模型用来解释与预测价格的因子,我们需要推估这些输入变量在预测期内的数值。例如,明年的玉米,显然是任何玉米价格预测模型都需要考虑的输入函数。我们可以根据种植面积、历史收成与气候条件等资料,推算明年的玉米产量。

(8) 预测价格区间。根据每个自变量的合理数值区间,透过模型预测价格的对应区间。然后,所预测的价格必须乘以平减价格指数(第三步骤),换算为当期的价格。

(9) 评估政府管制的潜在影响。考虑既有的政府计划或国际协议,评估它们是否会干预市场正常的自由交易机制,举例来说,贷款水平成为价格支撑因子的可能性很高。

(10) 评估季节性形态,判断某商品是否具有明显的季节性形态。另外,观察最近的价格行为是否违反正常的季节性形态,因为这类行为可能反映根本的强势或弱势。

(11) 观察市场的反应形态。市场对于基本面重要消息的反应,可能显示短期内价格走势方向。

(12) 评估交易的机会。比较目前价格水平与前面各个步骤的预测价格区间,唯有当前价格在预测区间之外,才代表交易机会(假如前述分析是用来预测行情的变动方向而不是价格水平,则该步骤不适用)。

(13) 判断进场时间。基本分析的某些成分或许可以提供这方面的线索,例如,季节性分析,市场反应形态与某些指数模型。可是,一般来说,判断进场时机应该是属于技术分析的领域,否则,基本面转向的交易经常是以分析完成的日期为进场时间——相当荒谬的选择方法。另外,我们必须强调一点,即使基本分析完全正确,在趋势反转之前,价格可能还会进一步延伸。

即使上述各个步骤都正确,基本分析的最终结果还可能造成错误的结论,理由可能有3点:第一,意外的发生,在这种情况下,模型虽然正确,但假设错误;气候、地缘政治等也经常造成意外的发生。第二,新变量的出现,某市场过去的长期走势原本可以有一组变量充分解释,但价格行为突然受到一个新因素的严重影响。例如,在1972～1973年的通货膨胀与相关的储存保值心理,就是典型。这段期间,不同的市场之间呈现高度而异常的互动关系,许多市场的价格都远超过基本面所反映的应有价值。对于任何特定市场所进行的基本分析,如果没有考虑整体性多头浪潮对价格的潜在影响,预测价格必定会严重低估。第三,时效掌握不佳,即使模型精确无比,假设也正确无误,但价格的短期走势未必符合基本分析的预测,换言之,基本面模型通常不能提供精确的时效信号。

由于基本分析存在这3个陷阱,所以"买入-持有"或"放空-持有"的交易策略最终都将演变成灾难。即使价格预测模型永远可以纳入所有的关键变量,结果还是可能因为意外的发展与错误的进场时机而发生损失。所以,根据上述讨论,我们归纳下列重要的交易法则:

(1)不可过度坚持基本面看法。单独运用基本分析,显然不足以拟定交易决策,另外两个重要因素是技术分析和资金管理,必须综合运用这 3 个因素。基本分析适用于决策过程中的初步阶段,借以评判市场的价格是否高估、低估还是中性,事实上,这正是基本分析所适用的场合。

(2)将基本分析视为一种工具,评估市场是否脱节。一旦基本分析达成结论之后,检视技术因素是否可以确认前述结论。技术因素可以是走势图形也可以是机械性交易系统。重点是:我们必须在市场行为中判断基本分析的结论是否合理。比如基本分析认为当时价格高估,而此时行情正处于强劲的上升趋势中,通常应该延后建立空头头寸。可是,基本分析的预测结论仍旧有效,只要趋势出现向下反转的信号,就可以建立空头头寸。

某些情况下,如果行情接近主要的压力位,还是可以根据基本分析建立逆势头寸。比如,假设玉米正在明确的上升趋势中,目前价位是 3.5 美元,但基本分析认为均衡价格是 3.00 美元,如果行情正接近上档压力位(比如前期高点)那么,缺结论。基本分析的结论可以用来预测顶部,但该头寸必须预先设定止损位。

这可以归纳出交易决策的第三个法则:资金管理。当计算基本分析与技术分析的结论完全一致,交易头寸也应该控制损失。可是,把交易头寸建立在趋势反转之前,资金管理特别重要。

(3)有效的交易方法应该结合基本分析、技术分析和资金管理。

四、基本分析的原因

为什么市场分析需要基本分析? 有这几个理由:

(1)基本分析可以提供一个额外的资讯领域,在纯粹的技术分析领域之外,了解某种市场行为之所以发生的原因,这是交易决策过程中的重要资讯。以下跌行情中的涨势为例,它可能是反映某个利多消息,但后者并不足以改变基本面的空头结论。或者,它是反映相对于基本面的超买情况,而技术分析并不能区别这两种情况,因为表面的价格结构都一样,但造成价格走势的基本面原因却不同。可是,纳入基本面的资料之后,交易者可以尝试了解目前的市场状况与可能的发展,借以判断这波上升究竟是另一个多头行情的开始还是多头的陷阱。当然,判断绝对不可能完全精确,但这构不成问题,只要基本面资料可以让正常决策的获利(或损失减少)超过决策失误的损失(或获利减少),基本分析就有价值。

(2)基本分析有时候可以预示主要的价格走势,时间上早于任何技术信号,如果交易者了解这个状况,相对于其他纯粹的技术分析者来说,显然掌握优势。

(3)当基本面资料显示行情将发生重大的走势,交易者可以采取积极的立场,建立相对较大的头寸。纯粹的技术分析对于所有的交易信号只能一视同仁。

(4)了解价格走势的基本面原因,可以让交易者坚持盈利的头寸。

(5)市场对于基本面消息的反应方式,可以作为一种交易工具,甚至对于技术交易者也应如此。

很多交易者抱有某种观念:任何时候,市场都会反映所有的已知资讯。但这只是一种错觉。首先,引发重大价格走势的基本面因素,经常发生在实际价格走势之前,而且有相当长的时间落差。其次,一波行情经常使得价格远离基本面的均衡水平,然后再出现转折走势。无论哪种情况,市场经常出现重大的价格走势,但是当时的基本面并没有任何显著的变化。事实上,当市场受到基本面的影响,价格过度反应而远离均衡水平,如果这个时候又出现相似的基本面消息,价格可能反向调整。如果市场任何时候都会完全反映所有的已知资讯,前述的价格行为显然无法解释。所以合理的看法应该是:价格有时候会落后或领先既有资讯所隐含的水平。

虽然价格的每天走势经常反映基本面的调整与预期的变动,而不是反映当前的事件,但媒体总是针对价格走势强行套入消息,如果某天的行情大涨,就必须找到一些基本面的消息来解释价格何以上涨。同理,如果某天的行情大跌,媒体就会出现一些基本面的利空消息。这种强行裁剪消息来套入价格走势的倾向,有时会发展到荒谬的地步。

解释基本面的新发展,必须分为长期和短期两个角度。长期的解释很单纯,假定其他条件不变,利多消息有助于价格走高。可是,短期的解释就截然不同,最重要的是要考虑市场对于消息的反应,就这方面来说,我们可以总结出这样的结论,重点在于基本面消息与价格反映之间的背离:利多的基本面发展造成价格下跌,或价格涨势不如预期强劲,应该解释为空头信号;反之,利空的基本面发展造成价格上涨,或价格跌势不如预期疲软,就应解释为多头信号。

这个结论本身虽然不足以做成交易决策,但是,配合其他资料,比如基本面的背景或技术面的框架,就可以提高交易的绩效。

市场针对中性事件产生重大的价格反应,这也代表显著的意义。

五、基本面分析常见的 14 种逻辑谬误或戒律

1. 机械地看待基本面资料,而未将基本面与价格位置结合起来

供给过剩往往代表基本面看空,这种解释虽然有些道理,但却经常导致错误的结论。假定糖价是一磅 30 美分,而供给由紧转松,在这个背景下,基本面确实可以看成是空头,价格走低是合理的预期。假定价格下跌到 25 美分时,基本面是否仍旧偏空? 很可能是。到了 20 美分? 或许还是如此。但是到了 15 美分或 10 美分,抑或 5 美分呢? 这里所强调的是,基本面到了某个价位就不再偏空,而不论其潜在的供给有多大。

事实上,如果价格超跌(这并不罕见),此时供给过剩也可能代表多头的基本面,所以基本面本身并没有多头或空头的含义,多头或空头是相对于价格而言的。很多分析师并不了解这个事实,所以经常在行情的头部基本面仍旧被解释为多头,或在行情的底部被解释为空头。

2. 把旧资讯视为新闻,而忽略市场是否早已反映该资讯

媒体往往以相同的方式来报道旧资讯和新资讯,如"世界棉花产量预计上升 10%",乍看该标题是利空消息,但这个报道可能不会说明该数据是第四次还是第五次的估计值,前面一个月的估计值很可能也是上升 10%,更甚至上个月估计值可能是 12%,所以目前的

估计值反而有助于价格走势。总之,某些资讯听起来是新闻,但实际上,市场早已经反映了。

3. 去年同期的比较

统计数据经常是比较一年期,这是分析上最常见、简单的时间段,但这也会导致过度简化,应该避免。比如对于下列评论:"12月的猪肉报告显示供给即将增加,农场的可售猪只上升10%,预计猪只屠宰率将增加10%,并迫使价格走低……"虽然这种分析结论在某些情况下可能正确,但分析方法值得怀疑。读者可能已经察觉其中一项逻辑谬误,供给增加不一定会造成价格下跌,因为市场可能已经反映该项资料。可是,这种去年同期的比较还潜藏着一些推理上的错误,首先,12月份报告显示活猪数量增加10%,并不代表供给增加,或许去年同期的活猪数量特别低。其次,屠宰猪只与可售活猪之间的关系可能发生了重大变化,去年同期的屠宰猪占可售活猪的比率可能非常高,如果这样的话,可售活猪数量增加10%只会造成屠宰量小幅上升。所以一年期的比较虽然在某种情况下有助于说明,但绝对不应该成为基本面分析的基准时间。

4. 把基本面当作即时的判断工具

在各项谬误中,这项错误可能最容易出现。基本面风险是一种方法,是在某组统计条件下,衡量最合理的价格水平,借此预测某年、某个季度或者某个月的价格趋势。但如果企图把供需统计数据简化成瞬间的价格信号,就是相当荒谬的行为,而经常有些投资者如此运用基本面资料。

根据媒体、新闻或小道消息进行交易,都是属于该范畴,如此交易的投机者通常都会输得很惨。当然,反向思考是一个重要的例外:某项重大的利多消息公布而市场却不能上涨,这往往是放空的信号。

基本分析者完成一份研究,发现价格被高估或低估,经常迫不及待地希望在市场上建立仓位,这种举动虽然自然,但却需要克制。市场并不会因为你完成的研究,及时提供对应的行情。即使相关分析完全正确,市场也可能在3个星期或3个月之后才做出反应。总之,就时效性而言,基本面分析需结合某种形式的技术。

5. 缺乏开阔的视野

假如你浏览报纸发现下列标题:"美国最近中西部大风雪造成10 000头牛死亡",这是否是一次理想的买进活牛期货机会?要知道,美国活牛数量达一亿头以上,损失一万头几乎不会造成任何产量上的影响。这是说明供应面的情况,国内消费或出口也可以看到许多类似例子。总之,考虑问题必须高屋建瓴,要辨别该事件(或产量减少或出口增加等)对整体情况的重要性。

6. 忽略适当的时间考虑

"谷物价格上涨,会造成肉类价格上涨"。该说法是否正确?

事实上,这并不是一个好问题,因为答案取决于时间框架。大多数人或许认为这是一个正确的表述,因为谷物价格上涨将造成畜牧业者的成本增加,导致肉类生产的减少,进而价格上扬(生产成本也隐藏着一些错误的观念,后面会论述到)。可是,这个推理只适用于极长期的实践框架(两年半以上)。

就短中期而言——这往往是大多数期货交易者最关心的世界框架——结果可能恰好相反,如果谷物价格上涨,会造成畜牧业者减产,他们首先考虑的是尽快把既有的牲畜出售,这会导致肉类价格下跌。谷物价格上涨或许造成牛重量下降,但这方面的影响相对很小,饲料成本增加仅仅会改变供给的流量分配(因为草料牛的成长比较慢),但不会影响较长期的实际总供给。

经济世界,因果关系不是瞬间完成的,在某些情况下,个别事件会立刻引起价格反应;而在另一些情况下,结果将发生在几年之后。

7. 认定价格不可能低于生产成本

总有人顽固地认定这一点:价格不可能低于市场成本。事实上,生产成本不是价格的底线,尤其对于不可储存商品而言。

商品一旦完成生产之后,市场就不关心其生产成本,价格是目前的供需关系决定,如果价格跌到生产成本而供给仍然过剩,价格将继续下跌到供需均衡为止。

生产者为什么愿意在生产成本之下卖出商品?事实上,他们并没有多少选择余地,如农产品是高度竞争的市场,任何个人都没有能力把生产成本转嫁给市场。相反,生产者必须接受市场决定的价格,毕竟,低价也总好于没有价格。

当然,赔本生意没人做,无法获利会造成产量减少,但这不会一夜发生,最少也要一年才会发生,大多数情况,价格低于成本需要多年才能造成产量减少,从这个角度来说,该谬误是"谬误6:忽略恰当的时间考虑"的辅助。纵观各大商品期货价格走势,有无数案例说明价格可以跌到生产成本之下,而后持续相当长时间。所以,一旦发现有研究报告基于生产成本理由而推荐买进,务必记住这条教训。

8. 不当推理

该谬误可以利用几个案列说明。首先,饲料牛的数量未必可以用来推论将来的潜在屠宰量,理由是饲料牛不包括草料牛,如果屠宰量中的草料牛比率非常稳定,前述推论或许没有问题。由于该比率实际上经常大幅变动,所以,直接由饲料牛数量来推论屠宰量,结果经常很离谱。举例来说,假定饲料价格上涨而造成草料牛数量增加,在这种情况下,虽然饲料牛的数量明显减少,但牛的数量还是可能增加的。

许多市场分析与评论对于屠宰量的预测,显然都忽略前面的复杂关联,仔细观察近20年饲料牛与屠宰量之间百分比变动关系,会发现两组数据之间的关系非常不稳定。事实上,20年中的10年,两组数据差值每年至少有一个季度大于12%;整个20年期间,有18年的年度差值在6%以上。如果希望通过根据饲料牛数量来预测屠宰量,还不如干脆假定每个季度的屠宰量等于前一年同期的水平。这是一个典型的案例,显示不正确地使用资料,还不如没有资料。

由耕种亩数来预测产量也经常有不当推论的情况,当耕种亩数发生某百分比的变动,这并不代表产量也会发生相同的变动(甚至假设收成率不变,也是如此)。对于大多数农作物来说,产量的分配是一项非常重要的变数,比如,美国某些州的棉花收成率大约是其他州的3倍(前者如加利福尼亚州,后者如德克萨斯州)。产量应该根据个别地区的耕种亩数来预测,不应该采用总耕种亩数的资料。

9. 比较名义价格水平

目前的价格水平不能与过去的实际记录价格相互比较,不同时期的价格水平比较,需要根据通货膨胀进行调整。

10. 忽略市场预期

相对于既有的基本面资料来说,市场更重视未来(下一年或下一季)的预期,当供给面处于由松转紧或由紧转松的过渡期,这种说法更为正确。

11. 忽略季节性考虑

几乎每种商品都会呈现一种或几种季节性形态,忽略季节性的影响很容易导致基本资料的误解,如猪的屠宰量第四季比第三季增加 5%,这可能代表产量减少,而不是产量增加。这个说法表面看起来矛盾,但实际上有其道理,因为猪的产量有高度的季节性形态,猪的繁殖是在春季最高而冬季最低。由于小猪大约要 6 个月才能成长到销售的重量,屠宰量在秋天最高而夏天最低,所以,当我们比较当前与前一个月或前一个季度的屠宰量时,必须考虑季节性因素。

各月的棉花消费量也有高度的季节性,某些月份的消费量总是特别高或低。举例来说,由于假期的缘故,每年 6 月份到 7 月份的消费量大约会降低 30%。基于同样的理由,7 月份到 8 月份的消费量大约会增加 20%,这类波动显然非常剧烈,如果不了解正常的季节性形态,很可能完全误解消费的数据。

如果生产与消费的数据是与往年同期的资料比较,当然不需考虑季节性因素。可是,如果所比较的基本面资料属于不同的月份或季节,务必要详细观察历史资料的季节性行为,并做必要的调整。

12. 预期价格将遵守国际贸易协定的目标水平

在商品价格史上有无数例子,表明国际贸易协定完全无法遵守它们所设定的目标价格。贸易协定通常是希望通过出口管制与库存计划来支持价格。虽然这对于市场价格具有某种程度的支持效果,偶尔甚至可以激发短暂的涨势,但通常都没有足够的力量将价格长期维持在均衡水平之上。各种贸易协定中,石油输出国组织(OPEC)或许算是最有效率的价格支持组织了,但这个石油卡特尔也经常让价格跌破目标的下限,而且非常严重。

就价格涨势的限制而言,世界性的贸易协定更是无能为力。当市场价格达到目标区的上限时,这些组织最多只能取消所有管制——换言之,让市场恢复自由交易功能。

13. 根据不充分的资料做出结论

如果缺乏充分的可比较的历史资料,几乎不可能建立某个市场的基本面预测模型。

14. 需求与消费的观念混淆

在期货的文献与分析领域内,需求可能是最经常被误用的两个名词之一[另一个是参数(parameter)],需求与消费(consumption)之间的混淆不是来自于语义学,两者代表完全不同的概念,他们经常被视为是同义词而造成许多分析上的重大错误,这方面的解释涉及供需理论。

第三节　大宗商品基本面分析概述

1980 年,朱利安·西蒙和保罗·埃利希两人打赌,赌注为 1 000 美元,押注 5 种金属(铬、铜、镍、锡、钨)的未来价格。西蒙确信人类的创造性将不断改善人类的命运,因而实际价格将会下降;而保罗埃利希则认为,越来越多的人口将穷尽地球的资源,价格将会不可避免地上涨。西蒙和埃利希一揽子金属指数称不上第一个商品指数(虽然名称看起来像经济学家的商品价格指数),但他们对未来价格变化的赌注可能是第一个商品指数的衍生品。后来所有金属的实际价格下跌,西蒙赢得了赌注。

今天,大量的投资者都采取类似的赌注,只不过他们的赌注不是以千美元而是以数十亿美元计量。通过对商品指数被动做多,交易额已从1991年的几乎没有增长到2017年的约1 000亿美元左右(据彭博社报道,仅仅DBC——Power Shares DB Commodity Index Tracking Fund一天的交易额就在1 000万美元以上)。就如埃利希与西蒙打赌的理由一样,许多商品投资(或推销)的背后逻辑是:他们普遍认为世界人口的增长会使商品(如石油、谷物和金属)的供应日益紧张,而中国又总是话题之一。需求量的上升,供应量的下降,表面上看起来还有什么比这个更简单明确呢,在可预见的很长一段时间内,世界人口毕竟还在不断增加,因此很多人认定商品必然不断上涨。但我们想要论证的是,认真考察几个世纪的资料,商品价格实际上是在下降而非上升。

因看好投资前景而介入商品投资必须格外小心,很多商品投资的逻辑关系表面上一目了然,但实际却似是而非,非常牵强。简单地说,商品就是用来消费的,并不天然就具有投资收益率。不同于更标准化的投资工具(股票和债券),股票和债券有股息、利息或资本化收益,他们是金融工具,存在的唯一理由就是提供投资收益率,否则就没有人会持有它们。相反,虽然天然气不属于退休基金运作范畴,但2018年年初,因为北方冬季供暖弃煤采气,大量购买天然气,而使其一路上涨。

这本书的目的是给那些因投资前景而介入商品投资的人提供相应的信息、工具和分析的思维模型。我们既不期盼商品一路上涨,也不盲目看空。相反,我们希望阅读后读者将有一个基本认识,按投资者个人特点和自己的时间可以去分析具体商品和战略投资。毫无疑问,对拥有必要的技能的人来说,商品市场将有机会提供利润,但现在那些只持有多单盲目看涨的被动投资能否取得预期的收益率?

把商品选择作为投资主题是相对新颖的,尽管大宗商品已经出现了很长时间,但投资者或养老基金在资产组合里配置大量诸如咖啡之类的商品还是最近的事。正因为如此,投资行业仍然在学习如何适应这种现象,还缺乏训练有素的商品分析师和一本好的书籍。我们期望能弥补这个缺陷。虽然有很多学者写了关于商品投资的书,许多是很好的且有用的,但总体上它们离商品市场很遥远。学术界往往通过两个途径研究商品市场,第一是看总体商品组合历史收益率,并同其他资产如股票做收益率的比较;第二是讨论凯恩斯的反向市场理论约束性并配以查看一下远期曲线的形状。这两种方法当然都是有用的,我们在下面也会在某种程度上运用他们,但要注意他们并没有涉及具体的商品。学术界普遍建立相同的模型来进行分析,却不考虑具体商品,从未提及一个行业是如何变动或哪些是该行业的长期供求动态。而从事商品投资的基本前提之一是投资者对所投品种应该有起码的了解,假如你被一名想要在北极种植咖啡的人忽悠,你要做的应该远比默念过去30年相似商品收益率咒语更多。

需要强调的是,这是一本关于商品投资的书籍,并且由于这个原因,尽管还有许多其他思考商品投资的有趣方法,我们还是不断努力使一切集中于投资主题。例如,人们可能会感到好奇石油危机如何冲击经济,这将归于商品的宏观经济范畴。有人可能会对商品如咖啡的价格感兴趣,因为这些价格影响发展中国家贸易条件,从而影响了这些国家的繁荣。以及还有其他有趣的情况,但这些在本书里都无暇提及。

　　这本书的另一个前提是,投资者需要了解商品投资收益率产生的原因,可能商品价格会一直涨而其投资收益率却一路下跌,这种情况的确发生过,原因是投资回报率并不仅仅受商品价格的变动影响。首先,我们必须知道投资者实际上并不是投资于实物商品,而是投资于商品期货,而对于商品期货投资或商品指数基金来说,持有的时间远短于商品实物投资。由于投资者拥有期货合约,这使得当商品现货价格和商品期货价格出现分歧时,该分歧就可能是一个收益率的来源,它可能是正的或是负的。收益率的最终来源是投资者收到的现金和为期货合约支付保证金的利息。被动的、只持有多头仓位的投资者要了解历史上不同的原因是如何影响收益率的以及将来这些因素会如何演变。例如,在高通货膨胀时期,商品已经获得正收益,但此时利率也会很高,这又因保证金利息而使收益率再出现递增。再比如从历史上看,原油期货远期合约价格会低于近期原油期货合约,这样产生正的滚动收益率也有助于取得正的历史收益率。

　　除期货之外,还有其他不同的投资商品方式,最常见的当然是投资于一个商品指数,但除此之外还有一些其他方法。例如可以购买大宗商品板块的股票;有判断评估商品环境并作出适当的决定来进行趋势交易的商品交易顾问(CTA);还有利用大数据来构筑量化投资策略。可取的投资策略需要两项测试:①他们是否敏感;②他们在历史上是否有效。对于被动指数投资而言,是否满足条件①还存在着争议,当然很多人都相信它能满足,而条件②则表述得更为确定,我们会提供这一分析。

　　对选定时间期限的商品指数收益率进行验证,可以得出一些结论,自1500年以来,小麦的实际价格并不像名义价格那样上涨。历史数据最长的商品价格指数是经济学家商品价格指数,这个指数可追溯至十九世纪中叶,自这个数据库建立以来,它的实际价格是在下降,作为投资方式,收益率完全不如股票。而且当美国股市在二十世纪二十年代末崩盘时,经济学家商品价格指数也下降了,那些认为商品在其资产组合中可以对冲避险的人们都应该牢记这件事情。

　　对于商品市场收益率的大多数分析都集中于二十世纪五六十年代之后,这是因为只有在这数十年来才能获得较多和较好的数据,例如,纽约商品交易所(NYMEX)原油期货直到1983年才上市。因此,大多数商品收益率是从这个时间段开始分析,而该时间段的商品投资表现较好并与股市相关性不大,这种结论是否具有普适性非常令人存疑。

　　尽管构筑量化投资模式很重要,本书也有部分内容专讲它,但我们不会完全依赖它来进行投资分析,当然也不会无视它。我们提供一些具体的变量来分析使用,提供一些对投资者可能有益的方法。例如,在构建一个模型时,如果有一个锚变量,总是让人感到放心,这个变量应该具有商品的特征,它可能是替代品价格也可能是投入价格。

　　这本书的内容设计如下:现代金融市场上期货合约广泛地运用,充裕的现有数据足以更详细地进行了统计分析。我们分析了此背景下的商品收益率,并测试与股票和债券相比商品的表现如何,探讨了在通货膨胀和经济衰退时期商品的收益率业绩,可以看到相对于购买商品板块的股票,购买商品更有利可图,例如讨论石油期货或埃克森股票收益率孰佳?通过小麦的长期历史数据和经济学家商品价格指数来构筑长期商品收益率,这种方法通过追溯历史来形成时间上的优势,当然缺点是只能采用小部分有长期数据的商品系列进行分析。

　　本书的中间部分专注于各商品品种本身,读者应该仔细阅读或参考相关商品的资料,据此理解商品、产业现状和一些重要内容、长期前景,例如石油的储量何时消耗完? 我们是否已处于哈伯特高峰的下行右侧? 它会永远持续下去吗? 我们收集第一手的原始数据并以有用的方式来汇总概括。除了宏观综述之外,本书还展示了投资者需要理解的具体细节,例如为什么天然气期货曲线有崎岖不平的形状等内容。本书还涉及了能源、谷物、油籽、软商品(咖啡、糖和可可)和基本金属等内容。但本书并没有涉及到贵金属,贵金属与其他主要商品显著不同,他们并不是为了消费而生产,而是更类似货币和价值储藏,他们的金融属性远超其商品属性,以致无法运用供需理论进行分析。

最后是"如何利用基本面分析进行投资",我们开始将各种元素集合在一起,解释各种组件既可构建有用的投资战略,也可评价一个基于商品的投资策略。该章主要处理期货曲线,与商品的价格波动相比,期货曲线的形状是一个确定买入并持有策略结果的最重要因素。本章介绍了该理论,能典型地了解期货形状,它们包括套利、凯恩斯的反向市场理论和霍特林的资源耗竭经济学理论。这些理论没有完整的答案,因为问题本身就不存在完整的答案,商品市场同样也没有一个放之四海而皆准的解释。把曲线形状作为前提条件,显示出期货曲线的形状可以极大影响投资收益率。另外该章还介绍了追随趋势策略、锚定变量和一个简单的交易策略,最终以风险控制,为了使话题不过于偏离商品的主题,讨论尽量简洁(因为这的确是一个很乏味的主题),我们重点关注了两个商品投资所用的风险控制方法:value-at-risk 法和最大回撤法。

最后一章还涉及了消极的、仅仅做多的商品指数暴涨问题,近年来投资于这些指数的金额大幅增长,著名的有标普 GSCI 指数(S&P GSCI),这一指数从 1991 年诞生起到目前至少有 600 亿美元的投资额。许多投资者将会惊讶地得知,其实这些指数的收益率远比商品价格的变动要高得多。

根据本书的一些主旨和发现,从获得投资高收益的前景来看,持有商品并不能保证一定获利。因此,在评估商品投资方面,投资者必须既谨慎又要周到。商品在最近几年表现出色,但从长期来看表现并不好,尤其是与股票相比。有些资料可以提供给投资者,帮助他们提高收益率,避免较差的收益率,其中最主要的是期货曲线形状,没有人确切地知道未来商品会如何运行,但如果期货曲线急剧下降的话(即现货价格低于期货价格),对消极的、仅仅做多的指数而言就难以为继。在此环境下,那些希望保持商品头寸的投资者可能要寻求其他机会,比如投资于商品板块的股票。

巩固训练与提高

1. 试述预期在商品期货基本面分析中的作用。
2. 利用季节性分析时要注意哪些问题?
3. 试述建立基本面预测模型的步骤。

第二章　商品期货投资概论

学习目标

掌握商品收益率与股票债券资产的负相关关系。

能力目标

验证商品投资的收益率。

案例导入

在经典的投资组合优化中,大宗商品因其高平均收益率和与股票、债券的负相关性而占有大量的配置份额。

考虑到商品期货指数投资的历史风险-收益特性——高平均收益率和与股票、债券均呈现负相关关系,对于经典的资产组合配置优化模型建议在一个投资组合中配置相对较高的大宗商品比例也是并不奇怪的。

事实上,根据1970～2006年的商品平均收益率和相关性,经典的投资组合优化模型表明,投资组合中不以现金(美国国库券)形式持有的部分,30％应该配置大宗商品,33％应配置股票,37％应配置政府债券。在资产配置决策中加入大宗商品,可以使投资者在任何给定的、以波动率衡量的投资组合风险水平下获得更高的平均收益率。从资本市场线的斜率可以看出,加入大宗商品使得投资组合在1970～2006年的夏普比率从0.35升高到0.46。

即使基于较短期的1984～2006年平均收益率和相关性,经典的投资组合优化表明,投资组合中不以现金形式持有的部分,16％应配置商品,54％应配置股票,30％应配置政府债券。

虽然在这个时段的经典投资组合优化所建议配置的大宗商品比例较低,却仍显著高出商品期货指数投资者通常选择的配置比例。采用标普GSCI指数的大多数商品期货指数投资者,将其投资组合的3％至7％配置于商品。这些投资者发现,由于商品的平均收益率高且波动较大,即使是小比例配置也会对投资组合的表现产生有力的影响。

第一节　商品期货投资的历史收益率

商品是良好的投资吗？当投资者在商品上倾注了数十亿美元时，对于历史上商品投资是否有好的收益率这个问题，当然相信答案是"是的！"。退一步讲，即使不是好的投资，这些投资者相信在高通货膨胀时、股灾时或其他财富崩盘时，商品或许还能提供一份保险。假设你真的已经决定要投资商品，如何才能实际做到这些呢？需要投资者购买满满一仓库粮食还是单个商品期货？抑或是可投资化的指数基金？投资者通过购买具有商品背景的股票能收益更佳吗？这是本章所关注的问题。我们主要从定量和历史的角度，依靠海量的历史数据分析来解决这些问题。

一、如何验证商品投资收益率

本节把商品投资定义为消极的、仅仅做多的商品收益率是否能预测和动态的交易策略是否可以构建。投资者期待的具体投资工具，如标普 GSCI 指数，或追随趋势的大宗商品交易顾问等都在以后的章节列及。

怎样才算良好的投资？最朴实的答案是有正收益的好投资。如果你把钱投下去，当然希望赚到更多的钱，投资股票或债券也是期待投资结束时能获取比开始更多的钱。商品投资有正的收益率，但并非所有现实存在的都必然是一项好投资，彩票、旧报纸等就是负收益率。股票和债券是纯粹的金融资产，它们之所以存在，就是为向持有者提供收益，随着持有期限产生正的现金流。商品并不是为提供投资收益率而存在，他们是用于消费（贵金属是个例外）。小麦要被做成面包，石油不是为了财富储存才从地底开采的，而是用来取暖或发动汽车。

商品价格为什么应该上升，通常有两个基本论点：第一个论点认为，有越来越多的人想要消耗更多的资源，但地球却无法承受，增加的需求与日渐捉襟见肘的供应抬高了商品价格；第二个论点认为商品是真实的东西，因此保值程度应该至少超过通货膨胀率的上升，并不会因为某一种货币如美元的贬值而贬值。这些观点可能正确也可能不正确，就第一种观点而言，供应在某些情况下会增加，技术的提高在过去 100 年极大地增加了粮食产量，石油储量预测值不断提高，至少减缓了世界耗尽石油的步伐。

前文提到朱利安·西蒙和保罗·埃利希打赌。埃利希是第一种观点的拥趸：日益增加的人口会越来越快地耗尽地球的资源。最后的结果大家都看见了，所有 5 种金属价格实际都下跌，其中 3 种的名义价格也下降了（西蒙赢了 576 美元），这是在世界人口增长了 8 亿的情况下发生的。毫不奇怪，从此以后再没有什么大的投资银行推出与铬、铜、镍、锡和钨价格挂钩的可投资指数了。

关键在于商品不是金融资产，它们天生是被消耗的，不会产生投资收益率，它们可能会涨价，也可能不会。对商品的信仰及商品是一种资产类别的理念，建立在商品对投资组合中的效用基础上，所以从历史数据考察是一个良好的开始。

但之前还有几件事情要做:第一是哪些商品可以被分析?我们把商品分析限制在期货合约上面,这相当苛刻。因为尽管有很多上市的期货商品,但更多商品却没有期货,例如苹果没有期货,胡萝卜没有期货,二手车也没有期货。在商品市场上,投资者的投资几乎集中在商品期货合约,而不单是基础现货商品上。

商品期货在全球各地交易所上市,有在泰国上市的木薯片期货,澳大利亚上市的原毛期货,美国上市的西德克萨斯中质油(WTI)原油期货等。这些期货合约交易量很少或根本没有。比如,尿素期货(主要用于化肥,彭博代码——TCA)在芝加哥商品交易所(CME)上市,而其未平仓合约经常是零;牛奶期货也在 CME 上市(彭博代码——DAA),所有各远近月合约的未平仓合约量往往是几千美元,相形之下,芝加哥期货交易所(CBOT)玉米期货仅近期合约的未平仓合约就有近 60 万美元,一天的成交量约 3 万手。

另一个问题就是重复品种太多。比如,美国和加拿大有 4 个小麦期货品种,而纽约商业交易所(NYMEX)和洲际交易所(ICE)[从前的国际石油交易所(IPE)]都有非常成功的原油合约,类似情况在其他商品也可见。更微妙的问题是上下游商品的重复,如燃料油和汽油都是从原油中提炼,这 3 个合约都在 NYMEX 上市,它们的价格往往同步波动。相似地,豆油和豆粕是大豆制成的,这 3 个也在 CBOT 上市,其价格也通常一起波动。

我们所挑选分析的商品要求能达到:①最具流动性;②不重复;③可流动性要高(即要在交易所上市交易);④投资者高度关注。表 2-1 中的商品满足了这一要求,其中,油菜籽是唯一一个不以美元标价的,它在温尼伯商品交易所(WCE)上市,使用加元标价。工业金属合约中,铝、镍和锌是在伦敦金属交易所(LME),但是以美元标价的;铜合约选择了纽约商品交易所(COMEX),COMEX 的铜不如 LME 活跃,但它的优势是期货合约,相对于远期交易来说,更容易有效分析。我们选择对诸如燃料油和豆油之类的下游产品个别分析,是因为这些商品已经自成体系,蔚为大观。

表 2-1 商品列表

商品	开始日期	交易所
原油	1983.5.31	NYMEX
无铅/RBOB 汽油	1985.2.28	NYMEX
燃料油	1980.2.29	NYMEX
天然气	1990.5.31	NYMEX
油菜籽	1990.4.30	WCE
小麦	1959.8.31	CBOT
玉米	1959.8.31	CBOT
大豆	1959.8.31	CBOT
豆粕	1959.8.31	CBOT
豆油	1959.8.31	CBOT

（续表）

商品	开始日期	交易所
棉花	1960.8.31	泛欧交易所（Euronext-Liffe）/纽约期货交易所（NYBOT）
可可	1959.9.30	Euronext-Liffe/NYBOT
咖啡	1975.5.31	Euronext-Liffe/NYBOT
糖	1962.2.28	Euronext-Liffe/NYBOT
猪腩	1970.2.28	CME
活牛	1965.4.30	CME
铜	1959.8.31	COMEX
金	1975.1.31	COMEX
银	1967.2.28	COMEX
锌	1977.2.28	LME

不上市的商品就不列入其间了，以前美国有鸡蛋期货、马铃薯期货、鸡肉期货，这些品种因为各种原因而退出市场。当然，在研究收益率时，漠视过去曾经存在而现在不存在的投资品种的收益率是极大的错误，就如在研究证券收益率时，忽略所有已经破产的公司一样，那么估计的收益率要比投资者实际所赚的收益要高估。例如，如果证券收益率研究时不计所有已经破产的公司，与投资者实际赚的收益相比，所得出的收益率就会有一个过高的估计偏差。这点很重要，或至少不能忽视，因为商品期货被摘牌，不是因为该基础商品的收益率是零，而是因为没有对相关商品衍生品的需求，例如可能是没有充分的套期保值利益或可能是交割机制的问题。博迪和罗桑斯基在早期（1980 年）研究了从 1950 年到 1976 年的 23 个商品期货的收益率，23 个里面有 5 个后来不再上市（肉鸡、胶合板、土豆、羊毛、鸡蛋），而这 5 个中，4 个有正收益率。

这些期货数据主要来自于美国商品研究局（CRB），更多最近的数据集已被基石定量投资集团（Cornerstone Quantitative Investment Group）更新，并被彭博社采用，都采用交易日数据，所有数据都经仔细核对，现货价格数据来自于 CRB，但汽油（RBOB）数据来自美国能源信息署（EIA）。

计算期货合约收益率要比其他投资简单，因为期货数据是免费的，不像股票或债券。期货合约交易发生时，买方和卖方都同意在未来以一个现在固定的价格来交换商品（他们也同意逐日随价而支付或收取相应价款）。保证金必须公告，但这相对于面值还是很小的。例如，一张 NYMEX 的 WTI 原油合约是 1 000 桶，如果一桶石油的价格是 60 美元，那么，一张合约价值为 60 000 美元。必须公布的初始保证金只有区区 3.375 美元，只值合约价值的 5.6％。这样，人们可以仅用 3 375 美元控制 1 000 桶石油，这是一个高杠杆的头寸，价格只要下跌 3.375 美元，全部投资就会亏损殆尽。还有一种投资方式是不采用杠杆，而是实际投入 60 000 美元，这种期货投资就被称为完全可抵押的。60 000 美元的利息所得是投资收益的另一个源泉，投入 60 000 美元看似鲁莽，但人们常常直观地发现很有吸引力,实际等于是期货合同面值的现金投资。

假如将现金投资在标普 GSCI 指数上。由 XYZ 投资银行管理,假设投资者给予 XYZ1 000 美元,XYZ 购买了相应的期货合同,他们将公布期货合约的保证金,并将 1 000 美元的余额投资到诸如美国短期国库券(T-Bills)的有息证券,大部分保证金也作为有息证券被公布,所以投资者将获得期货头寸的大致收益率加上 1 000 美元的利息(扣除各种投资者应付的各种费用)。

在下文中,我们将计算相关期货合约收益率的百分比变化,我们将视情况而决定是否完全抵押(即包括国库券利息)。

期货能有正收益率吗?

答案是"是的",该结论显示在表 2-2,该表中的收益率没有支付利息(即它们并不是抵押的),这使我们能够集中精力关注商品的表现,不必再对国库券分散精力,在这个阶段,我们只关心一个简单的问题:商品的趋势是上抑或下扬,根据埃尔布(Erb)和哈唯(Harvey)2006 年的思路,我们以纽约商品交易所推出原油合约这一年为开始,NYMEX 推出的 WTI 无可争辩地被视为当今最重要的商品合约,它构成了标普 GSCI 指数的相当大部分,而该指数是最广泛被采用的商品指数。在我们的样本中,第一个石油收益率来自 1983 年 5 月,所以我们的样本以此为分水岭,除单独验证 22 个合约之外,我们还创立了一个简单组合,所有合约的收益率从既定月份开始,都赋以同等权重,也在表2-1中显示,样本里最早的合约是 CBOT 的谷物,最晚的是 NYMEX 的天然气。

表 2-2　商品期货收益率

| A 组:全样本:1959 年 8 月~2007 年 3 月 | | | | |
年均几何收益率	年均算术收益率	年度标准差	夏普比率	T-统计
等权重投资组合　6.04%	7.00%	13.67%	0.51	3.54
原油　9.26%	15.10%	32.95%	0.46	2.24
汽油　19.62%	28.98%	40.60%	0.71	3.36
燃料油　12.40%	19.09%	35.48%	0.54	2.80
天然气　−6.73%	7.06%	53.46%	0.13	0.54
油菜籽　−2.01%	−0.43%	17.85%	−0.02	−0.10
小麦　−4.55%	−2.10%	22.77%	−0.09	−0.64
玉米　−4.15%	−1.86%	22.26%	−0.08	−0.58
大豆　1.89%	5.12%	25.96%	0.20	1.36
豆粕　5.27%	9.63%	30.15%	0.32	2.20
豆油　3.15%	7.40%	29.33%	0.25	1.74
棉花　0.81%	3.18%	21.89%	0.15	0.99
可可　−1.93%	2.70%	30.96%	0.09	0.60
咖啡　1.94%	9.56%	39.44%	0.24	1.37

A组：全样本：1959年8月～2007年3月					
	年均几何收益率	年均算术收益率	年度标准差	夏普比率	T-统计
糖	−6.84%	2.43%	45.10%	0.05	0.36
猪腩	2.94%	6.79%	27.26%	0.25	1.52
活牛	5.27%	6.94%	17.77%	0.39	2.53
铜	9.01%	12.98%	27.17%	0.48	3.30
黄金	−2.18%	−0.41%	19.10%	−0.02	−0.12
银	−2.01%	2.86%	31.35%	0.09	0.58
铝	0.16%	2.20%	20.39%	0.11	0.56
锌	4.82%	7.61%	23.16%	0.33	1.80
镍	10.27%	16.65%	35.90%	0.46	2.45

B组：1983年5月～2007年3月					
	年均几何收益率	年均算术收益率	年度标准差	夏普比率	T-统计
等权重的投资组合	4.80%	5.40%	10.64%	0.51	2.48
原油	9.26%	15.10%	32.95%	0.46	2.24
汽油	19.62%	28.98%	40.60%	0.71	3.36
燃料油	13.62%	21.06%	37.18%	0.57	2.77
天然气	−6.73%	7.06%	53.46%	0.13	0.54
油菜籽	−2.01%	−0.43%	17.85%	−0.02	−0.10
小麦	−6.30%	−4.08%	21.70%	−0.19	−0.92
玉米	−6.16%	−3.68%	23.26%	−0.16	−0.77
大豆	−1.14%	1.26%	22.05%	0.06	0.28
豆粕	2.57%	5.38%	23.53%	0.23	1.12
大豆油	−1.35%	1.87%	25.79%	0.07	0.35
棉花	−0.97%	1.63%	23.02%	0.07	0.35
可可	−7.44%	−3.76%	28.38%	−0.13	−0.65
咖啡	−6.35%	0.43%	38.56%	0.01	0.05
糖	−5.41%	1.66%	39.42%	0.04	0.21
猪腩	2.33%	5.61%	25.21%	0.22	1.09
活牛	5.30%	6.39%	14.36%	0.44	2.18
铜	9.08%	12.86%	26.94%	0.48	2.34
金	−3.16%	−2.26%	13.73%	−0.16	−0.80
银	−5.30%	−2.37%	24.71%	−0.10	−0.47

(续表)

B组:1983年5月~2007年3月				
	年均几何收益率	年均算术收益率	年度标准差	夏普比率	T-统计
铝	1.80%	3.87%	20.37%	0.19	0.93
锌	5.94%	8.64%	22.82%	0.38	1.85
镍	13.54%	20.69%	37.59%	0.55	2.69

注:收益率是无抵押的。

无论是几何年均收益率还是算术年均收益率都被考虑到了,几何收益率是投资者将整个收益率业绩压缩在一个时期的复合收益率,算术收益率仅仅是一系列单利的收益率,但他们相对容易分析那些既定的诸如标准差之类的统计量。几何收益率的一个非常有用的特性是,如果它是正的,投资者就是赚钱的,几何收益率总是小于(或等于)算术收益率。但要注意的是,算术收益率不一定准确,假设投资收益率上升了75%,然后又增长75%,再后来下降了100%,算术收益率是(75%+75%-100%)÷3=16.67%,但实际上投资者已经失去他所有的钱。

在全样本里,几何年均收益率是6.04%,算术年均收益率是7.00%(同样地并没有包括利息),最近的子样本收益率较低,自1983年5月以来的年复利收益率是4.80%。按照T-统计值,这些收益率在统计学上意义显著,等权重组合的全部阶段T值是3.54,近期T值是2.48。两个阶段的夏普比率都大约是0.5,1983年5月以来的收益率较小,这与波动率下降也相匹配。

这些收益率也战胜了通胀(以消费者价格指数CPI测算),表2-3表现了该结果,对于全样本,复利实际收益率为1.87%,每个子样本的实际收益率也都是正值,1983年5月之前是2.04%,之后是1.71%,同样,近期的收益率也较低。

表2-3 商品期货实际收益率

A组每个月的实际收益率(算术收益率)			
日期范围	等权重投资组合	消费物价指数	实际收益率
1959.8.31~2007.3.31	0.57%	0.34%	0.22%
1959.8.31~1983.4.30	0.69%	0.43%	0.26%
1983.5.31~2007.3.31	0.44%	0.26%	0.18%
B组:几何年化收益率(几何收益率)			
1959.8.31~2007.3.31	6.04%	4.18%	1.87%
1959.8.31~1983.4.30	7.31%	5.27%	2.04%
1983.5.31~2007.3.31	4.80%	3.09%	1.71%

对于单个商品的复利收益率,22个商品中有14个全部时期都是正收益率,1983年5月以后,22个中有10个正收益率。这是因为很多合约在1983年5月之前不存在,有一些只有很短的历史,所以我们无法单独报告结果。在全样本期间,除粮食(大豆因为有大豆、

豆粕、豆油,较复杂,所以排除在外)和贵重金属为负。其余负收益率的合约有天然气、可可、糖。同样商品,在最近时期,除大豆、豆粕、棉花和咖啡之外,收益率都是负的。表现最好的商品期货是无铅汽油,它获得了从 1985 年 2 月上市以来复利年收益率 19.62%,其他两个石油商品(原油和燃料油),也取得了正的收益率。

比较从商品期货赚得的收益率与现货商品价格变化百分比,会消除可能在实物商品价格之间变动与商品期货价格变动之间的差异。要注意,投资者是通过商品期货而不是实物商品来承担价格风险,这种差异会由于期货曲线形状对收益率显著的后果而有潜在的重要性,这种效应在最后会详述。不过,现在可以导入一些概念:现货价格是商品现在的价格,期货价格是未来一个固定日期的商品交割价格。如果现货价格高于期货价格,该市场就被认为是反向市场;如果现货价格低于期货价格就称为正向市场(正常市场)。在反向市场,即使现货价格不变,在期货市场做多,也会取得正收益,因为期货价格会沿着曲线攀升,逐渐与现货价格趋同,而正向市场则正好相反。

商品现货价格数据主要采自 CRB。表 2-4 是期货的收益率,正如前面所讨论,我们还给出了现货价格月算术百分比变化以及现货与期货价格收益率之差。对每种商品,现货价格和期货价格都按期间匹配,所以有些期货收益率可能与前面的不同,和前面一样,一个等权重组合包含了既定月份收益率的商品,这是全样本的结果,起始于 1959 年 8 月的 CBOT 谷物合约。

表 2-4　现货价变动率与期货收益率的比较(年均几何收益率)

商品	期货收益率(A)	现货价变动(B)	期货-现货(A-B)
WTI 原油	9.26%	3.23%	6.03%
无铅/RBOB 汽油	19.62%	4.12%	15.50%
燃料油	12.40%	3.40%	8.99%
天然气	−0.47%	12.90%	−13.36%
蓖麻	−2.01%	0.79%	−2.79%
小麦	−4.55%	1.57%	−6.12%
玉米	−4.15%	2.21%	−6.36%
大豆	1.89%	2.50%	−0.61%
豆粕	5.27%	2.66%	2.61%
豆油	3.15%	2.56%	0.60%
棉花	−0.21%	1.04%	−1.25%
可可	−1.93%	2.06%	−3.99%
咖啡	1.94%	1.74%	0.21%
糖	−6.84%	3.38%	−10.22%
活牛	5.27%	3.05%	2.22%
猪腩	2.94%	2.00%	0.94%

（续表）

商品	期货收益率（A）	现货价变动（B）	期货-现货（A－B）
金	－2.18％	4.01％	－6.19％
银	－2.01％	6.03％	－8.04％
铜	5.13％	5.21％	－0.08％
铝	1.46％	2.41％	－0.95％
锌	6.97％	7.10％	－0.13％
镍	18.17％	13.46％	4.71％
等权重投资组合	5.53％	7.77％	－2.24％

注：每个商品都在同一时期内将商品期货和现货价格相匹配，因此，如果现金的时间段较短，期货收益就可能会和前表不同，该时期跨度为 1959 年 8 月至 2007 年 3 月。

平均来说，商品现货收益率比期货收益率要高，实物商品组合年复利收益率是7.77％，相比之下，期货组合才5.53％，差额为－2.24％。这说明，总体上，商品期货的正收益并非由于曲线效应，更可能是曲线影响降低了商品期货组合收益。

对单个商品进行检验，8 种商品期货超过现货，14 种现货优于商品期货。作为一个群体，石油系商品期货价格都优于现货价格，这是因为这些市场是典型的反向市场（现货价格高于期货合同价格）。而余下的大部分市场中，现货价格表现优于期货，这符合标准理论，即期货的所有者必须支付持有成本。

二、商品收益率与股票和债券的比较

商品相对于股票和债券有何优势？对投资者来说显然是一个重要问题，因为对于大多数投资者而言，股票和固定收益是他们典型的投资选项。这里将比较等权重商品组合收益率与股票、债券的收益率，使用的是标普 500 指数和 10 年期美国国债、国库券的收益率。把商品视为完全抵押品种，这里只要简单地在前面构筑的等权重商品指数加上美国国库券利息即可。之所以如此是因为我们现在对在总收益基础上比较各投资选项较感兴趣，正如前面讨论过的，商品期货投资者收到总收益率里面还包括利息收入。由于只能找到这个时段的 10 年期债券收益率的数据，所以分析的时间段从 1962 年 2 月至 2007 年3 月。

表 2-5 展示了相关性分析，第一组显示了月持有期的相关系数，第二组显示年持有期的相关系数。在月持有期阶段里，商品与其他资产类别和通货膨胀率的相关系数较低，最高的是与债券的－15％，有趣的是，与通胀的关系只有 1％，月持有期中，商品基本与股票无关。在年持有期里，情况稍有所改变，与通货膨胀的关系是 27％，与股市相关为－20％，这表明，商品稍微可以对冲一下通胀，当股票的表现低于平均水平时商品在一定程度会高于平均水平。

表 2-6 显示了资产类别的统计摘要，图 2-1 显示了累积的复合组合收益率。在表 2-6的最上面一组显示了整个样本的年复利和从 1983 年 5 月至 2007 年 3 月期间的收益率，

在全部时期内,商品取得了 12.45% 的年收益率,而股票年收益率是 10.46%,债券年收益率为 6.98%。1983 年以后,情况正好相反:商品的年收益率是 9.85%,而股票收益率为 12.31%,检验它的累计收益率图可以看出,商品在整个样本表现卓越,是由于在 20 世纪 70 年代初高通货膨胀期间,收益率极其强劲,这期间投资组合里有 13 个商品,主要是农业,它们全面强力上涨,这是能源期货上市之前的事。股市此时也表现不佳,所以商品的强劲表现有很大争议。

表 2-5　相关系数(1962 年 2 月~2007 年 3 月)

月收益率的相关系数					
项目	商品	标普500	债券(T-Bonds)	国库券(T-Bills)	消费价格指数(CPI)
商品	1.00	0.03	−0.15	−0.05	0.01
标普500	0.03	1.00	0.20	−0.03	−0.15
债券	−0.15	0.20	1.00	0.03	−0.10
国库券	−0.05	−0.03	0.03	1.00	0.54
消费价格指数	0.01	−0.15	−0.10	0.54	1.00

年收益率的相关系数					
项目	商品	标普500	债券	国库券	消费价格指数
商品	1.00	−0.20	−0.28	−0.03	0.27
标普500	−0.20	1.00	0.29	0.00	−0.22
债券	−0.28	0.29	1.00	0.10	−0.26
国库券	−0.03	0.00	0.10	1.00	0.70
消费价格指数	0.27	−0.22	−0.26	0.70	1.00

注:商品收益率是等权重组合包括国库券(即是完全抵押的),年度期间是重叠的。

表 2-6　收益率(1962 年 2 月~2007 年 3 月)

年化几何收益率					
时间	商品	标普500	债券	国库券	消费价格指数
1962.2~2007.3	12.45%	10.46%	6.98%	5.62%	4.35%
1983.5~2007.3	9.85%	12.31%	8.65%	4.82%	3.10%

月算术收益率					
项目	商品	标普500	债券	国库券	消费价格指数
1962.2~2007.3					
均值	1.06%	0.92%	0.58%	0.46%	0.36%
中位数	0.82%	1.11%	0.46%	0.42%	0.31%
标准差	4.00%	4.24%	2.07%	0.21%	0.31%

（续表）

项目	商品	标普500	债券	国库券	消费价格指数
最大值	25.08%	16.81%	11.36%	1.30%	1.81%
最小值	−12.76%	−21.54%	−7.42%	0.07%	−0.65%
1983.5～2007.3					
均值	0.83%	1.06%	0.71%	0.39%	0.25%
中位数	0.91%	1.29%	0.74%	0.40%	0.25%
标准差	3.08%	4.22%	1.92%	0.17%	0.22%
最大值	10.42%	13.47%	7.08%	0.84%	1.22%
最小值	−8.31%	−21.54%	−5.72%	0.07%	−0.65%

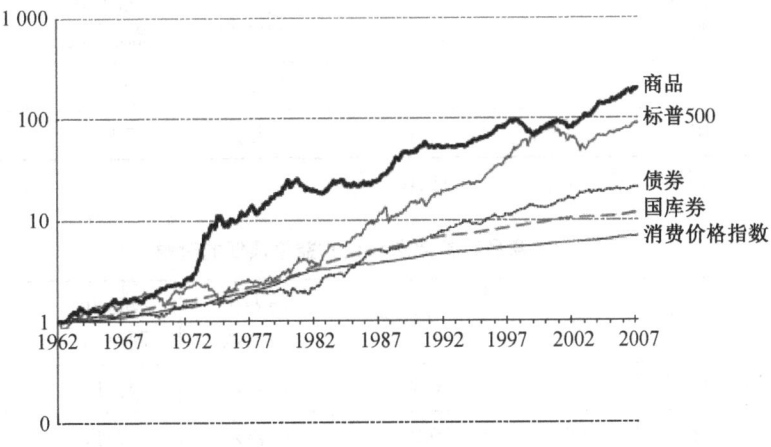

图 2-1 累积组合收益率（对数坐标）

基于每月算术收益率基础，表 2-6 的第二组介绍了更详细的收益率比较。正如预计，该结果也重复了年度收益率的结果，在整个样本期间，由于原油合约的上市，商品表现好于股票。此外，它还表明，整个样本期间，商品组合和标普 500 指数有相似的波动率，而较近的期间内，标准差明显小于股票。商品组合标准差是 3.08%，而股票达到 4.22%。另外整个样本期间，商品组合跌幅最大的一个月是 12.76%，而标普 500 指数跌幅最大的要 21.54%（1987 年 10 月的股灾）。

表 2-5 和表 2-6 的结果清楚地表明，至少从反向市场的角度来看，在一个投资组合中商品会有效。整个样本期间，商品的收益率高于股票和债券，与股票和债券的相关系数较低，其波动性与股票相近。最近阶段，商品收益率低于股票（只优于债券一点），但其波动性也随之下降，但股票的波动性却并没有太大的改变。

正如表 2-5 所示，从月度数据来看，大宗商品与通货膨胀相关系数接近零，以年度数据，则高达 27%。这意味着短期里，商品不是有效的对冲通货膨胀工具，但在更长的期限，可能稍有一些价值。然而，也可能是这种情况：商品在非常高的通货膨胀表现很好，表 2-7 列出了 5% 的月份是通货膨胀率最高的时期（有 27 个月），在这些月，通货膨胀率平均为1.15％,股票的收益率很差,只有月均—0.46％,这与表2-5中关于股票和通货膨胀呈负相关的结论是一致的。商品组合获得了0.87％的平均收益率,远胜股票和债券,但低于商品组合整个期间1.06％的收益率。然而,它也可能是这种情况:当高通胀时,美联储会提高利率,抬高了短期利率。当通货膨胀高企时,短期国库券的收益率也会提高,由于我们所检验的商品组合收益率中也包含了来自国库券的利息,这就要看没有国库券的商品组合收益率。这在表2-7的最后一栏显示,如果没有国库券利息,月均平均收益率只有0.08％,尽管还是正的,但聊胜于无而已。因此,在非常高的通胀时期,并不是商品表现得好,而是国库券表现得好。

表2-8列出了股票月收益率表现最差的5％月份时,商品的表现状况,在这段时间内,商品组合收益率是1.51％,高于全部时期的1.06％的平均水平,对此并无清楚的解释。

表2-7　商品收益率和高通货膨胀阶段

项目	消费价格指数	标普500	债券	国库券	抵押的商品组合	未抵押的商品组合
均值	1.15％	—0.46％	0.22％	0.79％	0.87％	0.08％
标准差	0.18	5.16％	3.57％	0.22％	5.93％	5.98％

注意:从1962来了2月到2007年3月,有27个月表现优异。

表2-8　商品收益率和股票收益率很低的时候

项目	标普500	债券	国库券	消费价格指数	抵押的商品组合	未抵押的商品组合
均值	—8.94％	0.24％	0.49％	0.52％	1.51％	1.02％
标准差	3.12％	2.62％	0.26％	0.43％	7.54％	7.56％

注意:低收益率是指股票收益率排名最低的5％,从1962年2月至2007年5月,属于这段时间的有27个月份。

经济衰退时,好的投资业绩才是为投资者所追求的,当经济衰退的收入下降时,如果投资能抵消这种下降,投资者就会额手称庆。为探讨这点,根据被美国国家经济研究局(NBER)认定的经济衰退时期,把月度数据里面的峰顶作为开始,NBER认定的低谷结束为一个周期,这样从1962年2月到2007年3月有71个衰退,在表2-9显示出,在经济衰退期,商品组合月均收益率0.62％,低于全样本的1.06％,如果不增加国库券利息,平均收益率会略低于负。商品在衰退期间,表现低于平均水平,这也可以解释为经济增速下降,对商品的需求也在下降。

表2-9　衰退时期的商品收益率(平均算术收益率)

项目	标普500	债券	国库券	消费价格指数	抵押的商品组合	未抵押的商品组合
均值	0.26％	0.97％	0.65％	0.56％	0.62％	—0.03％
标准差	5.97％	3.10％	0.24％	0.41％	5.54％	5.55％

注意:按NBER标定的衰退日期,从1962年2月到2007年5月有71个月。

总之,1962 年以来,商品组合收益率优于标普 500 指数。然而,这种超越主要表现在 20 世纪 70 年代。1983 年以来,股市的表现超过了商品。商品投资在通货膨胀时期表现较佳,但这主要是由于国库券利率提高,从而催生了收益率较高。

三、基于商品的证券与商品收益率的比较

对那些希望将商品价格风险头寸分散于组合的人来说,其潜在的机会远超过商品期货。原材料生产和加工、食品行业是古老的行业,有许多上市公司从事这些业务。这些上市公司的目的是赚取利润,投资者也会期望从这些股票上挣得正收益率,既然商品期货价格方向不太明确,投资者自然合理地选择商品板块股票进行投资,而非投资于商品期货本身。如果商品期货曲线正处于正向市场状态(即期货价格高于现货价格),这种选择可能是合理的,这从 2000 年代中期可以看出。在任何情况下,可以转而从反向市场的角度下,探讨商品期货与商品板块证券如何联动来处理这些议题。

简而言之,人们可以把商品板块上市公司的利润分成两块:他们所拥有的商品价格变动和加工商品过程中赚取的边际利润。例如,石油巨头康菲公司(ConocoPhillips)既拥有原油,也提炼原油生产出如汽油之类的产品,如果石油价格上涨,康菲能够以更高的价格出售其产品,增加了利润,提升了股票价格;但即使石油价格不变,康菲仍会取得炼油的边际利润。这样,投资商品板块上市公司,无论商品期货价格是否变化,都可以赚钱取得正的投资收益率。然而,投资者也需要警惕,从商品加工取得的利润而致使股价上升得来的利润,会使得任何商品板块上市公司成为商品本身不完美的替代。

使用期货市场的公司正如投资者做的一样,经常在他们想卖出的价格上,卖出期货合约来锁定在他们的利润(这种做法就构筑了凯恩斯反向市场理论的基础)。例如,在 2006 年第三季度恩卡纳(EnCana)公司发布财报,宣称它已经锁定了三分之一的 2007 年预计的天然气产量。显然,公司对产量套期保值的越多,它的利润就越对商品价格波动不敏感。

构建商品上市公司指数,必须了解该行业。能源和金属(包括贱金属和贵金属)产业,公司通常控制其投入,石油公司拥有自己的储备,矿业公司通常拥有矿山或有非常长期的租赁。而在农业领域则却不然,养牛业就支离破碎,如千万个私人农场从事玉米、小麦和大豆生产,这就很难像上述行业找到潜在的商品投资者。下面我们把商品分成 3 类:能源、金属以及农业,使用证券指数来反映每种商品群的敏感性。

能源类包括原油、燃料油、无铅汽油及天然气,正如构筑前面商品指数一样,能源期货组合的收益率也是每种合约等权重加国库券利息,对应道琼斯油气泰坦指数(Dow Jones Oil and Gas Titans Index,世界上最大的石油和天然气公司指数);而金属类包括铝、铜、锌、镍、金、银,对应证券指数是道琼斯基础金属泰坦指数;农业类包括油菜、玉米、小麦、大豆、豆油、豆粕、猪腩和活牛,由于没有一个明显对应的指数,所以选择了一组证券并配以等权重。

表 2-10 显示了基于月度算术收益率的结果,该样本始于 1992 年 2 月(道琼斯股票板块指数可提供的日期)。从能源开始,期货和证券指数的相关性为 0.47,因此适度相关,能源期货投资组合的平均月度算术收益率是 1.78%,标准差 9.33%,能源股票指数月度收益

率是 0.97％,标准差是 4.83％。大体来讲,能源期货的收益率和波动性都是能源股票指数的两倍。金属期货和基础金属资源股票指数的相关系数是 0.56,再一次显示了相关系数相当强烈,金属期货组合一个月收益率 0.91％,标准差 4.44％;证券指数一个月收益率 0.80％,标准差 6.00％,可见,期货的收益率较高而标准差较低。农业的相关系数只有 0.01,实际上接近零,构建的股票指数并不能有效替代农业期货组合,按上述分析,期货月均收益率是 0.40％ 和标准差 3.95％,证券指数平均指数的收益率是 1.21％,标准差是 5.45％。

表 2-10 商品与商品板块股票收益率(月度算术收益率)

项目	能源期货	能源股票
均值	1.78％	0.97％
标准差	9.33％	3.10％
相关系数	0.47	
项目	金属期货	金属股票
均值	0.91％	0.80％
标准差	4.44％	6.00％
相关系数	0.56	
项目	农产品期货	农业股票
均值	0.40％	1.21％
标准差	3.95％	5.45％
相关系数	0.01	

注:时间段是 1992 年 2 月到 2007 年 3 月,能源期货是纽约商品交易所的原油、取暖油、无铅汽油和天然气,能源证券指数是道琼斯油气泰坦指数。金属期货是铜、锌、铝、镍、金、银,金属证券指数是道琼斯基础资源泰坦指数。农业期货有油菜、玉米、小麦、大豆、豆油、豆粕、猪腩和活牛,农业类股票是史密斯菲尔德(Smithfield)、荷美尔(Hormel)、优质标准农场(Premium Standard Farms)、阿彻丹尼尔斯米德兰(Archer Daniels Midland)、邦吉(Bungs)。

不考虑农业,因为农业期货无法与股票比较,商品期货组合的表现同股票指数相比都优于它。就能源而言,波动性的校正使两个组合的业绩表现大致相似。因此,从历史上看,人们可以争辩说商品期货至少与商品板块股票一样,可以是好的投资标的。当然这在未来是否会是正确,取决于商品价格运行的轨迹,如果商品价格保持平稳,商品板块股票仍会从生产过程中获取边际利润,而如果商品价格上涨,不计曲线效应,则商品期货投资将可能优于商品板块股票,因为他们完全受益于商品价格的波动。

商品板块股票指数与商品期货的非凡相关性之所以存在,是由于它天然的利益,这表明投资者能够通过股票来获得在商品期货市场承受风险才能得到的利益。在某些情况下,股票投资可能比纯粹的商品投资更受青睐,譬如在能源交易的情况里,能源期货组合收益率部分是由于国库券利率曲线上行而致,由于能源市场是典型的反向市场,油价也随时间而上涨,即人们会因为认为油价持续上涨而国库券利率走低,则期货曲线出现正向市场,既然如此,按照估值在石油行业实现人们对石油板块股票价格的评判,就是可行的。

四、总结

本节探讨了商品近些年历史收益率的特征,这是评估商品投资潜力的良好开始,在历史上,商品期货投资赢得了很好的收益,它们在股票上也产生了相似的收益率,同样的波动性,与证券的相关性却几乎无关。然而,这些超预期的表现大多都发生在20世纪70年代的高通货膨胀时期,商品投资的表现要好于股票投资,而它们是否能对冲通货膨胀还未可知。在通货膨胀最厉害期间,它们有利可图,但其收益的大部分来自国库券利息。在与以商品板块指数相比,商品也有较好的表现。

需要强调的是,本节所完成的讨论大多通过后验式的运用,历史上商品投资有很好的收益率,但为什么会这样,这其中的经济机制又是如何运作的,始终不能明确。与股票和债券不同,商品不会产生权益或者利息支付,除非确信商品期货未来会产生正收益,否则不要希冀商品投资一定会给予绝对的收益率。

五、数据补遗

期货数据:

汽油其实综合了旧的无铅合约和较新的 RBOB 汽油期货合约,其转折点在 2006 年 6 月,当时降低了甲基叔丁基醚(METB),作为替代乙醇的汽油添加剂。

1996 年,猪腩合同代替了生猪合同。

1992 年 9 月,豆粕合同的蛋白质从 44％变为 48％,以美国农业部(USDA)的数据来计算过渡时期现金价格的持续百分比变化。

LME 确定了铝、镍和锌的远期合约,而不是期货合约。

铝:1987 年 9 月之前,以 3 月远期价格变化作为近似收益率,1987 年 9 月后就有足够的数据,可以通过内插法使用现金价或 2 个月的期货价来计算收益率。

锌:1988 年 1 月前,以 3 月远期价格变化作为近似收益率,1988 年 1 月后就要足够的数据,可以使用内插法对现金价或 2 个月的期货价来计算收益率。

镍:1987 年 2 月前,以 3 月远期价格变化作为近似收益率,1987 年 2 月后就有足够的数据,可以使用内插法对现金价或 2 个月的期货价计算收益率。

现货数据:

所有的现货价格数据都来于 CRB。

RBOB 汽油期货:2006 年 6 月前(REOB 取代样本中的无铅)的数据来自 EIA。

天然气:从 1992 年 2 月到 1993 年 10 月,是取自于彭博社的亨利港(Henry Hub)价格周数据。

豆粕:1992 年 9 月,豆粕合同的蛋白质从 44％变为 48％,数据也在 1992 年 10 月至 11 月做过调整。

棉花:从 1975 年 1 月至 12 月通过美国全国棉花委员会(NCC)获得每月平均价格。

糖:1960 年 1 月至 1979 年 7 月从 USDA 得到的每月平均价格。

非商品数据:

10 年期债券收益率：1980 年 1 月以前以美联储 10 年利率作为近似总收益率，1980 年 2 月后以花旗集团的 7 至 10 年期指数作为美国国债指数，彭博代码：SBGT170 Index。

1978 年 1 月以前以美联储的 3 个月国库券作为近似的总收益率，1978 年 2 月起基于花旗集团一个月国库券指数的收益率，彭博代码：SBMMTB1。

第二节　实物商品投资的长期收益率

一、小麦的历史收益率

前文考察了过去几十年商品投资的表现，本节将尽可能探讨商品的长期收益率表现。传统经济学研究可以穷溯历史，而期货研究最大问题就是很难取得高质量数据。虽然商品期货与商品价格数据目前已是容易得到，但商品在金融市场中还是小荷才露尖尖角。诚然，CBOT 在 1848 年就已经成立，但原油期货一直到 1983 年才推出，而且原油期货的推出是否就标志着现代商品期货崛起尚存争议，况且如今最重要的标普 GSCI 商品指数期货也到 1991 年才推出。本节将探讨两个系列：小麦价格和经济学家商品价格指数，以便掌握商品长期收益率的真谛。与第一节不同，因为数据取源问题，我们避难趋易，把重点放在实物商品而非商品期货上。

为什么选择小麦呢？小麦一直是人类主食之一，是制作面包的原料，从 1 万年前人类开始刀耕火种起，小麦就一直连续种植。相比之下，人类利用能源的方式却一直在改变，人类最初聚集在那些温暖的、不需要能源的地方，随着他们搬离非洲进入其他较寒冷的地方，开始焚烧木头，然后是煤，如今是石油。其他如黄金和咖啡的商品也存在很长时间了，但都有自己的缺陷，黄金主要是作为货币，而咖啡一向被认为是奢侈品而非必需品。小麦则具有悠久历史的优势，最初的小麦数据来源于克拉克（2003 年），在他的网站上克拉克利用了各种各样的数据合成了英国农产品的漫长价格史，对 CRB 从 1900 年才开始的现货数据起了有效的补充。这些数据以美元标价。

经济学家商品价格指数（ECPI）是目前公开的最早的商品价格指数，虽然早期数据不完整。它始于 1845 年，商品的权重随时间推移而变，以联合国在 1999 年、2000 年和 2001 年的 25 项进口数据为基础。食品占 56.4％、金属占 28.2％、非粮食占 15.4％，包含了非能源和非贵金属，铝比重最高，约 14.0％，其次是小麦为 8.2％，以美元标价，为一年的平均价格，尽管早年的某些数据是点样本，其实数级以早期的 GDP 平减指数和消费物价指数来平滑。

图 2-2 展列了从 1500 年以来小麦名义价格的历史，该价格看上去好像有上升趋势，但实际波动非常大，在 20 世纪 30 年代和 16 世纪 30 年代，小麦一蒲式耳不足 100 美分，从 1501 年至 2006 年，小麦价格以年均 0.54％增长，对消费者是好事，但对那些寄望投资小麦的人来说就不是利好了。

尽管整体上波动很大，但图 2-2 还是留下了一些突兀的尖顶，这些尖顶往往都与战争

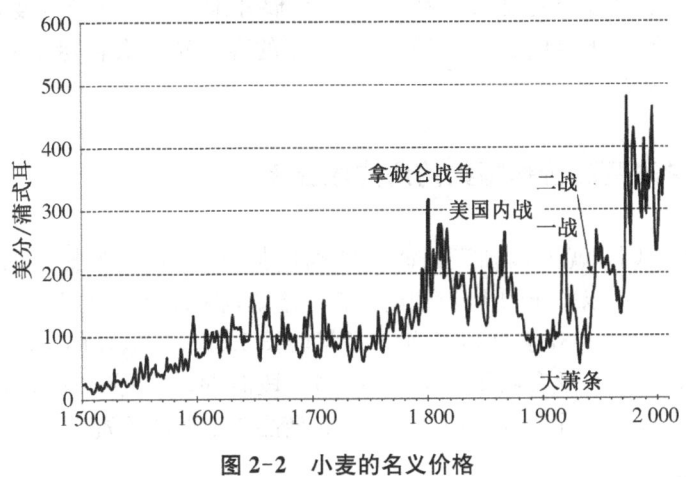

图 2-2　小麦的名义价格

有关。1970 年前,小麦的最高价格(在英格兰)是在拿破仑战争,还有一些是克里米亚战争、美国南北战争、20 世纪的两次世界大战。由于广泛的通胀环境和苏联为纾缓国内粮食短缺而大肆抢购粮食,20 世纪 70 年代出现了新高价,乌尔里希(Ulrich,1996 年)收集了大量该类型事件,并对近 200 年来总的粮食价格有良好的叙述。值得关注的是,在 20 世纪 20～30 年代股灾中,小麦价格也随股市下跌,这非常重要,涉及确定商品是否适合纳入投资组合,在股票市场表现不佳时商品会否反向对冲组合的收益率。毕竟商品数据有很多,但股灾却屈指可数,所以可以通过这个典型来进行分析。

　　图 2-3 给出了小麦的实际历史价格。按实际价格,小麦的价格是下降的,每年实际下降 0.39%,即使小麦的实际价格在 1970 年代暴涨,却还没有赶上通货膨胀的步伐,在 2006 年逼近实际价格低谷。

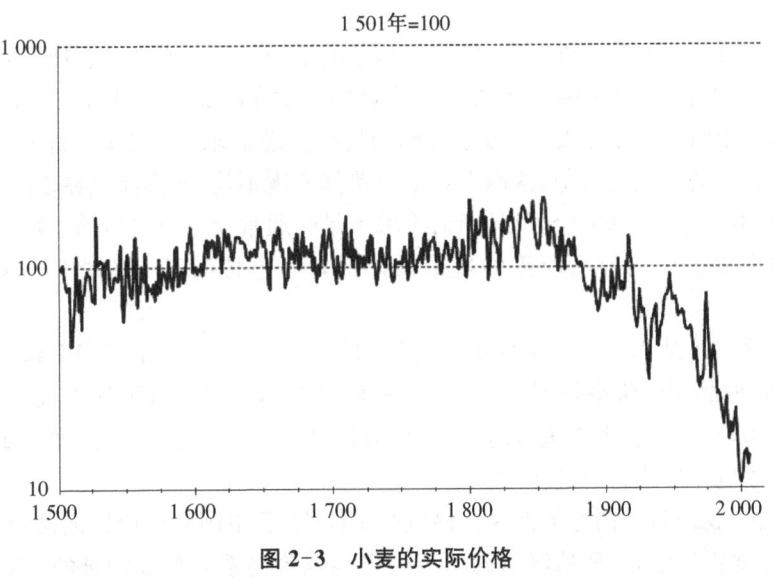

图 2-3　小麦的实际价格

从投资角度来看实物小麦的价格,结合图 2-2 和图 2-3,可以看出小麦收益率被夸大了,原因是实际持有实物小麦要承担大量费用,存储和维护小麦库存需要花费,假设每蒲式耳小麦 400 美分,每天存储成本 0.15 美分,7 年的存储费就会耗尽小麦的全部投资价值,融资成本也一样如此。

二、经济学家商品价格指数的历史收益率

相对于小麦,ECPI 就因基础广泛而有独到优势,但其缺点是提供的历史较短。图 2-4 比较了自 1871 年以来 ECPI 与美国股票收益率,将 1871 年的 ECPI 校正为 100 美元,2006 年已增值至 868.87 美元,135 年来每年增长 1.61%。但如前文所述,由于存储和融资成本,投资者实际并没有赢得 1.61%,而同一段时期,股票的年收益率却是 9.03%。显然,从收益率的角度来看,最近一个半世纪内,商品不如股票投资。

图 2-4　商品与股票(对数坐标)

和小麦一样,ECPI 在 1929 年股灾和大萧条的最初几年并不佳,这段时间商品并没有对冲股灾。1970 年代,通货膨胀率居高不下,证券市场表现不佳时,商品市场却大放异彩。比较这两个时间段很重要,大萧条时期的特征是总需求极度下降,而 1970 年代通货膨胀时却是货币的大幅度贬值,这两个时期股票都表现不佳,而商品只在需求不足时才萎靡不振,对于商品来说,这完全可以理解:需求不足时通常会导致价格的下跌,而高度通货膨胀只不过增加了购买商品所需的货币量,大体上,这段时期二者之间的相关系数为 −9%。

图 2-5 展示了从 1857 年(指数年报开始的年份)到 2006 年的 ECPI 真实收益率,从 1857 年开始,商品实际价格是下降的,每年下降 0.66%,在第一次世界大战时期商品实际价格开始激增,在第二次世界大战时期稳定,但是除了价格稳定下降外,即使 1970 年代的高度通货膨胀也只提供暂时的支撑。

目前为止,我们只对西方的商品价格进行了探索,而中国大米价格记录分析有很长的历史,再次需要强调的是,要追溯遥远的历史来构筑价格系列是很困难的,不光因为难以收集良好的数据,而且货币本身也不稳定。卢锋和彭凯翔在 2004 年指出,从 1644 年起到 20 世纪开始,大米的名义价格几乎没变过,20 世纪遭遇了极度通货膨胀和货币制度变革

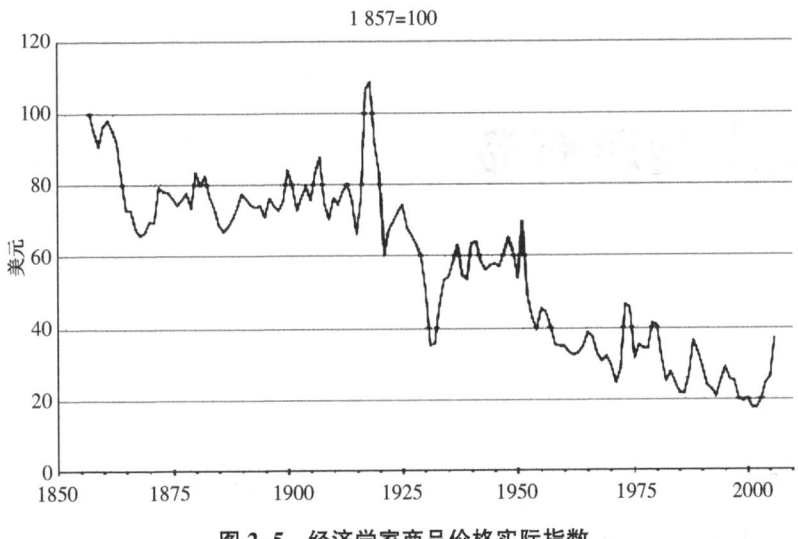

图 2-5　经济学家商品价格实际指数

时期,使得名义价格在这段时期不具可信性。因此需转换为实际价格,卢锋和彭凯翔的价格系列意味着从 1867 年到 2000 年,大米的实际价格每年上涨 0.2%,这里将他们论文中的数据重新构筑后,可以看出确实价格上涨,但涨幅很小,不足以补偿储藏和融资成本。

总而言之,审视商品历史价格,虽有所上升,但涨幅却不大。对比股票收益和商品的升值,股票涨得比商品多得多,如果考虑保存实物商品所需要的储藏和融资成本,商品更不值一提,战争时,商品价格确有上涨,但在 1929 年股灾和随后的大萧条时期,他们跟股票一样下跌。

数据附录:

证券收益率:股票价格和股息来自罗伯特·希勒(Robert Shiller)的网站。年收盘价是用 12 个月的平均价格,2004 年后更新为标普 500 指数数据。

小麦:1501 年到 1900 年的小麦价格来自于克拉克的网站,1900 年后的小麦数据取自 CRB,是年均值,为保持数据连续性,小麦价格都转换为美元,汇率见官方网站(2006),1791 年之前的汇率以 4.55 美元/英磅表示,并以官方和威廉姆斯(Williamson)(2007)所用的通货膨胀指数数据来调整为实际价格。

巩固训练与提高

1. 对商品进行收益率分析时,通常需要满足哪些条件?
2. 从资产配置的角度,商品对于股票和债券有何意义?
3. 请比较商品证券和商品本身收益率的区别。
4. 考虑商品长期收益率时,哪种商品最具有可操作性?

第三章 能源商品

学习目标

掌握能源商品基本面状况。

能力目标

运用能源商品的基本面进行投资分析。

案例导入

沙特宣布一项增加原油供应的新计划,第二天,市场几乎以跌停板开盘。根据你的推理,该计划将会使得原油供给量暴增,即使今天已经下跌,也应该是一个理想的放空机会。虽然有点担心美元疲软以及通货膨胀持续恶化的预期,但你相信这个新的计划仍然将主导短期内的原油行情。

进场放空之后,市场出现了两天的反弹行情,然后暴跌——正符合你的预期。一个星期之后,你的头寸大有斩获,你相信自己已经锁定了一个刚形成的空头市场,于是决定长期持有空头仓位。可是,又经过一个星期,市场开始毫无理性地上涨,账面上的利润逐渐减少,虽然没有任何利多消息,但行情持续上扬,价格甚至超过沙特宣布计划之前的水平,损失日益严重。最终,你决定认赔出场,并许下诺言:"这是我最后一次根据基本面资料进行交易了"。

请运用第一章关于基本面14种常见谬误的内容进行分析。

第一节 原 油

原油,也被称为石油,由几百万年以前海洋动植物的残骸形成,这些有机物的大部分被认为是单细胞生物,他们死后残骸在海床上被沙泥层层铺叠,生成了丰富的有机层,周而复始,最终形成了沉积岩层。随着时间的推移,岩层重量的压力和热量使得有机物残骸仍然慢慢转化为原油、天然气及其他的东西。

原油是碳氢化合物,碳氢化合物是所有石油的基础,但它们的氢原子和碳原子配置不同。碳原子与氢原子既可以全部,也可以部分达成链状队形平衡。碳氢化合物的一个重要特点是每种化合物都有自己的沸点,如果拿一桶水,煮沸至 100℃,所有的水都会汽化,因为该温度是水的化学分子 H_2O 的沸点。如果拿一桶原油加热到 65℃ 左右,会发现,煮了一段时间后的原油不再沸腾。继续提高到 93℃ 左右,原油再次沸腾,但最终它又停止沸腾,可以多次重复这一过程,每次有越来越多的原油蒸化。这就创建了以温度与蒸发量为坐标的蒸馏曲线,每种原油因为其碳氢化合物的构成不同而有其独特的蒸馏曲线,原油碳原子的数量决定其密度和重量,油气通常在 1 至 4 个碳原子之间,而重油可达 50 个之多。对需要将原油中不同化合物提炼出来制造诸如汽油、燃料油、柴油和航空燃料的厂商来说,无论是重量还是特定原油的蒸馏曲线都是很重要的。

一、原油生产

1. 常规油

原油最常见的开采方式是用钻机打一口油井,从油田提取原油,油井可位于陆地,如美国西德克萨斯州;或海洋,如墨西哥湾。生产过程视油藏内部的压力以及是否需施加额外的压力泵把石油采出地面而定,大多数采油是先用油藏内部的自然压力迫使石油挤出地表,然后当自然压力消失时再用泵采取剩余的油。有时尽管油井仍在生命期内,但由于不再产油或成为贫井时,继续开采不再经济,此时会废弃该井点并堵塞其井口。

科技对能源产量的提升起了重要作用。高级成像系统使地震测试从二维到三维、管道和钻头采用更坚固的材料,这只是一些人所共知的进步。另一项重大的技术进步是水平钻探,水平钻探一开始以垂直的路径进入油田,然后以圆弧形进入油区,进而用水平方式开采。水平钻井法可以比垂直钻井法更多地接触储集岩,可以应用于断裂的常规储量、断裂的烃源岩,也用于老油井增加产量。

2. 非常规石油

油砂和页岩油都属石油资源,但采掘成本较常规钻井方法昂贵。由于开采时不使用常规钻井方法,故被称为非常规石油。美国有世界上最大的油页岩矿床。美国的页岩油集中于两个大矿床里,东部矿床位于中央阿巴拉契亚盆地的泥盆纪-密西西比油页岩,西部矿床在科罗拉多州、怀俄明州和犹他州的绿河地岩层。页岩油是一种岩石般的物质,富含有机物的油母页岩质,是原油的初始状态。可以用两种方式采掘,第一种工序是从地表开采出油页岩,然后在设备里干馏经热解并加氢浓缩,以便蒸发来提取氢。第二种方法称为原位加热处理,需要在地下加热油页岩,直到裂解。当油页岩裂解时,会分解出天然气和页岩油,以此得到页岩油。

全球许多国家都发现了油砂矿床,但主要位于委内瑞拉和加拿大境内,这种油砂是沙、水和粘土的复杂混合物,这也是为什么油砂开采比目前常规钻井方法昂贵的原因。油砂内的原油被称为沥青,用下面两种方法可以将之从油砂废弃物中分离出来:第一种方法适用于砂层较浅的油砂储备,大约占 20%,油砂在露天开采,用热水洗法等技术提取;第二种方法适用于深埋在地表以下 80% 的油砂,不能露天开采,钻探法就出现了,将蒸汽注入矿床来降低沥青的黏度,通过生产油井将加热之后的沥青带到地表,油砂仍被留在地下,该工序肯定会成为未来主流的石油生产方法,因为大部分油砂只能以这种方式提取。

3. 生产国:OPEC 和非 OPEC

石油生产国分成两组群体,第一个也是最有名的即 OPEC,创建于 1960 年 9 月 14 日,为应对由各大石油公司对石油生产者压价的压力,12 个会员国(阿尔及利亚、安哥拉、印度尼西亚、伊朗、伊拉克、科威特、利比亚、尼日利亚、卡塔尔、沙特阿拉伯、阿拉伯联合酋长国和委内瑞拉)。印度尼西亚在 2009 年 9 月 10 日退出 OPEC,因为它已不再被归类为石油出口国。此外,伊拉克从 1998 年 3 月不再有配额,因为它还在试图恢复在海湾战争中的石油产能损失。OPEC 成员国持有的世界石油产能的大部分,并根据价格及对原油的需求来改变他们的生产量。OPEC 通常被视为卡特尔组织,它明确其主要任务之一就是要实现油价的稳定,它自认为这对消费者和生产商是公平和合理的。但 OPEC 在石油市场上的行为却并不总是起稳定作用,1973 年的石油危机中 OPEC 运用石油作为武器震撼了世界,加剧了通货膨胀。

另一个生产国群体是非 OPEC 石油生产国,指所有非 OPEC 成员国,非 OPEC 里面,俄罗斯(苏联)通常被归为一组,因为它是 OPEC 之外最大的一类生产商。在 2005 年,OPEC 占世界石油生产份额的 42%,而非 OPEC 的生产份额是 58%。俄罗斯(苏联)占了非 OPEC 25% 的份额。正如图 3-1 显示的,1973 年的石油危机确实标志着 OPEC 作为石油生产国主导地位的结束,到 1980 年,世界其余地区的石油生产量已经超过了 OPEC。由于沙特阿拉伯渴望占有石油的市场份额,造成 OPEC 之间矛盾纷争,20 世纪 80 年代中期石油产量增加,大大压低了油价。非 OPEC 的主要特征是绝大多数都是石油净进口国,大多数非 OPEC 的石油生产都是由私人石油公司运营,但墨西哥是个显著的例外。另外,非 OPEC 国家石油的生产成本往往比 OPEC 组织国家要高,这使得它们更易受油价的冲击。全球前十大石油生产国与消费国如表 3-1 所示。

由于沙特阿拉伯等国不愿减产,2015 年 OPEC 的石油产能超过了非 OPEC。

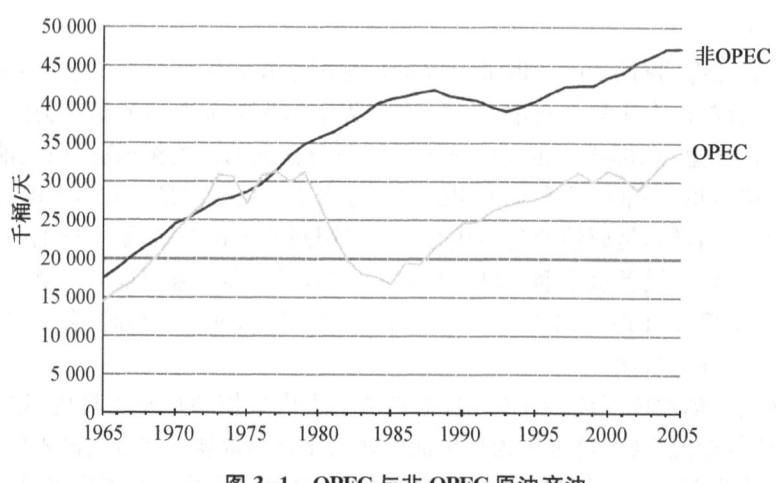

图 3-1　OPEC 与非 OPEC 原油产油

(来源:BP 统计年鉴)

表 3-1　全球前十大石油生产国与消费国　　　　　　　　单位:千桶/天

时间	2008	2009	2010	2011	2012
原油产量					
1　沙特阿拉伯	10 663	9 663	10 075	11 144	11 530
2　俄罗斯	9 950	10 139	10 365	10 510	10 643
3　美国	6 783	7 263	7 552	7 868	8 905
4　中国	3 814	3 805	4 077	4 074	4 155
5　加拿大	3 207	3 202	3 332	3 526	3 741
6　伊朗	4 396	4 249	4 356	4 358	3 680
7　阿联酋	3 026	2 723	2 895	3 319	3 380
8　科威特	2 786	2 511	2 536	2 880	3 127
9　伊拉克	2 428	2 452	2 490	2 801	3 115
10　墨西哥	3 165	2 978	2 959	2 940	2 911
其他	32 714	32 276	32 635	30 790	30 965
总供应	**82 932**	**81 261**	**83 272**	**84 210**	**86 152**
原油消费量					
1　美国	19 490	18 769	19 134	18 949	18 555
2　中国	7 947	8 229	9 272	9 750	10 221
3　日本	4 882	4 429	4 473	4 465	4 714
4　印度	3 077	3 237	3 319	3 488	3 652
5　俄罗斯	2 862	2 772	2 892	3 089	3 174
6　沙特阿拉伯	2 378	2 592	2 790	2 835	2 935
7　巴西	2 439	2 467	2 676	2 740	2 805
8　韩国	2 308	2 339	2 370	2 394	2 458
9　德国	2 502	2 409	2 445	2 369	2 358
10　加拿大	2 315	2 195	2 316	2 404	2 412
其他	35 852	35 626	36 146	36 396	36 490
总需求	**86 052**	**85 064**	**87 833**	**88 879**	**897**
供给-需求	**−3 120**	**−3 803**	**−4 561**	**−4 669**	**−3 622**

来源:EIA 和 BP 统计年鉴。

　　OPEC 对于世界经济非常重要,因为作为一个整体,他们提供了最大的产能。由于 OPEC 要求成员国建立产量配额制度,所以产量低于其总体产能,这帮助 OPEC 快速应对全球石油市场变化,因非预期的需求而导致的价格上涨可通过 OPEC 产量配额的增加而满足。如果因非 OPEC 成员国而导致长期供给不足,那么 OPEC 国家可以在必要时开动闲置产能满足供给不足。这种机制使得欧佩克组织成为决定全球石油市场决定因素,有时市场就受制于 OPEC 心血来潮的决策(见表 3-2、表 3-3)。

表3-2 原油全球前十大出口和进口国家(地区)　　　　　　单位:千桶/天

序号	出口国(地区)	2012年	占比	进口国(地区)	2012年	占比
1	中东	19 699	35.6%	欧洲	12 488	22.6%
2	俄罗斯	8 597	15.5%	美国	10 587	19.1%
3	亚太	6 109	11.0%	日本	4 743	8.6%
4	西非	4 564	8.3%	世界其余国家(地区)	27 496	49.7%
5	南非和中非	3 834	6.9%			
6	加拿大	3 056	5.5%			
7	美国	2 680	4.8%			
8	北非	2 604	4.7%			
9	欧洲	2 174	3.9%			
10	墨西哥	1 366	2.5%			
	世界其余国家(地区)	631	1.1%			
		55 314			55 314	

来源:EIA和BP统计年鉴。

表3-3 OPEC产量及配额表　　　　　　单位:百万桶/天

	2011.12配额	2013.9产量	2013.9产能	占欧佩克产能百分比	闲置产能	占欧佩克闲置产能百分比	2012.12储备	全球石油总储量	占欧佩克储备百分比
沙特阿拉伯	8.05	10.00	12.50	34%	2.50	45%	265.9		16%
伊朗	3.34	2.60	3.50	10%	0.90	16%	157.0		9%
伊拉克	N/A	3.30	3.30	9%	0.00	0%	150.0		9%
阿联酋	2.22	2.90	2.80	8%	−0.10	−2%	97.8		6%
科威特	2.22	3.00	3.30	9%	0.30	5%	101.5		6%
卡塔尔	0.73	0.72	0.78	2%	0.06	1%	23.9		1%
尼日利亚	1.67	2.15	2.40	7%	0.25	5%	37.2		2%
利比亚	1.47	0.30	1.55	4%	1.25	23%	48.0		3%
阿尔及利亚	1.20	1.15	1.20	3%	0.05	1%	12.2		1%
委内瑞拉	1.99	2.69	2.90	8%	0.21	4%	297.6		18%
安哥拉	1.52	1.74	1.87	5%	0.13	2%	12.7		1%
厄瓜多尔	0.43	0.53	0.53	1%	0.00	0%	8.2		0%
全部	24.85	31.08	36.63	100%	5.55	100%	1 211.9	1 668.9	73%

来源:IEA,EIA,英国劳氏海上情报分部(LMIU),*BP Statistical Review*,*Wood Mackenzie Platt's Oilgram*,*Petroleum Intelligence Weekly*,*Petroleum Economist Africa Oil and Gas Monitor*,*Energy Day*,and *Oil and Gas Journal*。

二、哈伯特峰值

在过去几年中,有大量的关于全球石油产量已经见顶的警告甚嚣尘上,这个峰值的概念从人类开采第一桶石油时就喋喋不休,因为石油不是可再生资源。未来某一时点我们肯定会耗尽石油,但是什么时候用完,这个问题交锋非常激烈。M·金·哈伯特是个地质学家,在休斯敦壳牌石油工作,他第一个运用定量方法研究油田寿命。因为一个油田的产量是限定的,其产量开始和结束时都为0,秉持这个理念,哈伯特发现作为时间的函数,石油累积产量是对数增长曲线,遵循于此,他就能以发现率、生产率和累积产量定量模拟一些既定油田的产量。哈伯特假设:油田发现之后,产量几乎会随着新油井被投产而发生指数式的上升,到某一时点产量达到顶峰,随后,产量也随着资源的耗尽而呈现指数式下降,于是就产生了一个能跟踪石油产量的钟形曲线,这个经济模型就是著名的哈伯特峰值。图3-2显示了这个钟形曲线运用于美国石油产量的状况,基于这张图,很容易得出美国石油产量在1970年至1971年之间的某时到达顶峰的结论。在1956年的美国石油协会的演讲中,哈伯特预计美国大陆石油产量在1970年代早期,会达到顶峰。

图3-2　美国原油油田产量
(来源:EIA)

自从哈伯特在美国石油协会的演讲之后,出现了大量的对世界石油产量顶峰年代的估计,尽管哈伯特运用他的模型成功地估计出美国石油产量的顶峰,但预测全世界的石油产量却并不容易。必须记住:在物理和化学方面,并没有相应的法则认为产量一定会遵循指数性增长曲线。石油产量受到多种因素制约,包括政治和经济的,这些因素使石油产量长期低于石油产量上限。哈伯特的数学模式严重依赖于已探明世界石油储备的可信估计,这些探明的石油储备估计值,由每个产油国和私人公司发布,但通常很难得到。按照英国石油公司(BP)在2006年的说法,OPEC探明的石油储备从1980年到2005年就翻了两倍多,尽管我们在整个期间一直在消费OPEC的石油。这显示了探明的储备估计对预测未来趋势方面几乎没用,这只是哈伯特经济模型作为一种预测全球石油产量峰值的方式存在很多局限性的一个例子而已。

三、储备

众所周知,石油储备深藏于地下,这种供应方式可以再回收,较为经济,已探明的石油储备在现行价格用目前的技术开采,是基本合理的,在已探明的储备之外部分归于另一种分类法,无法同样确定合理性。控制储备是指在现行价格下用目前或相同技术进行开采有合理可能性机会;可采储备是指处于有利环境时就有机会开采的石油,这些储备可能需要更高价格开采才有利或者需要运用还未检验过的技术,诸如页岩油、油砂、生物燃料或天然气转化、煤变油(液体碳氢化合物)等的非常规石油资源或许归类为可采储备。

OPEC 拥有了已探明石油储备的 68%,其余 32% 的储备为非 OPEC 拥有,其中俄罗斯拥有 7.5% 的石油储备。BP 估计 2013 年世界石油储量达 1.6 879 万亿桶。《油气》杂志 2014 年 12 月估计截至 2013 年 11 月,石油储量为 1.656 万亿桶,而上一年是 1.647 万亿桶。根据美国政府估计,截至 2011 年,世界上已探明的石油储备大约 13 500 亿桶,以现有全球石油消费率来计,即每天 82.5 亿桶,大约可以维持 44 年,说明有足够的探明石油储备。此外《油气》杂志估计世界探明的石油储备已增加了 730 亿桶,未发现的探明石油储备约 938 亿桶。储备的增长包含了由于油田回收率提高的技术贡献成分,包括储备的发展和未勘探的储备,已探明的石油储备大约有 2.98 万亿桶,按目前的消费水平,该供应可以维持 99 年(见表 3-4、图 3-4)。

表 3-4 各国石油已探明储量及日产量 单位:千桶

国家	已探明的储量	日产量
委内瑞拉	298 350 000	3 023
沙特阿拉伯	267 900 000	9 684
加拿大	173 100 000	3 324
伊朗	154 600 000	3 113
伊拉克	141 400 000	3 054
科威特	104 000 000	2 650
阿联酋	97 800 000	2 820
俄罗斯	80 000 000	10 053.8
利比亚	48 010 000	918.3
尼日利亚	37 200 000	2 367.4
哈萨克斯坦	30 000 000	1 572.9
卡塔尔	25 380 000	1 553
美国	20 680 000	7 443.4
中国	17 300 000	4 164.1

来源:维基百科,截至 2013 年 1 月。

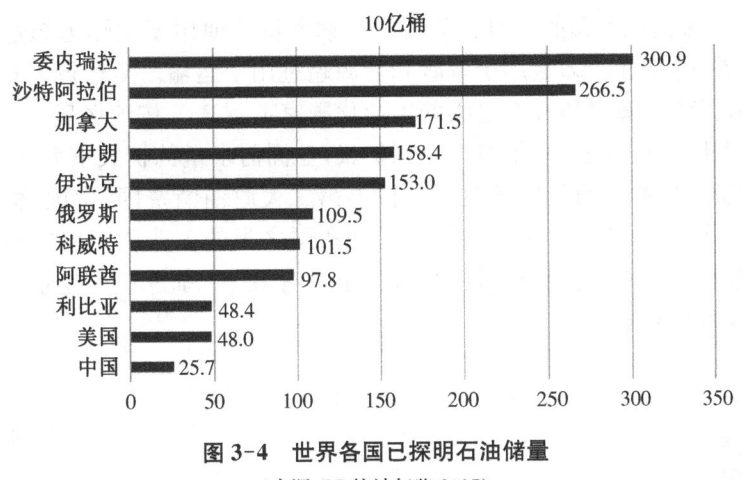

图 3-4　世界各国已探明石油储量

（来源：BP 统计年鉴 2017）

重质烃,即为人所知的油砂和重油,是非常规石油资源储量,其中大部分都没有在已探明储备量的目录中,这将成为重要的石油资源,以满足未来全球石油需求。2005 年,加拿大石油生产商协会报告说加拿大油砂生产达每天 992 000 桶。国际能源机构(IEA)报告说,截至 2000 年年底,全球油砂和重油达 4.29 万亿桶,其中只有 5 800 亿桶是可开采的,这使得大约 3.7 万亿桶的重油资源被归入控制储备或可采储备。按目前的石油消耗,油砂和重油可能再延长供应世界 123 年。

其他主要的非常规石油资源是油页岩,大多数油页岩资源位于美国。IEA 报告说,全球油页岩资源超过 3.5 万亿桶,这些油页岩资源将被归于控制或可采储备,按目前石油消费水平,页岩油可供应世界 116 年。

因此,目前有多少石油库存供应及会持续多久? 前面给出的数字提供了一个全球还有多少石油的整体思路,但不是最终结论。由于每年都公布新的储备估计数,真实答案随着未来石油价格以及科技进步而变。考虑到讨论的开发非常规石油资源要比传统的石油资源更加昂贵,EIA 曾经在 2006 年年度能源展望中指出,当油价在 30 美元以上时,油砂生产在经济上是可行的。EIA 还引用了为美国国家能源技术实验室准备的研究,当 WTI 油价在 70 美元至 95 美元一桶时,页岩油生产经营就有利可图。这些数字暗示,如果包括已探明石油储量和油砂的估计储量,石油将供应世界大约有 222 年。关于这个估计的一个议题是这些非常规石油能源的含量有多少,此时,额外的石油供应并不是轻质的、低硫的、高能量型的,他们是每桶较少能量的重质石油,即要维持目前的消费水平,就必须使用更多的重质原油,这就会降低前面估计的长期供应年数。此外,重质原油开采和生产过程的能耗更多。很明显,非常规石油资源的真正问题是可恢复性问题。这将需要更高的石油价格、技术进步、研究和时间来确定是否值得开采这些储备。总体而言,如果油页岩成为石油生产可行的来源,全球石油供应可能会超过 300 年,但前面提到的问题仍然存在。

四、消费

石油应用很广。它可以燃烧作为汽车动力、发电或家庭取暖,也可以作为制造塑料、石油化工以及许多其他产品的原料。美国和加拿大将石油用于运输远超过用于取暖或发电,但在世界其他地区,却是用于取暖和能源超过用于运输。全球最大石油消费国历来都是如美国、英国、德国和日本之类的工业化国家。图 3-5 按地区显示了产量和消费量,记载了亚太地区在过去 20 年需求急剧扩张,亚洲需求量的扩大很大部分来自中国,其在 2003 年超过日本成为仅次于美国的世界第二大原油消费国,中国、韩国和印度显示出对石油需求巨大的增长,而同时像德国和法国之类的工业化国家的石油需求却下降。这是因为工业化国家能源利用比新兴国家更有效率。此外,制造业从美国和德国等转移到中国和韩国等。

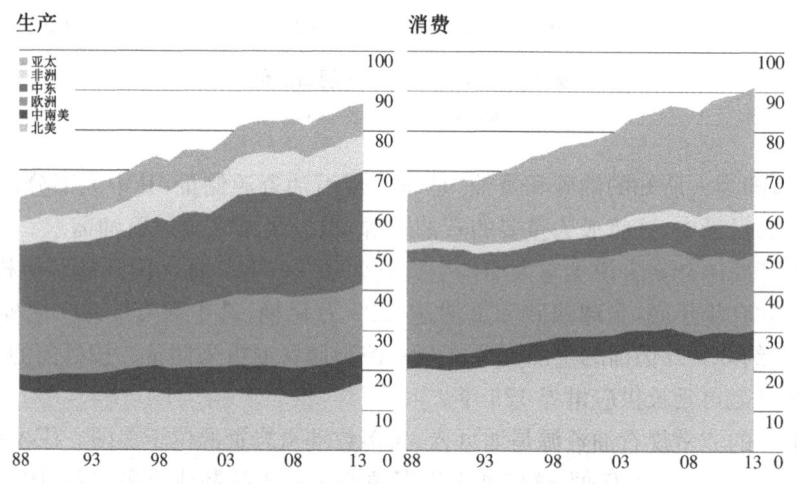

图 3-5 按地区排列的石油产量和消费量

(来源:BP 统计年鉴 2014)

随着像中国、印度和巴西等新兴国家持续发展,他们的石油消费量也持续增加。这些国家会沿着美国在大萧条之后的发展模式并非不可能,尽管中国和印度是世界上人口最多的两个国家,但他们的石油全球份额还是很低,由于他们经济增长,消费量增加,能源需求肯定也会上升,这就会使得工业化国家和这些新兴经济体对石油进口的争夺加剧。产油国与消费国往往不一致,生产大国如图 3-6 所示。

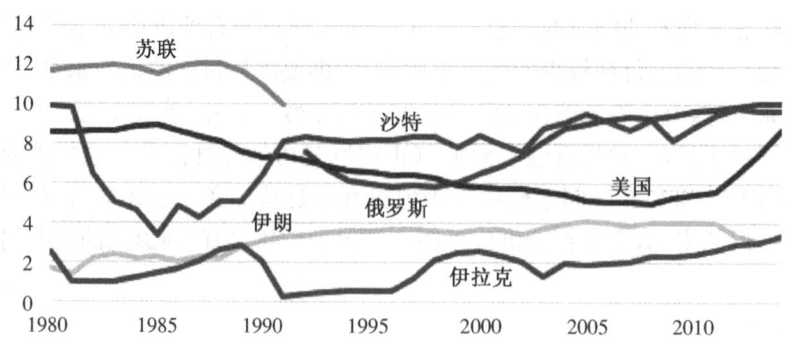

图 3-6 1980 年至 2016 年世界原油前五大生产国

(来源:EIA)

五、实体原油和提炼

实体原油来自于不同地区和各种各样的方式装运,能源信息集团报告说有大约 161 种不同实体原油的国际贸易。石油界按生产地对原油分类,原油重要的物理特征是看它是轻质还是重质石油以及是甜性的还是酸性的。轻质原油是指含蜡成分低的石油,而重质是指含蜡成分较高因而粘滞度较高,粘滞度越高会使其越难发胀、越难通过管道运输。甜质原油是指原油中的硫磺含量通常低于 5%,含硫量越低,就会使其在加工成轻质产品时比酸性原油成本更低。酸性原油(指含硫量超过 1%)在加工成轻质产品时,需要将杂质脱除,精炼成汽油和其他轻质终端产品时,甜质原油通常是理想的。

精炼是将原油加工成我们日常所用的汽油、燃料油、柴油、航空机油等石油制成品的过程。精炼过程开始时先进行简单的蒸馏,将原油中的碳氢化合物分解成它的分子或它的碳氢化合物成分。在不同的温度会汽化获得不同的产品,如液态石油气体、石脑油和直馏汽油之类较轻的产品最早被汽化,包括航空汽油、煤油、燃料油和柴油的中间馏分油家族其次汽化,最后汽化的是如残渣油的最重质产品。

美国精炼石油用的加工工艺要比简单的蒸馏法复杂得多,因为终端用户需求主要集中于轻产品。这些轻产品对精炼业来说能创造出更高价值,所以在简单蒸馏之后,对较重产品进行再精炼加工,将他们变成价值更高的轻产品。一种称为裂化的工艺将在简单蒸馏法中获得的重馏分油导入催化裂化装置,以便生产出较轻的蒸馏物和汽油,碳氢化合物用来脱去石油制品里的硫磺,这样当燃烧燃料和能源时,释放的二氧化硫程度较低。简单蒸馏法的最重产成品——残渣油,会经过炼焦器,以便加工成较轻的产品和石油焦炭,转化装置把在简单蒸馏加工时获得的低辛烷值副产品转换成高辛烷值成分,用于制造汽油。

多少精炼加工量才能获得产品的最优组合由原油的品质决定。如果只想用简单蒸馏法生产出石脑油、直馏汽油之类的轻产品,那么 WTI 的轻质甜油就能有很高的收益率溢价。而与之强烈对比的是,如果用简单蒸馏法,像伊朗重质原油生产出来的就是高残渣油,必须经过再加工才能产出较轻的产品。精炼的目的是加工原油并生产出产品的最佳组合,因此还要考虑可用原油的成本。然而,并非所有重质原油都能精炼出重质产品,所以炼油者所用的原油类型要由其炼油设备决定。

美国炼油产能大多数位于墨西哥海湾,然后通过输油管和油轮将产品运往东海岸和中西部,按照 BP 统计年鉴的资料,炼油利用率从 1996 年到 2010 年平均是 90.5%。美国炼油运营有季节模式,夏天因为对汽油的需求利用率呈现峰值,在秋季和晚冬早春时炼油利用率呈现两个维修期。这些维修期的深度和持续期视当时利润边际而定,如果精制石油产品因需求而使边际利润非常高,那么炼油厂就会推迟例行维修期或者脱机时间比一开始预期的要短。如果炼油厂推迟维修期或定期维修时间太长,工厂就很可能发生事故,一个未计划的停机会导致炼油厂以后瘫痪很长时间,因而炼油厂就需要维护利润空间与未计划停机概率的平衡。炼油厂也会视消费者的需求而进行生产,例如,如果由于市场对汽油的需求,使汽油的边际利润高于燃料油,炼油厂将转而尽可能多地生产汽油,而不是燃料油,总之,炼油厂会根据边际利润来调整产出水平。

六、期货

两个流动性最高的原油期货合约都是轻质甜性品种,第一个是西德克萨斯中间基原油(WTI),在 NYMEX,WTI 原油在美国生产,具有非常高的流动性,它是理想的精炼汽油的原油;第二种是布伦特原油,在洲际交易所交易,布伦特原油由北海的各种各样原油组成,包括布伦特原油、奥塞贝格原油(Oseberg)、福尔迪斯原油(Forties),它不像 WTI 那样是轻质、甜性的,但它是制作汽油和馏分油理想的原油。布伦特名字源自布伦特鹅,但也是布伦特油田岩层(Broom、Rannoch、Etieve、Ness 和 Tarbat)的首写字母组合,布伦特原油是在电子交易平台上交易,而 WTI 却是既在电子交易平台也在交易大厅交易,由于物理特征,两种期货合约高度相关,通常 WTI 对布伦特有溢价(详见图3-7、图 3-8、图 3-9、图 3-10、图 3-11)。

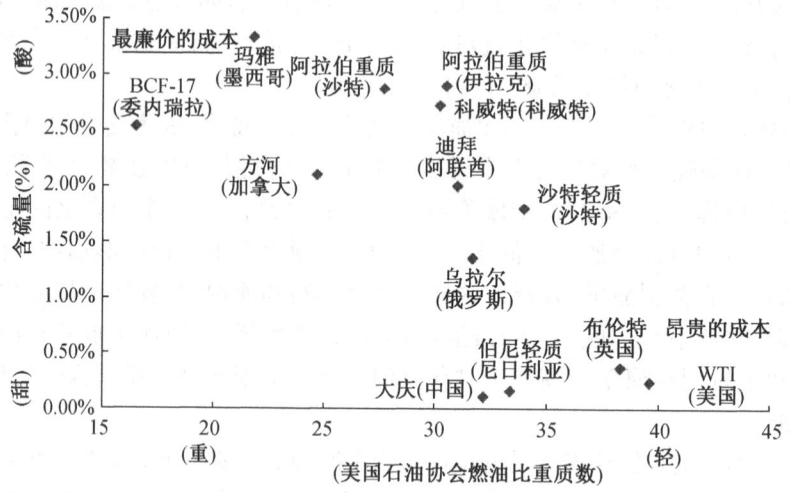

图 3-7　全球原油等级

(来源:EIA)

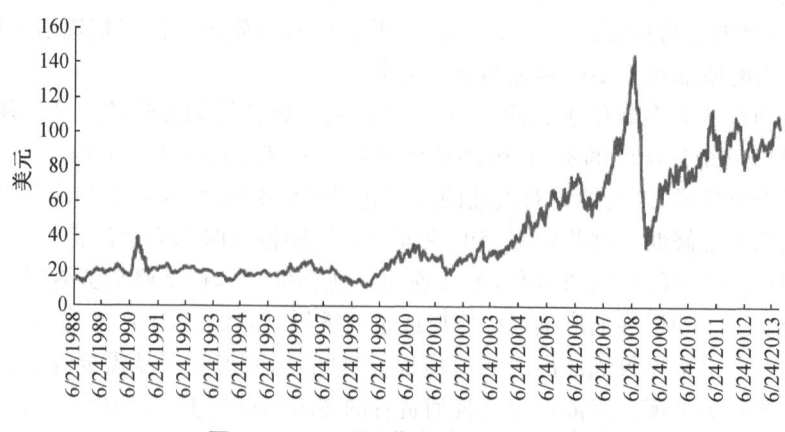

图 3-8　WTI原油期货价格历史走势

(来源:彭博社)

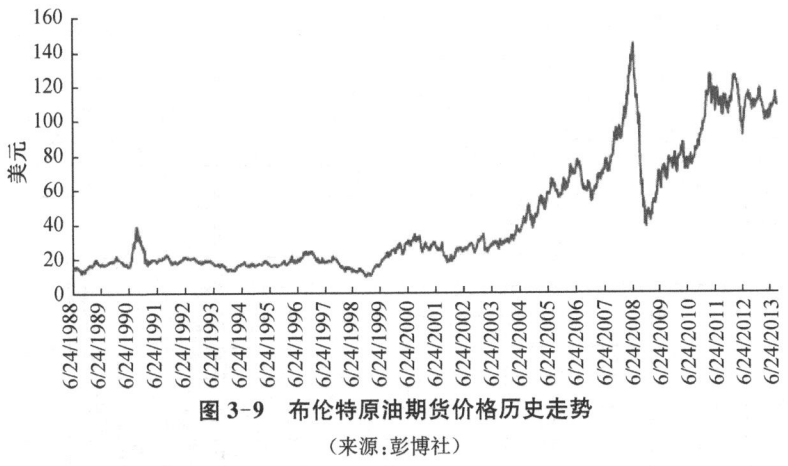

图 3-9　布伦特原油期货价格历史走势

（来源：彭博社）

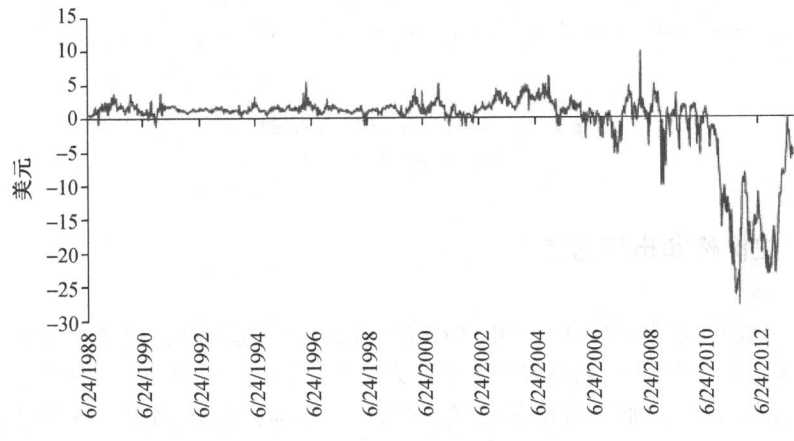

图 3-10　WTI-Brent 近月合约历史价格价差图

WTI 原油期货是 1983 年 3 月上市，WTI 期货可在俄克拉荷马州的库欣（Cushing）交割，通过输油管运到现货市场。NYMEX 列出了 WTI 期货合约所允许交割的无论是国内还是国外的专用硫磺和美国石油协会燃料油比重度数。WTI 期货是原油套期保值和交易流动性最强的市场。相比之下，布伦特原油合约是 1989 年 7 月才由 IPE 推出，IPE 2001 年 7 月被 ICE 收购，如果双方同意实物交割，可以通过交易所和经纪行登记，但为了便于投机者，布伦特期货合约是以现金结算。

2006 年 3 月，ICE 开始推出了 WTI 石油期货合约电子交易，新交易方式吸引了很多参与者，他们热切希望能自由自在地通过坐在显示屏面前而不是打电话到交易大厅去了解市况。2006 年 6 月，NYMEX 将他们的期货合约改为双边交易，允许交易商执行电子方式或交易大厅方式。ICE 也开始交易两种原油合约。

世界上还有其他一些石油期货合约上市，如在俄罗斯交易系统上市的乌拉尔石油期货和在东京商品交易所上市的迪拜/阿曼原油上市石油期货。

对散户投资者而言，他们可以交易 NYMEX 的迷你 WTI 原油期货电子合约，该合约是电子交易，面值是 WTI 原油期货的一半，与 WTI 原油期货标准结算标准一样。

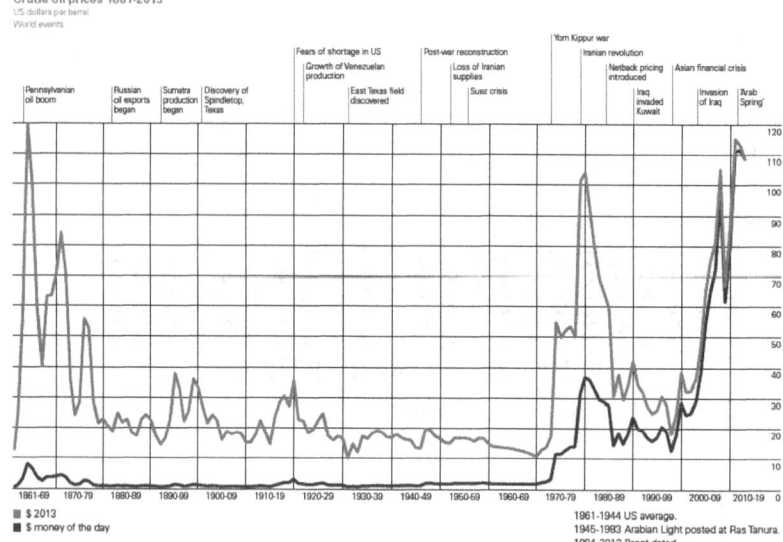

图 3-11　1861 年至 2013 年石油价格

(来源：BP 统计年鉴 2014)

七、历史价格和市场报告

原油价格波动极其强烈，1973 年阿拉伯开始石油禁运，停止向美国及其盟国运输石油，以报复他们支持以色列发动"赎罪日战争"。由于进口量下降，导致美国油价飙升，造成汽油定额配给，加油站排起长龙。1979 年因为伊朗革命发生了第二次石油危机，伊朗的出口及石油产量下降，即使 OPEC 增加了生产，但消费者对以前的石油危机记忆犹新，惊魂未定，进一步推升了价格，加油站又现长龙。

从 20 世纪 70 年代起，美国就没有再发生过因供给严重下降而使得定额配给的情形，1990 年至 1991 年曾发生过一次短暂的价格上涨，当时伊拉克入侵科威特，两国的石油生产和出口充满了不确定性。2003 年开始了最长期的价格暴涨，归因于全球石油需求增长，尤其是来自于亚洲和新兴经济体如中国、南非、韩国、印度和巴西石油需求增长。这次涨价延续了数年，而且是渐进的，不像 1970 年代的猛然提价，使得消费者逐渐习惯了较高的价格。价格大幅下跌有这几次：1986 年沙特阿拉伯大规模增加生产、1997～1999 年亚洲经济危机、9·11 后因为对美国经济的担忧油价再次短暂下跌。

除了这些重大的政治和经济事件之外，其他基本信息也会影响石油期货价格，其中对市场影响最大的基本报告之一是 EIA 发行的《每周石油状况报告》（WPSR），该 WPSR 是美国石油资产负债表的瞬态图，美国东部时间每星期三上午 10：30 发布，市场参与者认真分析该 WPSR 对原油和产品的数字，据此寻找可能会影响未来石油价格的供给和需求趋势。WSPR 里面最重要的数据包括每周原油、汽油和馏分油库存变化，当试图确定石油未来价格时，构筑石油联合企业库存趋势是非常重要的。EIA 也连同年度一起发布短期能源月度概览，两份报告都绘有内容详实的美国国内和国际石油基本面图表。

另一项重要的基本报告是 IEA 发表的石油市场报告,IEA 每月发布,主要围绕全球石油资产负债表情况。石油市场密切关注 IEA 报告以发现全球石油需求变化,无论是 IEA 还是 EIA 都是取得石油市场基本信息的良好的公共来源。

油价前景取决于石油生产在什么特定的价格供应,归根结底利润才是推动公司寻找石油生产新方法的动力,如果页岩油生产成本是每桶 90 美元,那么当页岩油售价超过生产成本加上边际利润时,就会生产页岩油。当然,石油生产不可能像水龙头那样随意开关,但是当价格和期货价格在一大段时间内一直高于生产价格会吸引公司开采新能源,全球经济增长所带来的需求增加会结束廉价石油时代。地球上人口最多的国家中国、印度才刚刚开始他们对石油的需求,新能源价格将随经济增长的变化而上下起伏,这种增长伴随着寻求新供应,可能推升油价。

八、替代能源

不提及替代能源现状,很难讨论原油,这些替代能源是原油或石油产品的替代品,不是化石燃料。最流行的生物燃料是乙醇和生物柴油。目前,乙醇从甘蔗和玉米提炼,巴西从甘蔗提炼乙醇作为汽车燃料,美国从玉米中提炼乙醇作为汽油添加剂。生物柴油从植物油如豆油、菜籽油或棕榈油中提炼,它可作为化石燃料的替代物,用于内燃机燃料或作为住宅和商业应用取暖。生物燃料领域的研究聚焦于来自如玉米秸秆、干草,柳枝梗之类农产品的纤维素乙醇,其他替代能源如风力、太阳能、潮汐能、核能、甲烷水合物也被视为原油的部分替代。虽然有些替代能源还在实验阶段,离现实应用尚待时日,但全球市场竞相寻找各种可能的新能源,以取代不可再生的原油。我们会在汽油章节里面讨论乙醇、在燃料油章节里面谈论生物柴油。

九、其他信息来源

很多来源深入探讨了驱动原油价格的基本面因素。EIA 是美国政府官方的能源统计数据来源,EIA 还发布原油和各种能源资源的月度和年度报告。英国石油公司每年6 月出版的《BP 世界能源统计年鉴》包含了全球石油综合企业的生产、储备和精炼。另一全球能源信息来源是 IEA,IEA 每月发布石油市场报告,每年发布世界能源前景展望和各种全球石油统计数据,所有这些数据都可在互联网上得到。

第二节 燃 料 油

燃料油是原油提炼出来的许多产品之一,它同柴油、航空燃油、煤油一起被列为馏分油。所有馏分油化学构成都相似,在一些地区,燃料油加入了添加剂之后,就与柴油一样。在美国燃料油有很多名字,包括 2 号燃料油、馏分燃料和家庭燃料油。

燃料油主要用在美国东北部,供住宅和商业楼宇取暖之用。EIA 在 2012 年 8 月报告,大约7%的住宅用燃料油为主要取暖燃料,这些住宅78%位于美国东北部。经过油罐车运到各家庭和建筑,储油罐通常在高于地面的地下室,但也可以在地下。燃料油在锅炉或火炉燃烧以供建筑取暖。美国其他地区通常用天然气作为加热源,因为它一直很便宜,而且建筑里面有设施直接把天然气导入家庭和商业建筑,而东北老建筑通常没有天然气设施。

燃料油非常安全,没有自燃之忧,又有较高的闪点,所谓闪点是指某物接触氧气后能成为引火性物资的最低温度。取暖油的闪点为52℃(华氏125度),这意味着它在华氏125度以下无法燃烧,这就说明它在一般的家庭和商业建筑内非常安全。

一、生产和储存

提炼时,一桶原油(42加仑)能产出大约10加仑的柴油和燃料油还有4加仑的航空燃油,想要稍微提高这些馏分油的产量,也许就需要进一步提炼或使用不同等级的原油。这些产品从轻瓦斯油中提炼出来,炼油厂有能力改变最终产品的混合物。冬天是燃料油需求高峰期,美国炼油厂通常在冬天之前提高燃料油产量。但是,由于只涉及燃料油的数量,所以他们能通过储存和进口来满足需求缺口。因炼油厂需要有一个产品最佳组合在冬季销售,所以产量的增加经常受到限制。2005年,美国馏分油总产量平均每天400万桶,同一时期的汽油产量平均每天830万桶,说明汽油生产和需求仍是美国炼油厂头号关心的问题。

由于美国汽油生产优先于馏分油,就有一个在需求高峰期集中存储和进口问题。美国馏分油进口绝大部分来自于欧洲,那里生产重点是馏分油。在欧洲柴油是汽车流行的燃料选择,而且,火车和公交系统更发达,这促使当地的燃料需求比美国更侧重于馏分油。

美国的燃料油储存对冬季月份平衡供需起了重要作用,美国大多数取暖油存储在东海岸,容易利用水道进行运输。如图3-12所示,存储峰值水平只发生在冬季之前的9月底,而储存的谷底在冬天结束后的4月中旬。随着冬季的需求超过了炼油厂燃料油生产能力,储存规模的收缩往往发生在这一时间,当整个夏季整体馏分油需求较低时,储存就会重建。

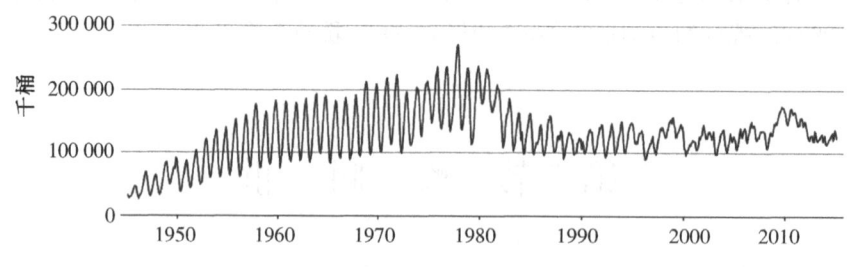

图3-12 美国馏分燃料油储存峰值图

(见下列网址,从该网址动态图形中可以发现峰值都在9月,

http://www.eia.gov/dnav/pet/hist/LeafHandler.ashx? n=pet&s=mdistus1&f=m)

二、消费

根据 EIA 数据，84％的住宅燃料油使用集中在美国东北部。由于燃料油也是取暖燃料，所以高度依赖于冬季天气。美国东北冬季天气温暖或高于平均温度时，就会使得需求低于正常的季节水平；反过来，极端寒冷天气也会造成需求和燃料油价格的飙升。燃料油市场的交易者非常关注冬季天气的短期和长期预报，在试图判定美国东北部气候模式时，气象学者经常研究诸如拉尼娜现象（La Nina）和厄尔尼诺现象（El Nino）之类更长期的天气模式，这两者是指太平洋中部热带区域温度持续高或低于海平面温度 0.5℃，拉尼娜是低于 0.5℃而厄尔尼诺是高于 0.5℃，对于美国东北部，厄尔尼诺现象预计会造成暖冬，而拉尼娜则是反之。

因为燃料油被认为是和柴油、航空煤油、煤油一样的中间馏分油，所以对这些产品的需求因素也就显得非常重要。比如，对柴油的强烈需求可能会使提炼厂从他们的蒸馏池中生产更多的柴油燃料而分流燃料油市场。在美国柴油燃料主要用于汽车、卡车、火车、大巴、农场设备和军用车辆等，公路车辆的柴油消费量占柴油消费的 80％，剩余的是非公路车辆、农场和建筑装备以及柴油发电机消费。在 2005 年时美国的馏分油消费总量里面 75％是柴油燃料。柴油被视为一种非常肮脏的燃料，2006 年秋季，美国启动了超低硫柴油项目，该项目要求在公路上的 80％的柴油燃料只能有百万分之十五的含硫量，燃烧如此低的含硫量柴油会更清洁，比以前排放量更低。

航空煤油和煤油是较少为人所知的馏分油，但都会对供给和燃料油价格产生影响。在 2001 年 9·11 事件后，全美机场关闭数天，接下来的一个月，空运需求急剧下降，因航班减少，对航空煤油影响显著。反过来导致 2001 年 9 月中旬到年底馏分燃料油的储油罐库存增加了 11％，相形之下，过去 10 年同期只增加了 1％。航空煤油需求急剧下降的结果是炼油厂改变了产品构成，航空煤油的成分与燃料油和柴油相似，所以炼油厂自然地生产更多的燃料油和柴油，导致了 2001 年第四季度美国的馏分燃料库存迅速上升。

三、期货

燃料油期货在 NYMEX 交易，是第一个成功上市的能源合约，是 1978 年 11 月 14 日上市的，比 WTI 原油合约早了 5 年。燃料油期货在纽约港（NYH）交割，这是燃料油市场现金和实物交易的主要地点。航空煤油和柴油的消费者也经常把燃料油期货作为套期保值的工具，因为两个现金市场都经常用对燃料油价格的价差进行交易（见图3-13）。

该期货合约用每加仑多少美分交易，一张期货合约等于 42 000 加仑燃料油，一桶石油折算成 42 加仑，所以一张合约也等于 1 000 桶石油，与原油期货合约相同。这一点很重要，因为投机者平时的交易和炼油厂的套期保值都是利用裂解价差，该裂解价差是相同交割月的原油期货和燃料油期货价差，裂解价差只包含燃料油和原油，以下列方式计算：

2007 年 1 月 WTI 原油价格＝61.00 美元/桶

2007 年 1 月 NYH 燃料油价格＝1.58 美元/加仑

裂解价差＝燃料油价格－原油价格＝(1.58×42)－61.00＝5.36 美元/桶

　　裂解价差对炼油厂至关重要,因为利润直接与其投入——原油、其产出——炼制品相连。对裂解价差进行交易,炼油厂能同时锁定买入原油和卖出炼制品的价格,上面提及的裂解价差蕴示着一桶原油会产出一桶燃料油,而现实却无法实现。现实世界较好的裂解大致结果是3∶2∶1,这个3∶2∶1裂解价差是3桶原油、2桶汽油、1桶燃料油。3∶2∶1裂解价差虽然不是现实世界提炼结果,但用在期货上面却是最好的近似结果,当然它没有考虑从提炼过程中所得到的额外副产品,也没有考虑燃料油和其他馏分油的价格差异。

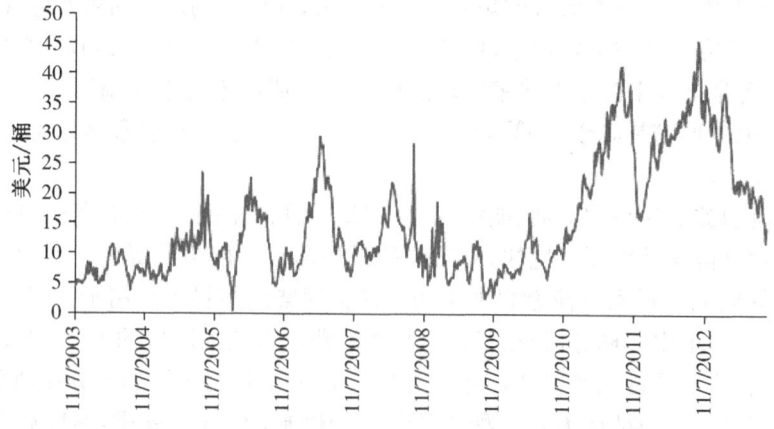

图3-13　WTI/纽约港RBOB无铅汽油和燃料油裂解价差的历史价格

　　原油市场的供需变化将会慢慢影响燃料油市场,这就是为什么燃料油期货与石油综合体中其他的期货合约密切相关的原因。如果你期望原油价格下降,很可能燃料油也会随之下降,尽管价格移动的级别可能不相同。图3-14展示了每桶原油和燃料油合约的提示月美元价格,从该图中可以看出燃料油价格不低于原油价格,因为炼油厂需要有把原油提炼成燃料油的诱因,如果炼油厂无法从中获得利润,那么他们就会在实物市场上卖出原油。

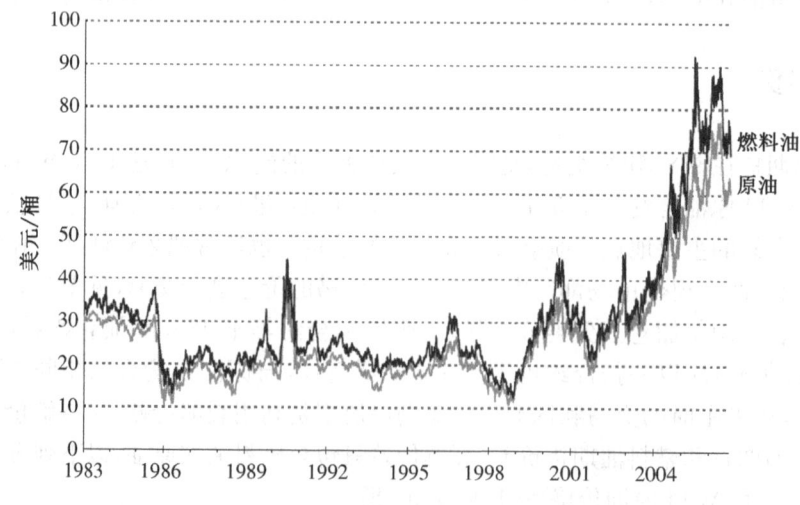

图3-14　NYMEX的WTI原油价格和NYH燃料油期货价格

四、价格史和市场报告

像原油市场一样,燃料油历史上波动也是非常剧烈,那些对原油价格影响巨大的事件,比如 OPEC 产量改变、海湾战争、1997~1999 年亚洲经济危机都同样对燃料油市场冲击巨大。如同前述,石油综合体内的全部价格都是相关的。在冬季,燃料油价格波动会增加,图 3-15 显示了一些重要的价格峰值,这些价格峰值都发生美国东北部冬季极端寒冷的月份,推高了对燃料油需求。出于这一点考虑,市场参与者紧盯着美国国家气象局(NWS)发布的中期天气预报,NWS 每天给出一周或两周以后天气高于或低于正常情况的展望。

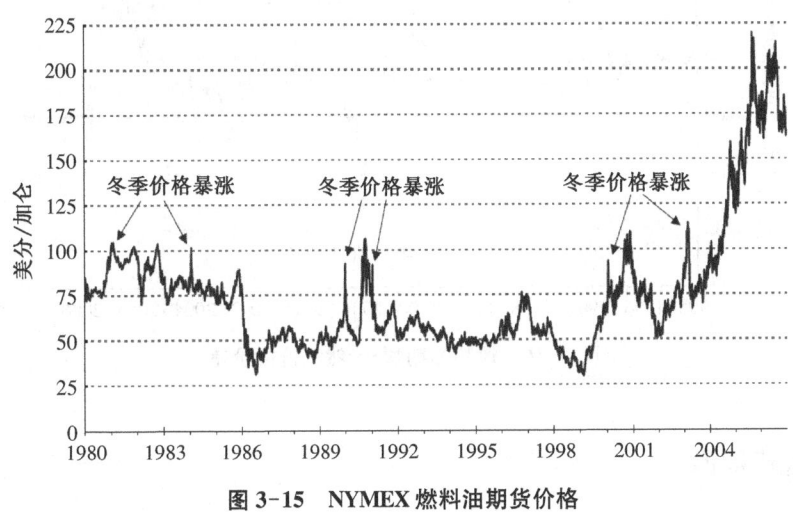

图 3-15 NYMEX 燃料油期货价格

EIA 发布的 WPSR 把燃料油库存与全部馏分油库存数据合在一起,库存数据也按照地区或石油管理局防卫区域(PADDS)来分类。PADDS 是第二次世界大战期间为便于石油配额而设的,在美国有 5 个 PADDS:PADD 1(东海岸)、PADD 2(中西部)、PADD 3(海湾沿岸)、PADD 4(落基山脉)和 PADD 5(西岸)。关注每个 PADD 的馏分油库存量很有价值,可以观察燃料油库存与其他馏分油库存的比率,假定燃料油重点需求是在东北部的PADD1,如果美国大部分库存在其他 PADD 区域,那就需要花时间来把供给提供到主要的需求地区去。如果因为寒冬来临或在 PADD1 缺乏供应,使得需求猛增,就可能导致价格上涨。WPSR 还会包含馏分油产量、进口和隐含需求之类的每周统计数据,所有这些统计数据的趋势对决定影响燃料油期货价格的基本事态非常重要。

五、燃料油与天然气

取暖油也是发电天然气的替代品,一些电厂可以既烧天然气也可以烧燃料油来发电。工厂经理会基于哪种燃料更便宜来决定用哪种燃料发电。天然气几乎总是便宜的燃料,但过去也有短期时间,燃料油会因为天然气供应短缺或需求增加而更便宜。图 3-16 显示了燃料油期货与天然气期货每百万英国热单位的价差,一个 BTU(英国热量单位)是天然气期货价格报价的能量单位。美国能源情报署显示了 2001 年是过去 10 年馏分油交付发电量最大的一年,造成燃料油需求量超大的原因是从 2000 年 12 月到 2001 年 2 月间燃料油价格要比天然气便宜。如图 3-16 所示,在此期间,用燃料油发电而非用天然气发电是最佳选择。

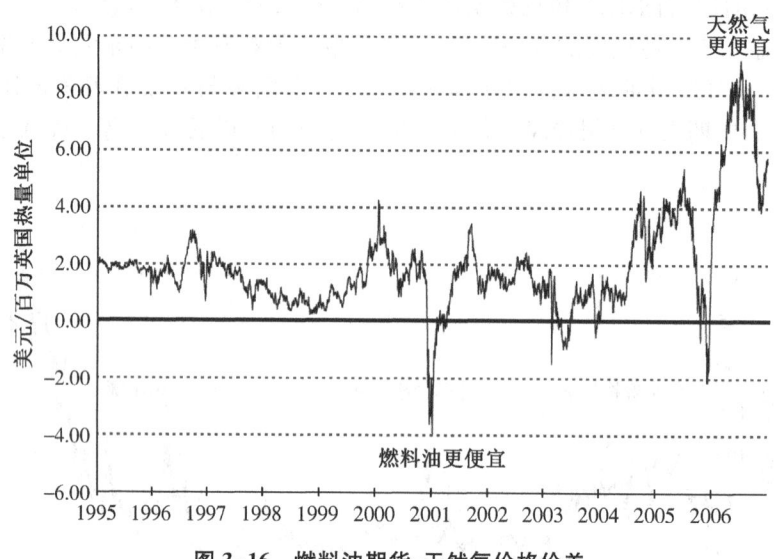

图 3-16　燃料油期货-天然气价格价差

六、替代能源

　　另一个可能替代燃料油和柴油的是生物柴油或生物热能,生物柴油是利用生物资源来做燃料,像棕榈油、菜籽油、豆油之类的植物油,生物柴油可以以完全的生物油形式或与普通柴油混合使用,以达到燃料构成。生物柴油概念起源于 1895 年,鲁道夫博士首先用花生油推出生物柴油机。在美国,歌手威利·纳尔逊推出了以他自己名字命名的生物威利(Bio Willie)的生物柴油,在 8 个州促销。

　　未来,燃料油与它的替代品(如天然气)将有更密切的关系,彼此价格持续竞争。冬季,燃料油价格会视美国东北部地区的天气而一直波动着。全球范围的货运和客运需要使柴油和航空煤油的需求增长,如炼油能力的供应问题必须加以处理,以此生产足够的馏分油来满足长期的需求。总体而言,价格会持续与原油和汽油价格相关。长期来看,价格会上涨,以便吸引企业投资于未来的炼油厂和管道基础设施,以增加成品油的供应。

七、其他信息来源

　　关于燃料油、柴油和其他馏分油的资料可以在 EIA 网站上找到(www.eia.gov),这是美国政府的官方能源统计数据,EIA 还每月和每年出版馏分油报告,在冬季还更新燃料油和丙烷的数据。

第三节　汽　　油

大部分人或多或少了解一点汽油这种商品,当驾车外出公办、上班、接送小孩上学时肯定会经过加油站,都知道有不同的辛烷值,高辛烷值的更好,价格也较高。汽油是一个人们密切关注的商品,同时也是所有能源品种里最错综复杂的一个商品。在整个历史发展过程中,社会已经意识到它对环境造成了极大的伤害,在燃料的能源价值最大化与最大限度地减少对环境的影响之间存在着一条细线。这导致了汽油制造的许多变化。

普通无铅汽油、中级汽油和高级汽油,每种燃料的不同在于其辛烷值含量。辛烷值代表什么?它是自燃之前燃料可被压缩的数量,气缸的空气和汽油被压缩,火花塞点燃,汽油发动机发生压缩,当汽油因压缩而点燃而不是火花塞点燃时,就会使发动机爆震,爆震通常在火花塞闪烁之前发生,这样命名是因为它听上去像重击声或敲击声,爆震会导致引擎机械损坏。

那么选择哪种汽油加油呢?汽车维修手册会推荐最低辛烷值等级,采用高等级辛烷值的汽油对引擎并无益处,因为辛烷值和能含量实际上是不相关的。与大家普遍认为的相反,所有汽油的能含量和清洗发动机的洗涤剂几乎相同。专家们说,如果使用超过应该选择的等级汽油,汽车的性能不会提高。大多数汽车制造商推荐普通汽油,尽管一些体育和奢侈品牌有更高压缩比的发动机,需要高级汽油,压缩比较高会使得这些汽车的功率更大。

一、新变化——新配方汽油到无铅汽油

因为社会意识到汽油成分对环境造成的问题,从 20 世纪 80 年代以来,汽油规格发生了许多变化,以使之对人和环境更安全。第二次世界大战中发现添加了铅(以四乙基铅 TEL 的形式)之后,能最简单、最经济地增加汽油的辛烷值的等级。1975 年 7 月含铅汽油被淘汰,因为发现 TEL 即使是低浓度也含有剧毒。美国完全禁止含铅汽油是在 1996 年 1 月 1 日,美国环保署(EPA)管制促使常规无铅汽油被发明,炼油厂的生产成本更高了,因为不能简单地提高辛烷值了。

炼油厂尝试了许多方法,试图通过混合成分来找到最经济的方式来提高常规无铅汽油的辛烷值。甲醇是最早使用的添加剂之一,甲醇是最简单的酒精成分,也称为酒精。随着时间的推移,甲醇不再作为一种添加剂,主要有两个原因:甲醇有亲水性,如果在运输期间碰到水就会从汽油中挥发;甲醛未充分燃烧时,则会通过排气管排放到空气中。

1990 年颁布的美国《清洁空气法案》推动了在城市运用新配方汽油(RFG)的要求,RFG 是含氧汽油,以重量计算含有最小 2% 的氧,该氧气混合物比传统汽油污染要小,加氧燃料会减少一氧化碳的排放以及在排气管里面的未燃烧燃料,降低烟雾。炼油厂选择了甲基叔丁基醚(MTBE)作为在 RFG 内的含氧化合物,它是从甲醇和异丁烯的化学反应中生产出来一种化学化合物,室温下易挥发性和易燃、易溶于水。在 1990 年之前,MTBE

作为较低等级的辛烷值强化剂,帮助炼油厂满足两个独立的要求:2%氧气的要求和对辛烷值的要求。然而,像前面的甲醇一样,MTBE 被发现有可能带来潜在的健康风险,MTBE 会因为储油罐和管道的渗透泄漏、油箱意外损坏、旧汽油不妥善处理等污染饮用水。1996 年在加利福尼亚州圣塔莫妮卡发生了第一次重大事故,终于,尽管研究结果并不完全令人信服,但 EPA 断定:MTBE 很可能存在着高度的致癌风险。2004 年 1 月 1 日,MTBE 销量最大的加利福尼亚州禁止使用 MTBE。最后,EPA 宣布,截至 2006 年 5 月 5 日,新配方汽油的含氧量必须降至 2%。含氧量的下降、各州禁止 MTBE 以及与 MTBE 水污染诉讼相关的缺乏保护责任最终导致了汽油从 MTBE 汽油向用另一种含氧汽油——乙醇的转型。

二、乙醇

乙醇,也被称为谷物酒精或乙烷基酒精,基于各种作物的单糖而制成的酒精燃料。从全球范围内来看,乙醇主要从甘蔗或玉米制造出来,也可以从小麦、高粱等淀粉作物产出。乙醇燃料很早就出现了,亨利·福特的 T 型车就用的某种版本乙醇。今天,乙醇的最大用途是作为燃料和燃料添加剂。

即使含氧量的要求不再有效,但乙醇仍对炼油厂有吸引力,这有许多原因:燃料添加氧后,能更充分燃烧、降低一氧化碳的排放量,能帮助炼油厂满足 EPA 的排放控制要求;乙醇是市场上辛烷值最高的燃料,它具有 MTBE 的优点却又没有害处;联邦税收给予抵扣,每加仑得到补贴 51 美分,使乙醇有经济吸引力;最后,乙醇满足可再生燃料标准规划,该规划提高了可再生燃料在汽油中的混合量,2006 年授权 40 亿加仑,而在 2012 年达到 75 亿加仑。

不过,乙醇也有其弱点。汽油添加乙醇后,成本要高于 MTBE;如果储存时间过长,乙醇可能会从汽油中挥发;乙醇有亲水性,所以汽油如果接触水,就会污染水,因此乙醇通常由铁道和油罐车运输,避免水路运输,然后在分销中心同新配方汽油(RBOB)混合,这对本来已经很复杂的工艺又增添了一道额外运输工序。

美国乙醇的生产集中在中西部地区,因为那里是它的原料——玉米的种植产地。乙醇燃料的生产量在加利福尼亚州禁止 MTBE 之后才超过 MTBE 的产量。一般乙醇汽油含 10%乙醇、90%汽油,被称为 E10,是美国大部分地区目前可用的燃料。多样性燃料汽车既可以直接用汽油也可以用最高可达 85%乙醇混合物,这种燃料被称为 E85(乙醇占 85%,汽油占 15%)。全美有几百个加油站提供 E85 乙醇燃料。由于路上多样性燃料汽车占比很小,加油站还不会很快增加 E85 加油泵。

每加仑乙醇的能含量比传统的汽油要少,造成每加仑的乙醇燃料行驶路程较少,美国能源部(DOE)的报告称:1.41 加仑的 E85 燃料相当于 1 加仑传统汽油。美国一天消费 916 万桶成品汽油,如果折合成同等能含量,相当于 1 290 万桶乙醇燃料。1 蒲式耳玉米大约制造 2.8 加仑乙醇,一天就需要 1.937 亿蒲式耳玉米或一年大约 707 亿蒲式耳玉米,而美国农业一年的玉米产量仅为 11.8 亿蒲式耳,而且美国是全球最大的乙醇生产国(见图 3-17),所以整个美国都转而使用 E85 燃料几乎没有可能性。就目前而言,使用乙醇燃料作为含氧添加剂可能有点帮助,但普及 E85 燃料的使用就可能会损害美国当前玉米对粮食的供应。

这些变化对汽油价格有什么重大影响？每一个变化对炼油厂和消费者都是代价昂贵，推进更清洁燃料就需要升级炼油装置和点火器，这些投入非常昂贵。升级炼油装置就需要将炼油产能停工一段时间，期间市场可能要依赖于现有的存货或进口。随着无铅汽油(RBOB)新汽油级别的推出，市场依赖于炼油厂和农场，如果某年玉米歉收，乙醇成本就会上升，使汽油价格也上升。此外，正如先前所讨论的，乙醇能量含量比汽油和 MTBE 都要低，所以汽油与大约 10％乙醇的混合就会使总体需求更大，因为此时一满箱汽油的能含量要低于乙醇混入汽油之前的能含量。

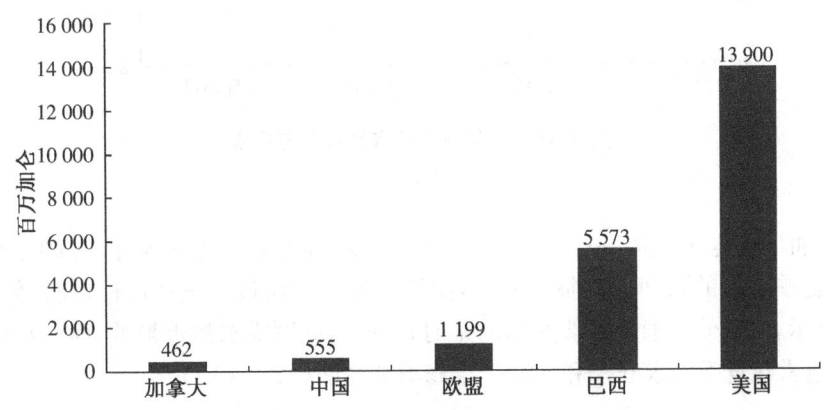

图 3-17　2011 年全球乙醇生产国(地区)排名
(来源：USPA)

三、产量和储存

汽油是炼油厂主要的产品，提炼一桶原油，产出约 20 加仑的汽油，占 47％。美国炼油厂和混油厂年均生产 30.5 亿桶汽车成品汽油。美国炼油厂通常在春季增产，冬季维修，增加的产量是用做库存以满足夏季的高峰需求。一般美国驾驶高峰期在阵亡将士纪念日和劳动节之间，此时学校放假，天气也有利于旅游或度假。

自 1976 年以来美国就没有建过新的炼油厂，所有新增炼油能力都是扩大现有设施或炼油技术效率提高的结果。夏季由于需求强劲，炼油厂经常接近于透支产能，这导致夏季没有空闲的炼油产能，因此，任何未料及的火灾或其他机械问题都可能造成汽油市场的骚动。夏天炼油厂停工等汽油产量预期减少会促使价格上涨，诱使其他炼油厂增加汽油产量，而价格的上涨反过来也吸引更多的进口并遏制了汽油需求。

因为炼油产能的增长不可能像汽油需求那样快，所以在夏季进口和仓储无法满足了生产的情况下，汽油进口以成品汽油或在美国混合制成成品油为主。大多数的汽油进口来自加勒比地区、加拿大和欧洲的炼油厂，这些炼油厂按专供出口美国的规格标准提炼。目前，几乎没有其他地区和美国竞争这些汽油进口，但全球经济的持续增长会导致印度和中国对汽油的额外需求。

美国汽油储存与馏分油市场的模式正好相反，冬天天气寒冷暴雪来临，汽油的需求下

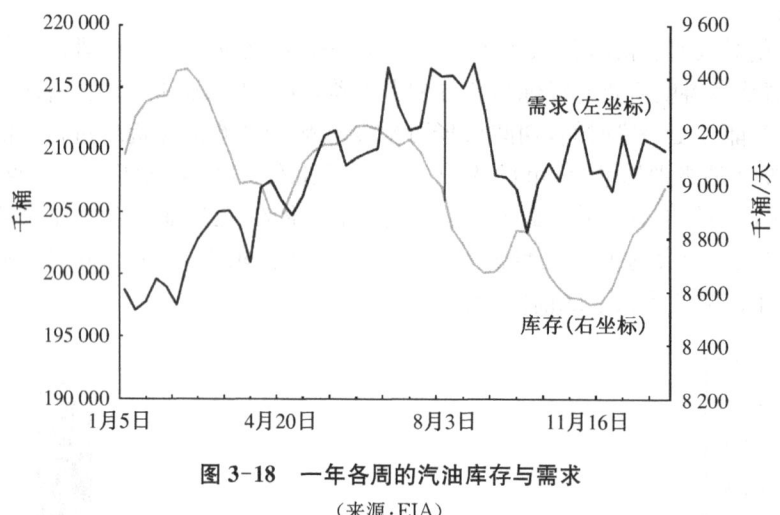

图 3-18　一年各周的汽油库存与需求

（来源：EIA）

降,这使炼油厂能建立存储,一旦冬季维修季节结束(通常在2月或3月),汽油产量增加,逐步增加夏季需求的预期。在整个夏季,由于汽油需求超过产量和进口,使得储存减少。图 3-18 显示,汽油储存通常在 2 月份的某时是顶峰,此时需求接近最低,而一年内汽油储存的低点通常在夏季需求旺季和炼油厂维修季节之间(10 月和 11 月)。

四、消费

"二战"之后,北美和欧洲经济快速发展,带动能源消费增加。但随着 2000 年后亚洲地区经济快速发展,特别是中国和印度经济快速发展,亚太地区成为全球第一大能源消费地区。

分地区来看,北美地区成品油消费以汽油、航空煤油等轻质馏分油为主,由全球原油第一大需求国美国带动。美国公路运输业、航空业高度发达,因此对于汽油、航空煤油等轻质馏分油需求量大,进而影响了整个北美地区的原油消费结构。欧洲地区成品油消费结构中柴油等中质馏分油占据绝大部分比例,其原因就是欧盟在近年来努力倡导绿色能源消费,加上民众环保意识的崛起,柴油作为较为绿色的能源受到青睐,欧洲汽车也以烧柴油为主。

亚太地区成品油消费结构中轻质馏分油和中质馏分油的需求量呈现五五分的均等态势,能源消费由中国、印度等国家所推动。近年来,中国寻求产业转型进而推动了轻质馏分油的需求,使得整个亚太地区轻质馏分油消费呈现上行态势;中质馏分油的稳定增长则由印度的工业化进程所带动。中东地区则呈现中质馏分油、轻质馏分油和重质馏分油消费三足鼎立之势,这与中东国家的需求分化格局相关。伊朗因为受制裁严重,国内汽油资源匮乏,但其对于汽油的需求量也最高。沙特阿拉伯的成品油消费主要为汽油和柴油,原因是受不断增长的机车保有量以及工业增长所推动。阿联酋的成品油消费则集中在柴油和航空煤油,主要原因为国内航空业以及相关基建高速发展。

美国的原油消费长期位于全球首位,但 2008 年受金融危机影响之后,美国经济出现下滑,原油总消费量有所下降。随着全球经济的复苏,美国经济逐渐摆脱低迷,原油总消费量逐年提升,至 2016 年,总消费量达 19 631 千桶/天。油品方面,美国轻质馏分油需求占总需求的近 50%,中质馏分油需求占总需求的 28% 左右。美国原油消费占全球总消费的 1/5,汽油消费量大,柴汽比在 0.45 一线振荡。可以预见的是美国粗犷式的消费观念以及经济的复苏使其在未来仍将占据全球能源消费的主力位置。

亚太地区轻质馏分油消费呈现上行态势,过去 10 年间,中国的原油总消费量大幅上升。在几类油品中,煤油消费增幅最快,消费量从 2009 年的 3 871 万吨涨至 2016 年的 7 775 万吨,增长率高达 50%,其中航空煤油是主要增长动力。随着中国航空业的快速发展,航空煤油消费量也随之增长,2006 年中国航空煤油消费量占煤油消费总量的 90% 以上。油品消费占比方面,柴油优势明显,2009 年占比为 60.45%,虽然 2017 年占比降至 49.25%,但是柴油还是占据最大份额。需要注意的是,汽油的消费量占比从 2009 年的 32.79% 升至 2016 年的 40.63%,几乎与柴油持平。长期来看,中国的经济结构转型将带动轻质馏分油需求增加,柴汽比也将会由现在的 1.19 进一步下降。

日本的油品消费结构过去 10 年中总体保持稳定,其中汽油消费占到总消费的约三分之一,接下来是石脑油和柴油,占比分别为 25% 和 17%。汽油消费之所以占到了 30%,是因为日本是世界上最大的汽车生产国,其汽车产业快速发展,所以在车用汽油消费上一直较多。但是从整体消费量来看,汽油消费量近几年有小幅下降,原因是日本能源危机意识强,已经开始大量依赖清洁能源。此外,近期日本经济发展缓慢,造成消费出现萎缩,需求量有所减少。

印度经济近 10 年来表现亮眼,特别是 2010 年以来,年平均 GDP 增速达到了 7.57%,带动了原油消费的增加。从原油进口量来看,印度原油进口量从 2010 年第一季度的 1 304.4 万吨增长到了 2017 年的 1 738.2 万吨。从消费结构上看,印度的柴油消费占到其成品油消费的一半左右,未来印度的工业化进程也将继续推动以柴油为主的成品油消费的增加。

相对而言,柴油在欧洲更受欢迎,法国、德国和英国在欧洲原油消费量排名中名列前茅。自 2008 年金融危机以来,欧洲的原油消费量整体呈现减少趋势,法国、德国和英国整体呈现重质馏分油消费逐年下降、中质馏分油需求小幅增长的趋势。其中法国中质馏分油消费从 43% 增长到 53%,德国中质馏分油消费从 40% 增长到 45%,英国中质馏分油消费从 67% 增长到 74%。欧洲的能源消费结构主要受国家政策影响。欧洲政府普遍推行环保型增长模式,因此柴油在欧洲更受欢迎,主要是因为一般汽车用柴油机比功率相同的汽油机节约燃料 30%(按体积计),按燃料重量计可节约 16%,为了节约能源,英国、法国、德国均重视柴油的消费,从而降低了对轻质馏分油的需求。

综合来看,世界各个地区因为各自需求以及地理位置的差异在原油消费结构上也存在着不同,而市场习惯性根据地区将基准油种分为 WTI 原油、英国北海地区的布伦特原油以及中东地区的迪拜原油、阿曼原油,三大基准油种相互联动,形成稳定的价差,当油种间分化情况过于明显,便造就跨区套利的机会。原油作为金融属性、商品属性并存的品种,一方面价格变动对供需关系的变化较为敏感,同时价格的变化又会反过来影响供需关系;另一方面,作为全球最主要的能源,原油价格的变动对全球金融市场以及宏观经济影响深远。

五、期货

汽油期货在 NYMEX 交易,从 1981 年 10 月 5 日含铅汽油期货合约上市以来,发生了一些改变。该合约很快因为 EPA 禁止美国使用含铅汽油而废止。随后,无铅汽油期货合约在 1984 年 12 月 3 日上市,1990 年《清洁空气法案》通过后,EPA 要求在纽约市大都会地区使用 RFG 汽油,该合约又进行了进一步的修改。由于 NYMEX 无铅汽油期货合约规定的交割点是纽约港,所以就需改变无铅汽油期货的合约规格以适应 EPA 新的条例。

无铅汽油期货合约向 RFG 的转变始于 1994 年 12 月,而由于炼油厂以 MTBE 作为氧化剂数量的下降,2006 年 5 月 EPA 宣布不再规定汽油里面含氧量,2006 年 12 月 29 日是无铅 RFG 合约的最后一天,被 NYMEX 的 RBOB 期货合约(充氧的新配方比混合)取而代之。由于 RBOB 可以混合 10％的乙醇,满足了纽约市大都会地区关于汽油的规定。RBOB 汽油期货合约在 2005 年 10 月 3 日开始交易,RBOB 汽油期货和 RFG 期货都在 NYMEX 交易。在 2006 年 9 月月底前,RFG 合约要活跃的多,但之后 RBOB 汽油期货合约成为 NYMEX 活跃的品种。

所有的汽油期货合约都在纽约港内交割,这就是为什么只要 EPA 改变了纽约都市区的汽油类型,交易合约规格就必须随之而改变的原因。汽油期货合约交易是以一加仑多少美分来计,一份合同相当于 4.2 万加仑。类似于燃料油市场,汽油交易方式也是裂解价差,是一份汽油合约与一份原油合约的价差,炼油厂通常会使用该价差来对冲他们的原油成本和汽油产出的风险。

石油联合体的各产品价格高度相关,这在前文已经简要地讨论过,图 3-19 显示了从 1985 年到 2006 年的 WTI 原油、NYH 汽油期货的月提示期货价格(prompt future,始终显示某一特定日子的两个相同月份的期货价格)及裂解价差,虽然这种相关系数并不完美,但这些产品的价格是同步运行的。在这张图中,汽油显示出其波动性远甚于原

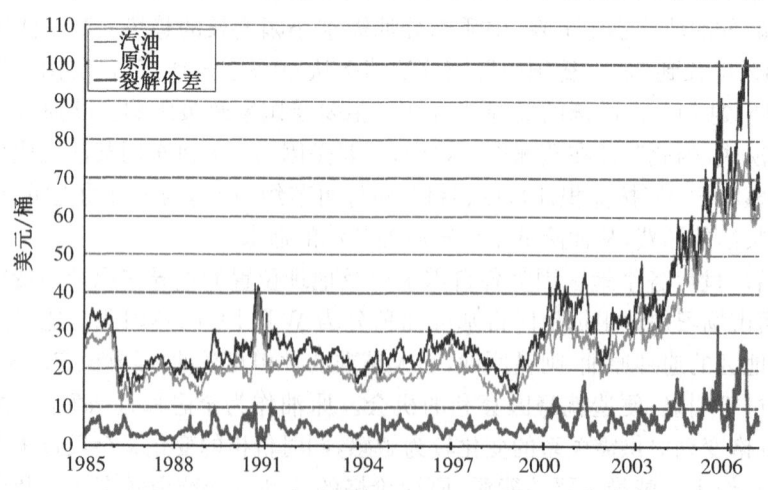

图 3-19　WTI 原油、NYH 汽油期货的提示期货价格及裂解价差

油,在 2006 年夏季期间其最高价格(折合成每桶以美元计价)超过 100 美元。

六、历史价格和市场报告

正如第二节"燃料油"里讨论过的,原油的主要供需变化对成品油价格影响很大,如果 OPEC 宣布大幅减产,那么接下来原油给汽油的供应就会减少。3 种产品中,汽油往往价格最高,因为其需求强劲、生产成本高。原油的 3 种成品中,汽油需求最高,而且,汽油是最轻质产品,需要进一步提炼和添加剂以满足各种环保署、政府和州的规定,这样处理成本较高。美国汽油需求高峰在夏季 7 月和 8 月(如图 3-20 所示),强劲的需求在这段时间会使价格大幅飙升。另一个汽油价格大幅上升是时期可能在 4 月和 5 月,如果此时汽油库存为每年的最低,就必须增加利润空间,以吸引炼油厂生产尽可能多的汽油,在夏季需求旺季前开始建立库存。

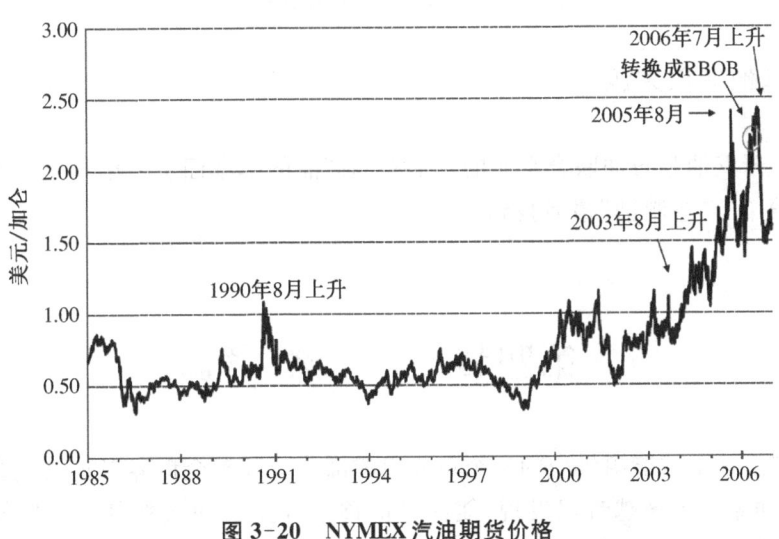

图 3-20　NYMEX 汽油期货价格

第一节"原油"和第二节"燃料油"都讨论过 EIA 所发布的 WPSR,WPSR 包括了汽油生产、进口、库存数据和美国成品油供应,由于是专门针对这些商品,所以对汽油供应市场,WPSR 数据也是同等重要。汽油产品供应就是 EIA 的消费量,由于该记录的各周间数据波动较大,因此可用 4 周平均价格或类似简单平滑来分析这些数据。汽油库存被分解成两个部分:成品汽油和混合油,混合油还包括 RBOB 汽油,因为其期货合约交割等级列于混合油之间。

正如本节前面讨论过的,美国不同的州对不同类型的汽油有不同要求,既有 EPA 又有州的规定,这些本地市场的存在导致无法在全美范围储存成品油然后配送到各州,这就使得我们关注每个石油管理局防卫区(PADD)的汽油储存量。PADD 5 区(西岸)或 PADD 4 区(落基山脉)的高库存并不能迅速地帮助 PADD 1 区(东北)的低库存,不仅汽油规格不同,而且也不容易横跨美国运输汽油。

七、替代品

汽油正面临着其他许多燃料的竞争,自 2000 年以来汽油价格大幅上升,全世界就一直探寻其他替代品。美国和巴西主要的替代运输燃料是乙醇燃料 E85,在本节已经讨论过。这两个国家中,巴西已经在乙醇燃料取得了重大进展。在欧洲,柴油是主要的运输燃料,IEA 的统计显示欧盟 25 国超过 50% 以上的汽车用柴油,超过汽油。在美国,柴油也是一个选项,由于每加仑柴油行驶的里程更多,2006 年开始的清洁燃烧柴油成为更强有力的竞争者。

尽管如此,在可预见的将来,汽油仍将是美国的主要运输燃料。虽然价格持续上升,但美国郊区化的生活方式和缺乏可靠的公共交通体系导致了汽油需求每年增长,还有炼油能力增长缓慢和下一步规格变化等供应端的风险。除非炼油能力、公共交通或更便宜的替代燃料被发现,否则汽油价格还可能会逐步上升。

八、其他信息来源

其他关于汽油和石油联合企业的其他石油产品的基本面资料信息来源可在第一节"原油"和第二节"燃料油"最后找到。

第四节 天 然 气

天然气已是全球能源供应的一个重要组成部分。随着全世界对碳氢化合物需求的增加,而石油储量越来越难以发现,能源供应逐渐开始转向天然气。天然气与石油一样,都是数百万年前植物和动物尸体等有机物形成,这种有机物由于压力和热量,岩石堆积之后变成石油、煤和天然气。温度相对低时,形成的石油比天然气多;温度相对高时,形成的天然气较多(见图 3-21)。天然气是可燃碳氢化合物的混合,主要由甲烷组成,该气体化合物包括 1 个碳原子和 4 个氢原子,但它也可以包含其他各种化合物和气体。最纯净的天然气形式几乎就是纯甲烷,被称为干天然气;当混杂其他碳氢化合物时,被称为湿天然气。

天然气具有悠久的历史,尽管收集、处理和利用它的技术是后来的事。地下天然气因渗漏而易燃,造成像从地下冒出大火的样子,希腊帕拉赛斯山被发现从岩石上升起火焰就是最著名的实例之一,希腊人认为它是神的起源,他们在火焰处建立了一座寺庙,里面住着特尔斐神使,宣称受火焰启发而给出神谕。

19 世纪时,美国天然气最早用于照明,今天它被用于更广的领域,包括取暖、烹饪、发电,并作为工业热源。这些新用途归功于从井口到消费者运输技术的提高,早期天然气管道效率并不高,二战后才建成了数千英里的可靠管道。相对于其他化石燃料,天然气有许多优势,燃烧时能释放出大量的能量,但废气排放比其他化石燃料要少得多,减少了环境污染。除了清洁的特性之外,对能源的渴求也使得美国天然气消费量的增加。根据《BP世界能源统计年鉴》,从 1995 至 2005 年的 10 年间,美国天然气消费量平均占能源消费总量的 25.7%,这使它成为美国消费的第二大化石燃料,仅次于石油和煤炭。

一、生产——常规及非传统天然气

像原油一样,天然气是向气田钻井,通过油井抽出天然气。其通过钻井和引流的基本体系非常方便、可行、经济,所以被视为常规能源。天然气可以在油气田、煤气田或者纯天然气田发现,在油气田中,因为它较轻而处于油气田上方。天然气田既可在如落基山脉的陆地上,也可在如墨西哥湾的近海发现。与原油不一样,美国消费的天然气大部分产自美国,这是因为跨越大洋的天然气管道运输并不是一个简单的过程。例如,为了把卡塔尔的天然气运输到美国,就必须先通过液化法,造出液

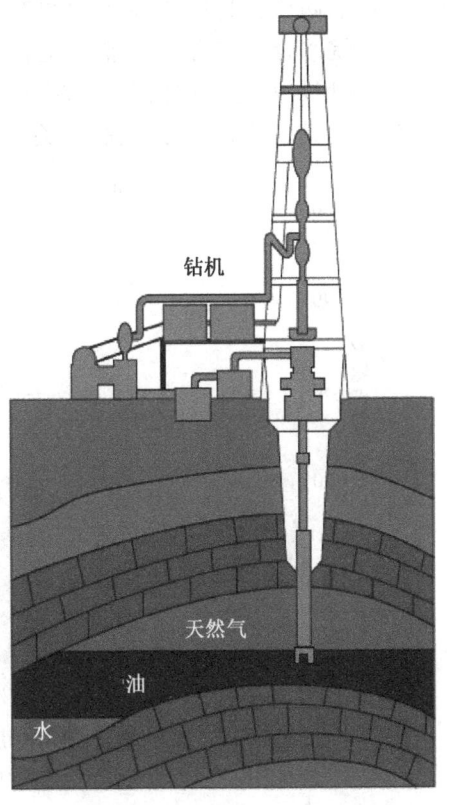

图 3-21 天然气钻井示意图

化天然气(LNG),以减少体积,使其能有效越洋运输。美国还建立了从加拿大和墨西哥到美国的天然气管道。2007 年时美国消费的天然气,83%是美国本土生产,16.5%从加拿大进口,剩余的才以 LNG 形式进口。

非常规天然气的生产则要比传统气体困难得多、也更昂贵。随着这些技术变得更先进和因天然气产量的增加而使得价格可接受,今天的非常规天然气在未来可能就成为常规天然气。煤层甲烷就是一种很好的非常规天然气例子,历史上,在挖煤过程中,地下岩石和煤层之间发现的天然气被有意或无意地释放。后来人们认识到,这种天然气或许可以用做采矿活动的燃料,或注入天然气管道再销售,这样就成为广受欢迎的非常规天然气。据 EIA 的报告,美国已探明的煤层甲烷储量有 19.9 万亿立方英尺。这略低于公布的已探明天然气储备的 10%,但未探明的煤层气尚未计算在内。美国地质调查局(USGS)估计煤层气还有很大的潜力,其评估报告估计未探明的煤层气储量高达132.7 万亿立方英尺(见图 3-22)。

最新和最激动人心的非常规天然气发现是甲烷水合物——可燃冰。甲烷水合物采取的是冰网状形式,甲烷封存于内。甲烷水合物并不新鲜,但对其研究还处于开始阶段。甲烷水合物矿床通常在两种地方,一是在低温地方如北极和西伯利亚;二是在深于500 米以下的海床,那里水压很高。美国大型矿床在墨西哥湾,在东海岸和西海岸的近海以及阿拉斯加州。据 USGS 的保守估计,全球甲烷水合物储量是地球上所有已知的

化石燃料的两倍。此外,USGS 的调查表明,常规天然气床似乎就在甲烷水合物矿床的下方。甲烷水合物作为一种能源正在被许多机构研究,包括 USGS 和 DOE。目前为止,人们对甲烷水合物如何形成、演变、分解或他们对海底稳定和气候变化的潜在影响的了解尚浅。尽管如此,人们高度关注高浓度甲烷在全球能源结构中扮演的角色。

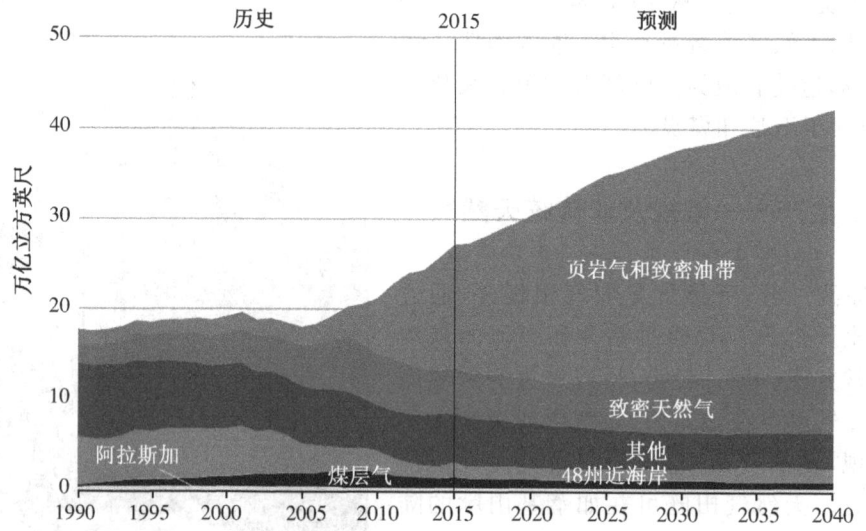

图 3-22　1990 年至 2040 年历史和预测美国干天然气和页岩油产量

(来源:EIA)

同时,美国页岩油气产量也取得大幅提升,到 21 世纪 20 年代中期美国将变成全球最大的液化天然气出口国,还有一个里程碑性质的事件——即 21 世纪 20 年代后期,美国的原油出口量将会超过其原油的进口量。2015 年美国已经取消了执行了近 40 多年的石油出口禁令。EIA 论述过美国原油产量和进出口变化的这种逆转,美国从一个能源进口国转变为国际能源市场的一个重要参与者(见图3-23、表 3-5),预计到 2025 年美国每天将会给全球原油市场供给 3 000 万桶的原油和天然气。2011 年美国超过俄罗斯成为全球最大的原油和天然气生产国,目前美国每天的原油产量处于 2 400 万桶上

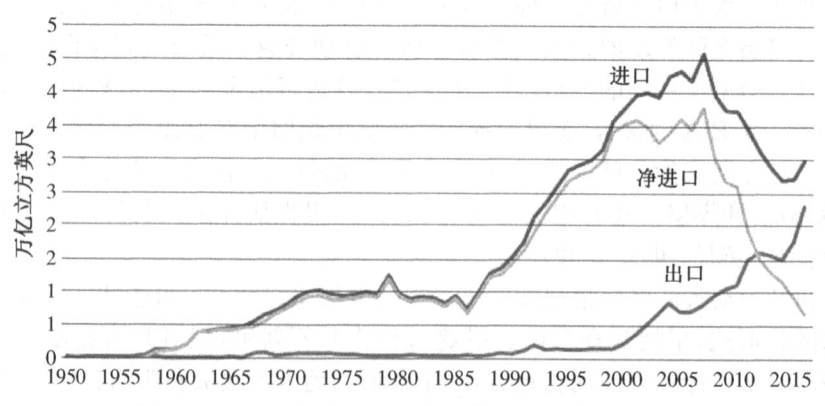

图 3-23　1950 年至 2016 年美国的天然气进出口情况

(来源:EIA)

下。而这所有的一切都源于同一个根本的因素——页岩油,据 IEA 认为:美国的页岩油生产成本非常低,效率非常高,使美国的石油和天然气产量提高 50% 以上,美国的原油和天然气产量超过其他任何一个国家。美国的页岩油产量在 2010 年至 2025 年之间,将会增加 800 万桶/天,这一产量的增幅可以与人类历史上最大的产油国沙特阿拉伯在 1966 年至 1981 年的产油增幅媲美。IEA 称,未来一段时间内,美国原油产量的增加额将占到全球原油产量总增加额的 80%。

表 3-5　全球前十大天然气生产国和消费国　　　　单位:亿立方米

时间	2008	2009	2010	2011	2013	
产量						占比
美国	571	584	604	649	681	20.3%
俄罗斯	602	528	589	607	592	17.6%
伊朗	116	131	146	152	161	4.8%
卡塔尔	77	89	117	145	157	4.7%
加拿大	177	164	160	160	157	4.7%
挪威	99	105	108	102	115	3.4%
中国	80	85	95	103	107	3.2%
沙特	80	79	88	92	103	3.1%
阿尔及利亚	86	80	80	83	82	2.4%
印度尼西亚	70	72	82	76	71	2.1%
其他	1 096	1 053	1 124	1 124	1 139	33.9%
总供给	3 054	2 969	3 192	3 291	3 364	
消费						占比
美国	659	649	682	691	722	21.8%
俄罗斯	416	390	414	425	416	13.2%
伊朗	119	131	145	154	156	4.8%
中国	81	90	107	131	144	4.1%
日本	94	87	95	106	117	3.3%
沙特	80	79	88	92	103	3.3%
加拿大	96	95	95	101	101	3.1%
英国	99	91	99	83	78	2.5%
德国	81	78	83	75	75	2.2%
意大利	78	72	76	71	69	2.2%
其他	1 207	1 183	1 293	1 306	1 334	40.0%
总需求	3 012	2 944	3 176	3 232	3 314	
供应-需求	43	25	16	59	50	

来源:EIA 和 BP 统计年鉴。

二、液化天然气

天然气成为美国乃至整个世界越来越重要的能源来源。在美国,天然气已成为石油之后第二大消费能源,但对全球而言,天然气仍是一种新的能源。美国占全球天然气消费量的23％,超过了南美洲、中美洲、非洲和太平洋地区的总和。美国消费的天然气大多数来自国内生产或从加拿大进口,还有以 LNG 的形式,LNG 是天然气－161.5℃冷却而成。

LNG 的生产很昂贵,但目前却是最佳的长距离跨海运输天然气的方式。这不光是它体积能压缩至气态形式的 1/625,而且在不封闭的环境中也不容易爆炸。美国有 5 条液化天然气运输管道终端,他们分别是马里兰州的科夫角(Cove Point)、乔治亚州的厄尔巴岛(ElbaIsland)、密西西比的埃弗雷特(Everett)、路易斯安那州的莱克查尔斯(Lake Charles)及位于墨西哥湾近海的海湾门户(Gulf Gateway)。截至 2006 年,这 5 条管道每天的运输能力达 5 225 百万立方英尺,略低于美国每天天然气消费量的 1/10。

在日本和韩国,LNG 占天然气供应量的 90％,这两个国家都严重依赖液化气发电。考虑到没有如此多的能够运输 LNG 船只,存储更经济,比天然气能节约更多的空间,全球范围内对 LNG 强劲的需求引发了争夺战。最重要的是,LNG 使得那些原本生产天然气不经济的地方也能生产,这就使那些目前储存设施无法到达的地方,有可能通过LNG 来储存天然气,如卡塔尔每年生产了近 435 亿立方英尺的天然气,62％的产量是以 LNG 形式出口,卡塔尔是亚太市场的最大供应国。有理由假设,如果没有亚太市场对液态气的需求,整个卡塔尔的全部产量会下降到其自身的消费水平。

三、天然气加工过程

天然气从地下直接开采出来的形状与消费者使用的并不一样,天然气管道对天然气有特别要求,以便适当运作。地表层的天然气包含其他的天然气液体和气体,如果处理不当,就会引起管道在运输时遭受侵蚀或破裂,所以必须在天然气送入管道前提炼。LNG 是一种碳氢化合物,从气体中分离出来后变为液体。这些液体包含了丙烷和重碳氢化合物。

开采出来后,天然气通过炼油厂,在那里天然气被清理,以便达到管道质量认证,使天然气能够满足英国热量单位(BTU)含量标准,不含有如氮气、氧气或氢化物之类的有害气体,也不能含固体和液态水,这些都会损害管道。BTU 是一种能量单位,1 BTU 指将一磅水提高华氏一度的温度的能量。将地表层的天然气变成管道内的天然气,工艺十分复杂,它包含了将天然气液化、汽化以及水浸提液等步骤,其他如沙子之类固体和杂质在天然气接近地表时就会被排掉。保持天然气的适度温度范围也很重要,避免形成水合物晶体阻碍天然气从地表流入到炼油厂。根据 EIA 的资料,美国有 500 个以上的天然气加工厂在生产,大部分布于德克萨斯州、路易斯安那州和怀俄明州,都靠近主要的产区,德克萨斯州和路易斯安那州加工南德克萨斯州和墨西哥湾的天然气,怀俄明州加工落基山脉的天然气。

大部分时间,这些固体、液体、气体以及碳氢化合物分子在炼油厂就被萃取,以便使地表天然气能进入满足BTU标准的管道,但有时碳氢化合物也被注入气流里面,以便达到适当的BTU含量标准。例如,混合高级别BTU含量的天然气能提高低级别天然气BTU含量,生产者会持续试图将送入管道的天然气BTU含量提高到最高,这是因为天然气定价系统已从原来的以体积计价转变为以热含量计价。

四、储藏

美国和全世界到底有多少天然气?天然气储备是埋藏在地下的天然气,能源业将储藏分为已探明储备和未被探明的储备。已探明的天然气储藏是指科学家知道或强烈相信在目前既定的价格和钻探技术下能得到的储备,未探明储备是指未来出现新技术或天然气价格变化之后才能开采的天然气储藏矿床。不幸的是,不像原油,全球天然气没有一个可靠的总储备数据(探明和未探明的)。此外,目前只有已探明天然气储备量,而未探明储备量没有可靠的数据,这些未探明的储备量包括诸如页岩气、致密气、深海天然气、煤层气和甲烷水合物之类的未来能源。

早在美国的页岩气革命之前,潜在天然气委员会(Potential Gas Committee)估计,截止2004年12月31日,美国本土48州和阿拉斯加州天然气总的未探明储备有1 119万亿立方英尺,用的是他们对储备估计数的均值,其中包含煤层气;而按照EIA的数据,截止当时的时点,美国已探明天然气储备是192.5万亿立方英尺。合并这两个估计数,截止2004年12月31日,美国总的天然气储备产量是1 312万亿立方英尺。由于1995～2005年10年间,美国干天然气平均年产量大约19万亿立方英尺,所以剩余探明储量还可供10年开采。此外,按潜在天然气委员会对所有未探明天然气的估计数,美国还可能有59年天然气产量可用。

2014年,《油气》杂志列出了截至2013年11月2日全球探明的天然气储备量为6.96千万亿立方英尺(quadrillion cu ft),上一年是6.94千万亿立方英尺。初看这个数字,也许会觉得太少,但是他们没有包括任何美国境外的储量或者任何估计涉及甲烷水合物的储量。而根据美国能源协会的估算美国每年的储量都在增加。尽管我们在不停地消耗,但探明的天然气的储量每年都在增加。将来美国会更多的以液化天然气的形式来消耗天然气。进一步探索全球天然气储量和提高不可再生能源的产品的生产技术是将来增加总产量的基础,这一增长也可能导致价格的增长。研究、新技术和探索的成本将继续上升,如果在支付的价格中没有包括成本增长的部分,产品变得无利可图将会被停产,同时产品的研发也会停止。

图3-24则是页岩气革命后截止2016年的美国全国天然气已探明储量,显示出技术的进步使得天然气的储量远超人们的想象,以及带来的深远影响。

美国大约有400个储存设施在运作,在维持天然气市场供给和需求方面扮演了不可或缺的角色。天然气储存分排气和注入两个季节性模式。天然气消费量取决于住宅和商铺的供热系统使用,当冬季需求高峰时,需要从储气罐里排气,而在春夏秋3个季节里注入天然气,4月到10月的注入季节都是非供热季节;11月到3月的排气阶段都是供热季节。图3-25显示美国天然气11月初的储存高峰如何伴随着排气——注入季节,逐渐在4月初降到最低点。

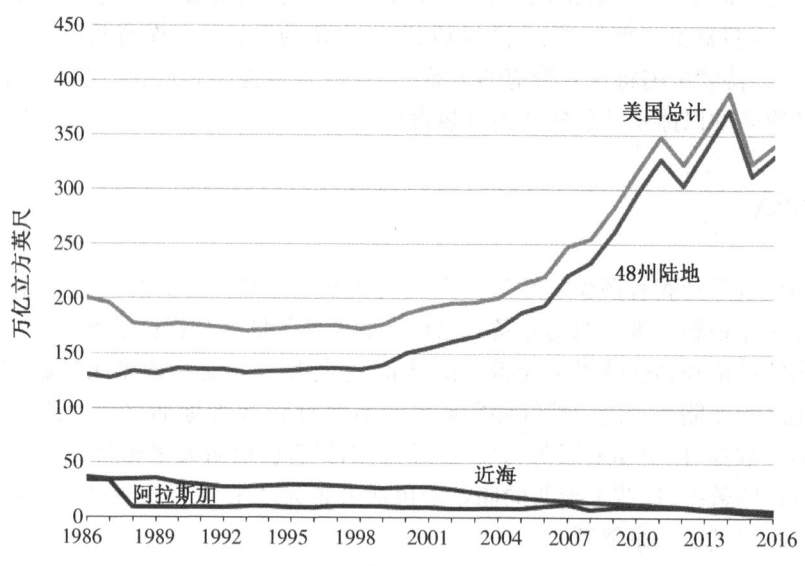

图 3-24　1986 年至 2016 年美国天然气已探明的储量

（来源：EIA）

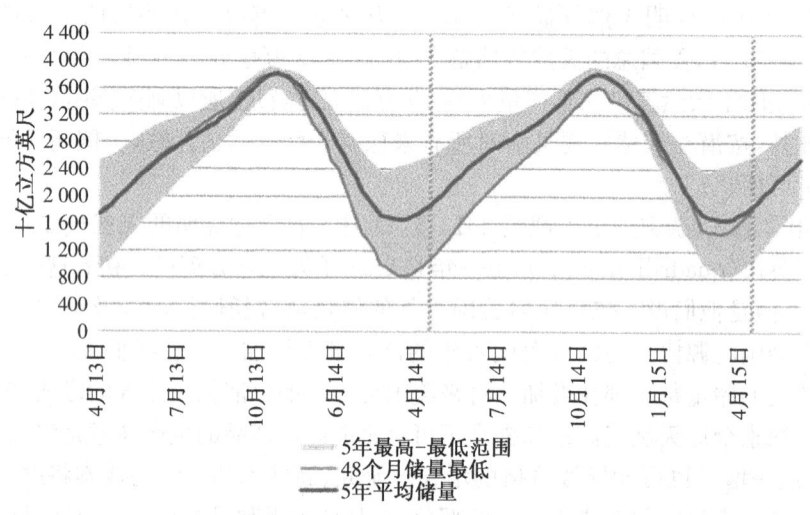

图 3-25　美国工作气体储量（5 年数据）

（来源：EIA）

　　天然气储存设施包含两种类型的天然气：第一种是基础气体（base gas），这是天然气储备设施必须维系的数量，用来保证有足够的压力来提取天然气；第二种是工作气体（working gas），依照操作流程，从储备罐里排气和注入的那部分。我们所说的储备罐里面有多少天然气或设施容量都是指工作气体，有时储存运营商将评估设备的运营状况，将一些基础气体归入到工作气体中。

　　地下储存设施有 3 种主要类型：废弃油气田储库、含水层储库和盐洞储气库。废弃油气田储库是美国最常见的天然气储存方式，从地理位置上来说他们需要靠近消费地区，很重要的一点是这些油气储库能高度被渗透和多孔,渗透性可以决定油气的排气和注入,孔隙度决定储库里面可以容纳多少气体。在美国所有的储库中,81%是废弃油气田储库,11%是含水层储库,8%是盐穴储气库。其中58%的储存设施位于东北部或中西部消费地区,东北地区有最多的废弃油气田储库,中西部大多是含水层储库,西南地区盐穴储库居多。

五、消费

在美国,天然气有很多的使用方式,可以向家庭和商铺供热、发电、烹饪,也可以作为工业燃料及热源。图3-26显示了美国天然气的季节性需求,冬季1月和2月因为住宅和商铺供热需求强劲而出现需求高峰,到夏季7、8月份,由于使用空调导致发电量需求增加,再次出现上升。其共同点是冬季需要天然气作为供热燃料,而夏季需要天然气作为发电燃料。各月之间需求的变化影响了价格,天然气消费量的季节性表现在期货曲线上,价格最高的是1月和2月,也是需求量最高的两个月。冬季储存的天然气用来满足天然气需求高峰,因为此时美国国内生产量和进口量少于需求量,这也是为什么天然气排气阶段从11月延长到3月,4月到10月的需求下降时期也与天然气注入储备阶段相符,因为这时供过于求。

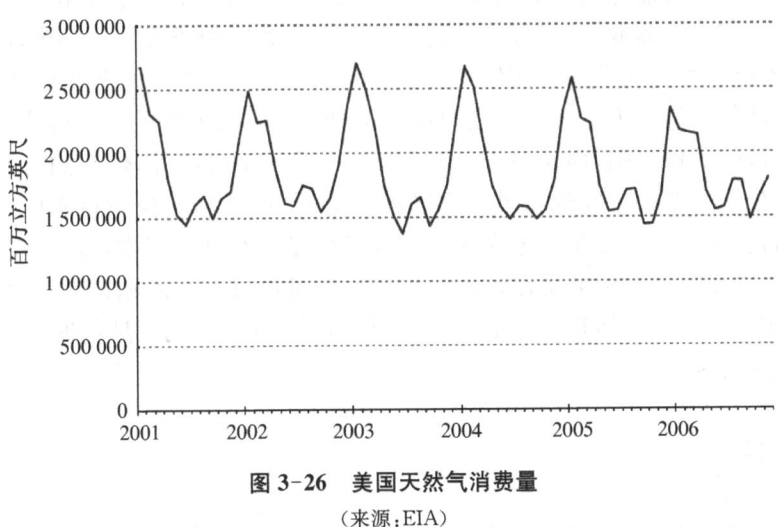

图3-26　美国天然气消费量

(来源:EIA)

图3-27将天然气将天然气消费百分比按部门分解,就总消费量而言,住宅、商业和交通部门从1990年以来几乎没有多大变化,但与发电消耗量增长对应的是工业部门消费量却在减少。这种情况与天然气涨价同步发生,对维持盈利来说,天然气成本太高,一些如电解铝的工厂就因此封存。随着新型的天然气发电厂接入到电网,取代传统的以石油和其他化石燃料发电的电厂,发电量也增加。处于环保因素及高热含量的考虑,天然气更多地用于发电,这对于决定发电厂的耗热率非常重要,而耗热率提高了火力发电厂的热效率,它等于功率输出的千瓦小时数除以能源的BTU含量,热效率数值越低,用以生成输出功率相同千瓦小时数所需BTU就越少。

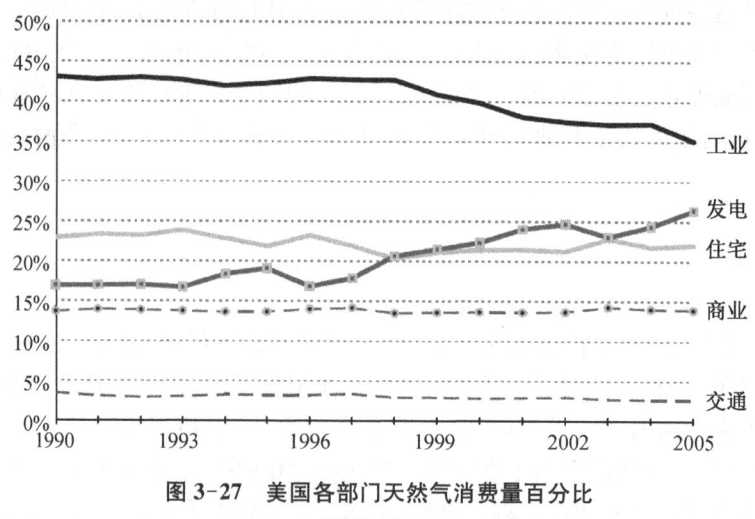

图 3-27　美国各部门天然气消费量百分比

（来源：EIA）

六、燃料转换

由于天然气和石油都属碳氢化合物，所以人们很自然地认为它们在某些部门可以相互替换。在家庭和商业设施里面，供暖设备可以用燃料油或天然气供热，但不能两者并用，房主不能因哪种热源便宜而转动开关来选择，只有发电厂能在如残余燃油、煤油或燃料油的油料系统和天然气系统之间作出选择。图 3-28 显示了燃料油期货价格和天然气期货价格的价差图，由于冬季取暖需求，天然气价格飙升，燃料油有几次价格低于天然气。公用事业部门发现如果有双燃料发电厂，就能够转换燃料源以寻找更低廉的成本。切记，公用事业单位在考虑转换的经济性是还有其他因素，包括转换其他燃料的成本、税收成本以及转为非清洁燃料所致的额外排放成本等问题，如果这种转换只惠及一时，公用事业将不会转换。他们会以 BTU 计算，以中期到长期的时间框架来确定哪种燃料更为有利。

七、期货

美国天然气期货在 NYMEX 交易，1990 年 4 月上市，实物交割地在路易斯安那州的亨利港。之所以选中亨利港，是因为它靠近墨西哥湾（离岸生产）以及它有 16 条州际与州内的输油管道，这些管道贯穿美国中西部和东海岸。一个期货合约等于 100 万英国热量单位（MMBTU）的天然气，价格是每 MMBTU 等于多少美元，最小跳动单位是 0.001 美元，一个跳动单位价值 10 美元。因此，如果期货价格从 7.50 美元跳到 7.51 美元，你做多，就赚了 100 美元。天然气期货在 NYMEX 交易大厅里或通过 CME 全球电子交易系统交易。

NYMEX 还有一个天然气电子迷你期货合约，专供小投资者交易，它是电子交易合约，规模是天然气期货合约的四分之一，即 25 万 MMBTU。单位也是每 MMBTU 多少美

图 3-28 天然气——燃料油价格价差

（来源：纽约商品交易所）

元，最小跳动单位是 0.005 美元，一个跳动单位价值 12.5 美元，按 NYMEX 的天然气期货标准尺寸合约进行财务结算。

八、历史价格和市场报告

在 21 世纪中期，天然气价格的波动性一直很让人令人兴奋。正如前述，天然气与美国的气候模式高度关联。天然气期货价格自上市以来，多数价格顶峰是当美国东部和中西部冬季气温低于平均温度导致天然气消费上升所致。例如，2000～2001 年的冬季，12 月起就非常寒冷，致使天然气价格的暴涨。而 1 月气温接近通常，2 月气温又高于通常，使得那年价格高峰只维系了 12 月份一个月。2002 年冬到 2003 年出现了短暂的价格上涨，因为 2 月末和 3 月初的气温明显比正常气温要低，使得天然气储量在 2003 年 4 月创出 642 BCF 这个低点，这个残余储备远低于市场所公认的冬季末便捷度——1 000 BCF。所有这些天气异常都导致了天然气价格急剧变动，由此天然气交易商持续关注未来天气的模式及动态(见图 3-29)。

飓风也影响了天然气价格，从 6 月到 10 月的大西洋飓风季节高峰期在 8 月中旬至 10 月下旬这段时间。飓风会从生产和需求这两方面影响天然气市场。飓风灾害可能导致工厂、家庭与商业设施关门歇业，这使得在地区公共设施和产业恢复运营之前，对天然气的需求会下降。通常，飓风对天然气市场的影响是墨西哥湾天然气生产平台的关闭，2005 年卡特里娜和丽塔飓风导致了墨西哥海湾的天然气和石油生产停滞数月之久。

最重要的美国天然气市场基本面报告是 EIA 出版的每周天然气仓储报告，这份报告一般在东部时间周三上午 10 点半公布，它显示一周内天然气仓储数量(排气或注入)的净变化，该报告分为 3 个地区：消费区(东部和中西部地区)、生产区(南部)和西部。市场参与者比较该仓储数字与历史同一周的平均数字，假如这个报告显示 6 月的天然气数字与

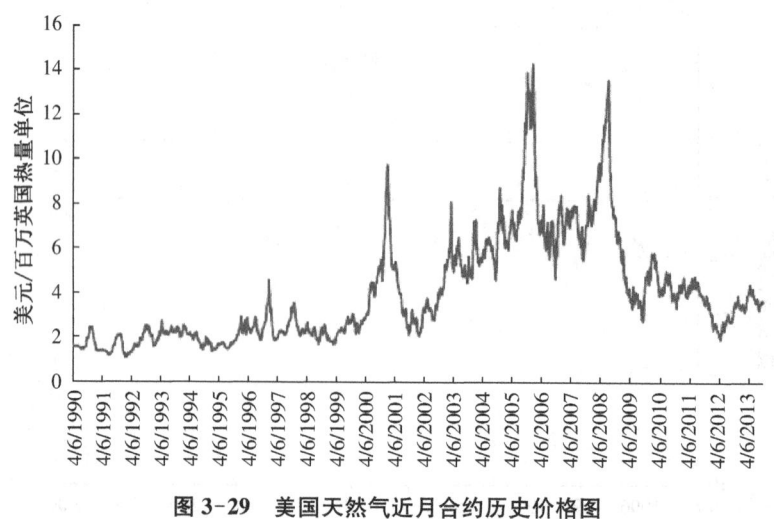

图 3-29 美国天然气近月合约历史价格图

历史同期相比大幅下降,这就是反常的,因为历史上这个月份属于注入月份,市场预期该数字应该是增加的。

天然气价格期货看似透明,对需求端而言,尤其是那些新兴经济体对清洁能源的强劲增长助推了需求,推动了价格上涨。与石油相比,天然气市场仍然处在婴儿期,许多关于市场供应方的问题必须要解决,特别是全球范围的可供储备问题,这关系到天然气、石油与煤炭三者之间价格变动的基本联系。

九、其他信息来源

关于美国天然气期货市场的额外基本面信息可以从 EIA 查到,它提供天然气供求所有的周报、月报和年报信息,而全球天然气价格数据可以在 IEA 和《BP 年度能源统计年鉴》中得到。

◢◣ 巩固训练与提高 ◢◣

1. 试述 OPEC 在世界经济中的作用。
2. 如何评价石油产量中的哈伯特峰值现象。
3. 试述非常规石油资源及其供应情况。
4. 试述美国炼油运营的季节模式。
5. 试述目前对石油的替代能源发展情况。
6. 试述原油与燃料油的裂解价差公式。
7. 从环保角度试述汽油成分的变化过程。
8. 试评价美国页岩气革命对能源供应的影响。

第四章 农产品

学习目标

掌握农产品的基本面状况。

能力目标

运用农产品的基本面进行投资分析。

案例导入

你已经买进小麦3个星期了,这是你整个交易生涯里最棒的一笔交易。市场笼罩在各种出口的传言中,小麦价格稳步走高,晚间新闻报道的头条新闻中,美国政府宣布另一批运往中国的谷物。于是,你开始计算如何靠这笔交易做退休基金。

第二天早晨,你打电话给经纪人,他表示小麦价格开盘应该会涨8~10美分,虽然没有想象中的那么理想,但也勉强可以接受。可是,到了实际开盘时,开盘价是下跌2美分,几天后,小麦的跌幅已经超过40美分,你的获利完全消失。

请运用第一章中有关14种基本面操作的谬误进行分析。

第一节 玉 米

在植物界,玉米是独一无二的一种谷物,它的起源仍有争议,尚未找到目前所知野生玉米的历史证据。从基因角度来看,与它最接近的野生"亲属"是墨西哥蜀黍(teosinte)。墨西哥蜀黍看起来更像是一束野草,其穗比玉米更小更原始。Teosinte 这个名字源于纳瓦特尔印第安语 teotl,意为上帝和 centil(玉米晒干后的穗)——上帝的玉米,这名字表明,玉米从 teosinte 变化而来。科学家认为,玉米最早在墨西哥中部培植,多亏了那些精心栽种的育种者,人工植物转化意义非常重大,在这过程中,玉米变异明显。由于它不能散播它的种子,无法在野外生存,必须每年都要人工种植和培育。

玉米一开始主要是供人类食用,但现在主要是动物饲料。我们把玉米颗粒做成食物,如玉米片、墨西哥玉米饼和爆米花,也做成玉米油、果葡糖浆(HFCS)和乙醇产品,这种多功能性使它成为世界上最重要的农作物之一。玉米种植范围比其他各种谷物都要广泛,除南极洲以外的各大洲都能种植,在各种气候下都能茁壮成长。玉米有许多类型,包括硬粒玉米、马齿玉米、糯玉米和甜玉米。美国出产的玉米主要是马齿玉米,所谓的马齿形,是因为在成熟时,颗粒通常在冠帽处有凹痕,在收获之前,当理想湿度变干时就会出现这种凹痕。这种玉米用于牲畜饲料、工业用途、甜味剂和乙醇等。在美国,也生产专供人类食用的甜玉米。

一、产量

全球玉米产量中,美国占主导地位,2018～2019年,美国占世界总产量的34%;第二大生产国——中国占世界总产量21%;巴西和欧盟和紧随其后,分别占世界产量9%和6%。图4-1显示了2018～2019年度世界各国(地区)占世界产量的百分比。各年玉米产量曲线并不平滑,玉米产量取决于两个因素:种植面积和单位产量,种植面积是最初种植量的函数,如果农民想要增加他的玉米产量,就不得不增加面积,当如此选择时,其他如大豆、棉花、小麦作物的面积就会减少。由于虫害侵扰或极端天气事件摧毁农作物,使得种植的农作物收成欠佳。美国自1980年以来,平均有10%的玉米播种面积歉收。

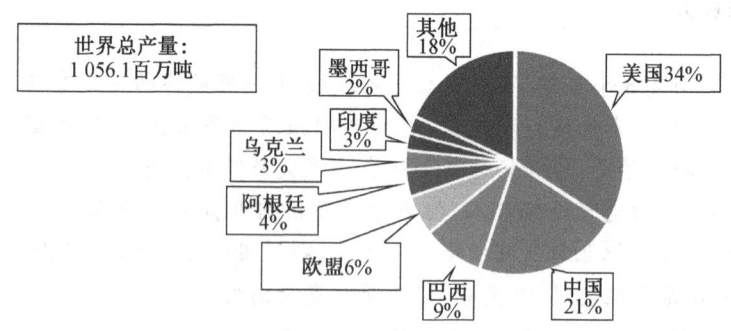

图4-1 2018～2019年度各国(地区)玉米产量之比

(来源:USDA)

图4-2展示了从1950年到2005年的美国玉米单位产量曲线是向上倾斜的,图4-3是1992年至2018年玉米耕作面积总产量和单位产量的关系。可以看出,面积增长的幅度远低于单位产量的增幅,这是农业机械、化肥技术和转基因种子等技术进步的结果。但值得注意的是,各年之间的产量波动很大,之所以发生这种情况,原因就在于农作物在抽穗和授粉阶段很容易受到虫害或极端天气侵扰,美国的这两个阶段在7月中旬到8月之间。

对农业植物最常见的两个威胁是干旱和高温,过去30年来玉米的最低产量是1988年,那年发生了严重的旱灾,造成单位产量降到84.6蒲式耳/英亩。因此近年来科学家致力于研究抗旱的玉米种子,世界上最大的两个种子生产商——孟山都和先锋,都在研究耐旱种子。抗旱种子在水分缺少时,能更迅速地恢复所丢失得水分。秋季玉米丰收时,还会发生额外的气候并发症:多余的水分在地上形成小坑,无法用机械收割庄稼,当凛冬来临

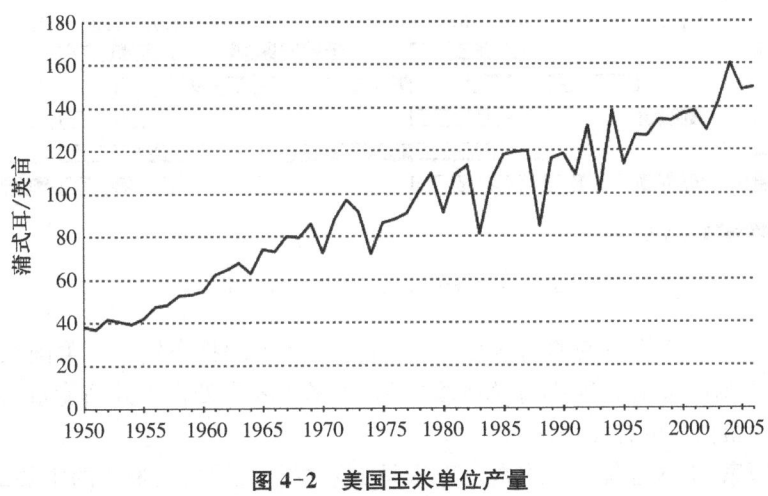

图 4-2　美国玉米单位产量

（来源：USDA）

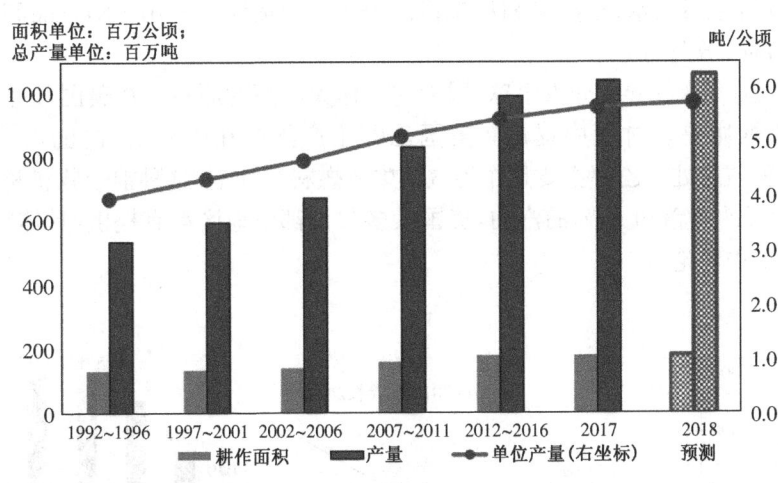

图 4-3　世界玉米耕作面积总产量和单位产量

（来源：USDA）

时，气候变化导致成熟的作物产生霉变。

玉米是美国种植面积最大的农作物，大部分玉米从 4 月至 5 月在玉米带开始种植。所谓玉米种植带，是指包括俄亥俄州、印第安纳州、伊利诺伊州、爱荷华州的中西部地区，这 4 个州占美国玉米总产量的 50%。玉米在 9 月开始丰收，一直可以持续到 11 月中旬。美国的玉米市场销售年度开始于 9 月，延续到次年 8 月，所以 2017～2018 销售年度对应的就是 2017 年 9 月到 2018 年 8 月的阶段。新的玉米作物在 9 月份又开始收获并销售。其他国家的市场销售年度视其各自种植期和丰收期而定，如南非的玉米市场销售年度就是当年 5 月到次年 4 月。

二、消费

美国是全球玉米消费量最高的国家（地区），其次是中国、欧盟、巴西和墨西哥（玉米耕

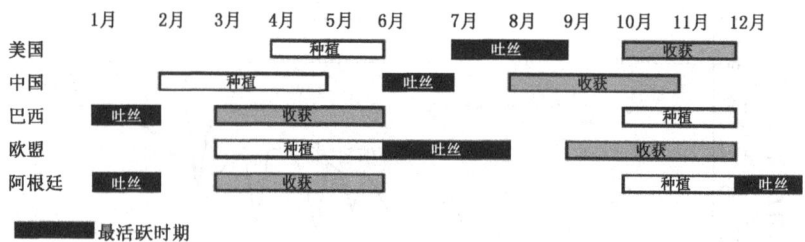

图 4-4　各国(地区)玉米耕作季节

作季节见图 4-4)。玉米主要的用途是牛、猪和家禽之类的牲畜饲料。美国农业部估计，全球 68％的玉米产量用于饲料，作为牲畜饲料，玉米重要之处在于其高能量，它可以与诸如豆粕粉等高蛋白质混合使用。

在一些国家，玉米也是人的主食。玉米是玉米粥、玉米饼、玉米片的主要成分，而且，玉米被广泛用于制作高果糖(HFCS)、葡萄糖、玉米糖浆等甜味剂，在某些领域中代替糖用于各种产品，包括汽水、冰淇淋和沙拉酱。玉米还以淀粉形式用于消费品和工业品，如纸制品、粘合剂、增稠剂等。

2005 年起，玉米就异常夺人眼球，因为它可作为乙醇的原料。在美国，乙醇主要来源于玉米，而巴西则是从甘蔗中提炼。美国乙醇生产集中在中西部，这也正是其主要原料——玉米种植之处。乙醇主要是作为汽油中的燃料添加剂，这种混合物被称为 E10，因为它包含 10％的酒精和 90％的汽油，美国大多数大都市地区都有提供，具体在第三章中的"汽油"一节中讨论过。

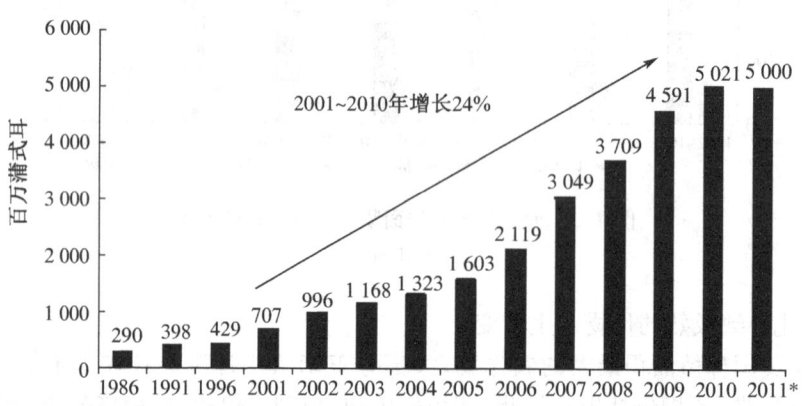

图 4-5　1986～2011 年美国玉米用于生产乙醇的消耗量

(来源：USDA)

玉米制造乙醇的需求改变了美国玉米基本面，图 4-5 显示乙醇需求如何影响了美国。由于生产乙醇的玉米需求远超粮食和工业部门所用的，额外的玉米供应从何而来？一部分是减少牲畜饲料的使用。当玉米用于生产乙醇时，一个副产品是玉米酒精糟(DGS)，它既可是湿态玉米酒精糟(WDGS)也可是干态玉米酒精糟(DDGS)，这两种都可以在牲畜饲料中销售使用，以取代以前用于饲料的玉米，主要用于反刍动物如牛肉和奶牛的饲料，也可以少量用于猪和家禽饲料。由于玉米酒精糟是乙醇生产的副产品，大部分以淀粉形式的玉米初始能量已被消耗,留在玉米酒精糟中的主要是纤维、蛋白质和矿物质(见图 4-6)。

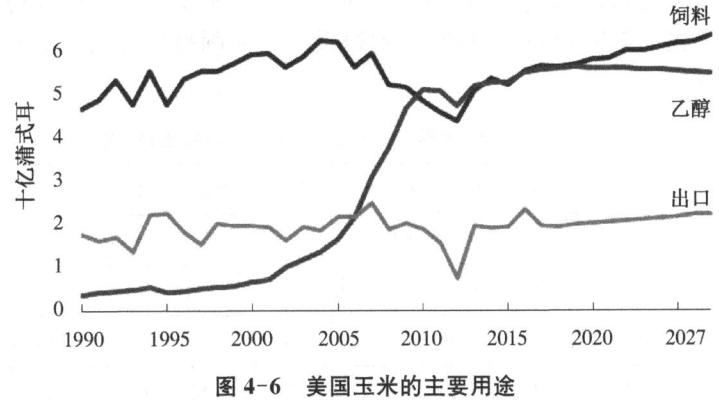

图 4-6 美国玉米的主要用途

近年来,中国粮食生产连年丰收,在有力保障市场供应的同时,也带来了政策性库存高等问题。扩大生物燃料乙醇生产消费,可调节粮食供求,有效处置超期超标等粮食,提高国家粮食安全水平,促进农业供给侧结构性改革。2017 年 9 月 8 日,国务院办公厅印发的《关于加快推进农业供给侧结构性改革大力发展粮食产业经济的意见》中提出在保障粮食供应和质量安全的前提下,着力处置霉变、重金属超标、超期储存粮食等,适度发展粮食燃料乙醇,推广使用车用乙醇汽油。燃料乙醇被认为是目前解决"问题粮食"的唯一途径。按照《"十二五"国家战略性新兴产业发展规划》,乙醇等新能源燃料属国家重点培育和发展的战略性新兴产业;根据《可再生能源中长期发展规划》,到 2020 年,燃料乙醇年利用量要达到 1 000 万吨。据有关权威机构测算,我国每年产生的超期超标等粮食可支撑一定规模的生物燃料乙醇生产。此外,国际市场玉米和木薯年贸易量达 1.7 亿吨,其 5% 即可转化生物燃料乙醇近 300 万吨。国内每年可利用的秸秆和林业废弃物超过 4 亿吨,30% 即可生产生物燃料乙醇 2 000 万吨,为扩大生物燃料乙醇生产消费和实现可持续发展提供了可靠的原料保障。生物燃料乙醇产业是处置超期超标等粮食的有效途径,而我国目前恰处在玉米大量过剩的状态,所以当国家战略需要时,可以加快转化超期超标粮食。如果供求紧张,主要用木薯等淀粉质的原料生产燃料乙醇,形成一个良好的调控手段。适度发展燃料乙醇能够有效去玉米库存、平衡玉米供需,充当国内玉米供求的"调节器"和超期储存玉米的"消纳池"。据卓创农业统计,中国燃料乙醇的年产量在 200 万吨左右,其中以玉米为原料的燃料乙醇能占 60%～70%,因此玉米燃料乙醇的产量在 120 万～140 万吨,消耗玉米的量在 360 万～420 万吨。如果按照汽油的消费量算,2016 年中国汽油表观消费量在 1.2 亿吨左右,若是按照 10% 的燃料乙醇添加比例,燃料乙醇用量高达 1 200 万吨,玉米的消费量在 3 600 万吨,可见未来燃料乙醇玉米消费量增长空间巨大,玉米下游消费结构也将发生明显变化。在饲料玉米消费增长空间放缓的情况下,深加工玉米消费有望扛起玉米去库存的大旗,中长期来看利好玉米市场。更重要的是,发展生物燃料乙醇可以为大宗农产品建立长期、稳定、可控的加工转化渠道,提高国家对粮食市场的调控能力。

美国玉米产业中,出口占了非常重要的地位,不仅是全球最大的玉米生产国,也是全世界最大的玉米出口国。一般年度,美国占全球出口市场的 68%,这些出口量几乎相当于美国该销售年度总产量的 20%,很大比例是面向日本、韩国、埃及和墨西哥。日本是目前玉米最大进口国,其次是韩国。这两个国家都不生产饲料用谷物,但由于他们都是肉类生产大国,需要进口玉米饲料。阿根廷和南非则是另外两个玉米出口大国(见表 4-1、表 4-2)。

表 4-1　全球前十大玉米生产国(地区)和消费国(地区)　　　　单位:千吨

项目		2009~2010	2010~2011	2011~2012	2012~2013	2013~2014.6	
序号	产量						占比
1	美国	332 549	316 165	313 949	273 832	349 597	36.5%
2	中国	163 974	177 245	192 780	205 600	211 000	22.0%
3	巴西	56 100	57 400	73 000	81 000	72 000	7.5%
4	欧盟-27国	59 147	58 265	68 089	58 539	65 025	6.8%
5.	阿根廷	10 486	11 919	22 838	20 922	29 000	3.0%
6	乌克兰	25 000	25 200	21 000	26 500	27 000	2.8%
7	印度	16 720	21 730	21 760	22 230	22 500	2.4%
8	墨西哥	20 374	21 058	18 726	21 500	22 000	2.3%
9	南非	9 796	12 043	11 359	13 060	13 800	1.4%
10	加拿大	13 420	10 924	12 759	12 200	13 000	1.4%
	其他	117 288	121 321	128 111	124 679	132 224	13.8%
	总供应	**824 854**	**833 270**	**884 371**	**860 062**	**957 146**	
序号	消费						占比
1	美国	281 615	285 123	279 035	267 601	290 844	31.3%
2	中国	165 000	180 000	188 000	207 000	224 000	24.1%
3	欧盟-27国	61 300	64 900	69 200	69 000	70 000	7.5%
4	巴西	47 000	49 500	50 500	53 000	54 000	5.8%
5	墨西哥	30 200	29 500	29 000	27 000	29 000	3.1%
6	印度	15 100	18 100	17 200	17 400	18 400	2.0%
7	日本	16 300	15 700	14 900	14 500	15 500	1.7%
8	加拿大	11 868	11 761	11 636	11 900	12 800	1.4%
9	埃及	12 000	12 500	11 700	11 200	11 200	1.2%
10	印尼	8 800	9 800	10 500	10 900	11 100	1.2%
	其他	177 312	173 797	199 139	179 811	193 241	20.8%
	总需求	**826 495**	**850 681**	**880 810**	**869 312**	**930 085**	

来源:USDA。

表 4-2　全球前十大玉米进口国(地区)和出口国(地区)　　　　　　　　单位:千吨

项目		2009~2010	2010~2011	2011~2012	2012~2013	2013~2014.6
序号	出口					
1	美国	49 696	45 135	38 428	17 500	32 500
2	巴西	8 623	11 583	12 674	26 500	20 000
3	乌克兰	5 072	5 008	15 157	13 300	18 000
4	阿根廷	16 973	15 198	16 501	23 000	16 000
5	印度	1 917	3 376	4 674	4 800	3 500
6	欧盟-27 国	1 569	1 096	3 287	1 900	2 500
7	巴拉圭	1 359	1 201	2 188	2 400	2 300
8	俄罗斯	427	37	2 027	2 000	2 000
9	塞尔维亚	1 343	2 004	2 331	500	2 000
10	南非	1 586	2 839	1 831	2 200	1 900
	其他	4 158	4 201	4 655	5 055	4 000
	总出口	**92 723**	**91 678**	**103 753**	**99 155**	**104 700**
序号	进口					
1	日本	15 971	15 648	14 892	14 500	15 500
2	韩国	8 461	8 107	7 636	8 500	8 900
3	墨西哥	8 298	8 252	11 172	5 500	8 000
4	欧盟-27 国	2 758	7 385	6 113	11 300	7 500
5	中国	1 296	979	5 231	3 000	7 000
6	埃及	5 832	5 803	7 154	4 500	5 200
7	中国台湾	4 521	4 134	4 341	4 300	4 300
8	伊朗	4 300	3 500	4 000	3 500	4 100
9	哥伦比亚	3 651	3 511	3 209	3 200	3 600
10	马来西亚	3 107	2 809	3 309	3 100	3 400
	其他	34 528	31 550	36 696	37 755	37 200
	总进口	**92 723**	**91 678**	**103 753**	**99 155**	**104 700**

来源:USDA。

饲料市场上,玉米与其他谷物饲料竞争激烈,其他的饲料有高粱、大麦和燕麦。此外当玉米价格相对于小麦价格昂贵时,牲畜饲养商就可能喂小麦,通常用低品级的小麦,或者是软白小麦或是软红小麦。玉米制品用于软饮料的甜味剂时,也面临糖的竞争。

三、储存和持有成本

仓储对粮食市场尤显重要,大部分位于主要河流的港口,以便储运,并带有斗式皮带输送机(一系列屋、青贮塔、罐,能大量储存谷物并倾倒至卡车、驳船或有轨车销往最终用户)。在美国,密西西比河及其支流通常用于运输粮食,密西西比河通往新奥尔良,那里是大多数国际粮食运输的起航地。

粮食市场上所有的供应都始于收获季节,但需求却散落在一整年,这使供应超过了即刻消费。这个市场对观察套利相关系数如何决定期货价格提供了一个良好的窗口。让我们来看看一个例子:2016 年 12 月 30 日,芝加哥交易所 2016 年 12 月交割的玉米价格为 377.00 美分/蒲式耳,下一个交割月份是 2017 年 3 月。根据套利理论,2017 年 3 月此时的价格应考虑每天的存储成本、利率和玉米储存天数,假定 3 月玉米期货合约交割粮食将被储存 90 天,我们假设每天储存成本是 0.15 美分/蒲式耳,年利率 5.35%,成本可以以下列公式计算:

$$成本 = [近月成本 \times (利率 \div 360) + 每天储存成本] \times 储存天数$$
$$= (377.00 \times 0.053\ 5 \div 360 + 0.15) \times 90 = 18.542\ 375(美分)$$

因此,根据 2016 年 12 月买进玉米的 18.54 美分成本,到 2017 年 3 月交割,那时最高预期价格是 395.54 美分/蒲式耳(377.00+18.54=395.54)。如果 2017 年 3 月玉米期货的实际价格真的是 395.54 美分,谷物交易商会说:市场充分完全定价(full carry),是指两个不同月份期货合约价格的差额完全等于从第一个合约交割月持有商品到下一个合约交割月的成本。而如果 2017 年 3 月玉米期货实际价格较高,比如 398.00 美分/蒲式耳,就会有套利。此时,套利者可以买入 2016 年 12 月玉米合约并卖出 2017 年 3 月合约,套利者从 12 月到 3 月份交割日这段时间内储存玉米,可以获得 2.46 美分/蒲式耳的利润[398-(377.00+18.54)=2.46]。

在这种情况下,如果期货市场对 2017 年 3 月合约定价高于存储成本或高于 100% 的完全定价,就会有套利空间,且这个套利空间会很快消失,因为人们会储存玉米以便立即获取这种无风险套利。

2016 年 12 月 30 日的 2017 年 3 月玉米合约的实际价格是 390.50 美分/蒲式耳,即当日 2016 年 12 月与 2017 年 3 月的期货合约差价是 13.50 美分/蒲式耳,这就意味着,如果你买了 12 月玉米期货合约并持有至交割日,市场只支付 13.50 美分/蒲式耳,而你已经知道到 2017 年 3 月时,玉米真正的储存成本应该是 18.54 美分/蒲式耳,即市场的完全保值率只有 73%(13.50÷18.54 = 0.728 1)。为什么市场价格不足 100% 的完全保值率?这种情况下,套利者虽然想要卖空实物玉米而买入 3 月合约却无法实现。之所以市场无法 100% 保值,是因为做空实物玉米是非常困难,此外,即使套利者能做空实物玉米,他也不会获得存储成本。

在玉米市场,当前述例子中,期货合约价格不能 100% 完全保值时,就被称为正常期货曲线。之所以被称为是正常的,就是因为粮食市场中期货曲线的形状大部分时间都是这种状态,这也被称为期货溢价(正向市场)——远期期货合约价格高于近期期货合约价。

如果期货曲线反过来,近期期货合约价高于远期期货合约价,就被称为粮食市场中的现货溢价(反向市场)。期货曲线倒置表示负的保值程度百分比率,表明消费者不愿意为未来消费支付农民足够的储存成本。粮食市场的倒置曲线暗示市场可能有短期的缺货,消费者宁愿现在持有粮食而不是将来才持有。

四、期货

不同国家交易的玉米期货合约也不一样,CBOT 的玉米期货最活跃。CBOT 玉米期货一张合约是 5 000 蒲式耳,它以一蒲式耳多少美分计价,最小跳动单位是 0.25 美分/蒲式耳,跳动一点相当于价值 12.50 美元,即如果你以 400.00 美分/蒲式耳买入一张期货合约,400.25 美分/蒲式耳卖出后,不计交易成本,就获利 12.50 美元。CBOT 的玉米期货合约交易月份是每个销售年度的 12 月、3 月、5 月和 7 月,9 月的期货合约交投并不活跃,很多市场参与者选择跳过这个月份而选择 12 月合约。

CBOT 为小投资者提供了电子迷你玉米期货合约,该合约相当于 CBOT 玉米期货正常合约的五分之一,每张电子合约规模都是 1 000 蒲式耳,跳动一点价值 0.125 美分/蒲式耳,跳动一点价值 1.25 美元。电子合约也能实物交割,交割规格如同正常玉米期货合约。

玉米期货围绕芝加哥选择装船点和仓库,玉米期货等粮食期货交割与能源之类的其他商品交割稍有不同,玉米期货交割是由 CBOT 交易所指定的托运人签发船运提单,船运提单代表交易所认可的实物商品,这些玉米船运提单指定了从芝加哥地区某一个注册装船点或仓库装货。

世界上还有其他交易所交易各种不同的玉米期货,但没有一家具有 CBOT 的高度流动性,例如东京谷物交易所和中国大连商品交易所的玉米期货合约。

五、历史价格和市场报告

玉米价格历史悠久,宽幅震荡,图 4-7 显示了从 1990 年到 2013 年 CBOT 玉米期货价格历史。你可以看到在 1996 年、2008 年、2010 年和 2012 年出现的价格高峰,不过大部分时候玉米价格处于 200 美分/蒲式耳和 300 美分/蒲式耳之间。为什么价格只在很短的时间处于高峰?答案是经济学。当玉米价格非常高时,农民会根据市场的供给迅速反应,当年可能种植比大豆更多的玉米,也可能用畜牧场去种植玉米,甚至可能会多花费一些钱来获得高品质的种子和肥料,因为他们基于期货价格期盼好收成。但最终秋天玉米迎来丰收时,因为新的大量供应最终冲击市场而价格下跌。为什么大多数时间价格盘整在一定幅度内呢?答案还是经济学。常识告诉我们,如果前述是真实的,那么当玉米价格很低,利润空间很小,明年玉米种植就会很少。当然这个概念有效性下降了,因为还有政府对农民的补助,补助使农民不管价格多低,都能每年种植玉米。

政府对玉米的补贴主要有 3 种形式:直接付款、逆周期付款和补贴保险。合格的玉米生产商可以收到按产量和种植基本面积为方程算出的直接付款;逆周期付款给了农民一个玉米的最低价,如果市场价跌到政府指导价之下,政府就会付款;政府给没有贷款来源的农民以庄稼作抵押的贷款项目,贷款期结束时,可以还清贷款或移交庄稼。至 2005 年年底,USDA 对超过 150 万农民支付了 210 亿美元总补贴。

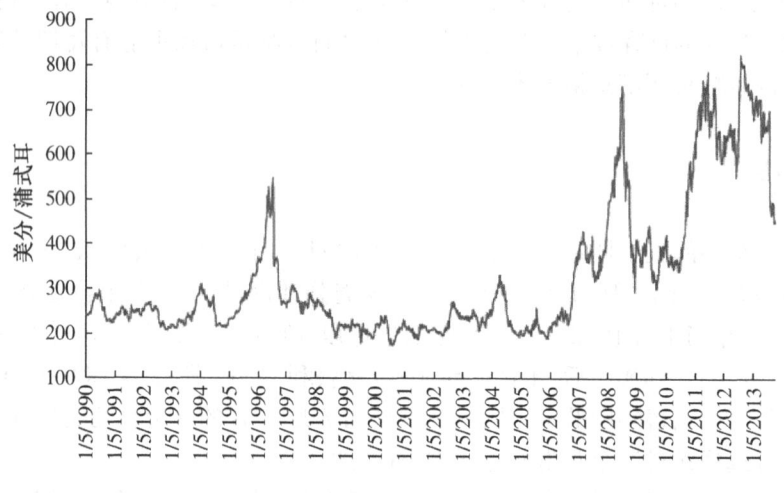

图 4-7 玉米近月合约历史价格图

(来源:彭博社)

但是玉米价格暴涨还时有发生,通常这是因为天气而使玉米产量歉收所致,图 4-8 显示从 1975 年以来的几次玉米价格暴涨情况,他们都发生在严重干旱时期和生产玉米的几个州高温时,如 1980 年、1983 年和 1988 年的干旱使得玉米单位产量都低于一英亩 100 蒲式耳以下,1995～1996 年的价格暴涨主要是因为天气状况造成了玉米种植土地面积下降极其严重,导致玉米供应严重不足,需要定量供应来满足需求,这又反过来诱使农民在 1996～1997 年种植更多玉米,结果多种植了 10% 以上,使价格下降。

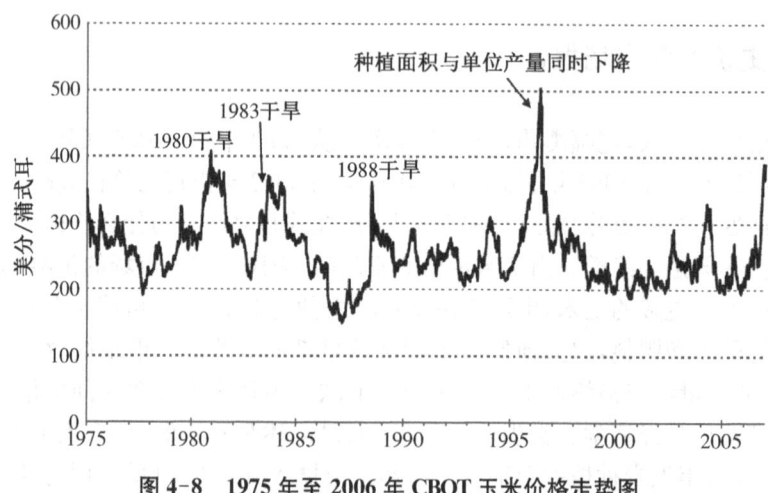

图 4-8 1975 年至 2006 年 CBOT 玉米价格走势图

USDA 每周、每月和每年都出版各种报告,帮助市场了解玉米的基本面情况。USDA 的外国农业服务署(FAS)每周分门别类地公布玉米和其他农产品对外国出口情况,通常是美国东部时间星期四早晨 8∶30,赶在 CBOT 开盘之前公布。按照出口目的地发布每周玉米净销售情况,净销售量是指已经商订并在具体的那个星期报告的销售量,但还不是必定会出口的。每周出口量(即在报告周中实际发生的)及该销售年度累计出口量也会被公布,在 USDA 公布的报告中,最重要的可能是每月的《世界农产品供需预测报告》(WASDE),在这个报告中,USDA 对本销售年度和下一个销售年度的玉米和其他农产品做一个供应、需求估计。在 WASDE 中,每年 5 月被 USDA 视为是下一个销售年度的开始,比如 2017 年 5 月发布的 WASDE,就是 2017~2018 年度的第一个 USDA 公布的情况预测(2017 年 9 月开始收获),WASDE 包括美国的玉米供给和需求部分以及世界各国(地区)的玉米供需部分。

USDA 有很多类别的估计,包括国内需求、收割面积、庄稼产量、生产、出口和期末库存总量。期末库存总量经常被当作总耗用或总消耗量的百分比来讨论,被称为库存使用情况。例如当 USDA 估计 2005~2006 年销售年度的期末库存总量是 1 900 百万蒲式耳,而 2005~2006 年销售年度的总耗用量是 11 000 百万蒲式耳,那么库存使用情况就是 $1\,900 \div 11\,000 = 17.27\%$。

另一个对玉米市场很重要的 USDA 报告是每年 3 月底公布的种植前景预测,该报告预测农民会种植多少亩玉米和其他农作物。到 6 月新的玉米和其他农作物种植面积公布后,该报告还会更新,此时大多数土地已经实际种植了庄稼。

对未来玉米需求的展望中,用玉米制造乙醇的需求非常强劲,这个需求不会改变,除非找到了新的、更便宜的乙醇原料来源。而且随着全球性经济创造出新财富,对肉类的需求会增加,需要饲养更多的牲畜。在供应端,每年的收成主要靠天气决定,是否有多余的土地种植玉米也要看其他农作物的收益,但不管怎样,农民会持续追逐下一个季节的农作物的收益。其他国家,如巴西有额外的耕地,所以他们占世界玉米产量的百分比在不断增长。玉米价格将随着产量而不断波动,但长期来看还是稳定的。

六、其他信息来源

USDA 是玉米和其他农产品市场最佳的市场基本信息来源,USDA 的经济研究服务部门(ERS)在 www.ers.usda.gov 网站上有许多玉米的研究报告,USDA 的全国农业统计服务(NASS)部门也提供了很多有用的玉米供给和需求统计数据,USDA 的首席经济学家办公室就是 WASDE 的汇集部门,有大量关于玉米长期计划、农场清单和乙醇补贴或其他信息。

第二节 小 麦

小麦是人类的主食,全球都视其为最重要的谷类粮食。小麦是最先被种植的粮谷,可追溯至公元前 6 500 年的美索不达米亚平原,然后从那里小麦传播到世界其他地区,除了南极洲,目前所有的大陆都种植了小麦,大概超过了 80 多个国家和地区。

根据生长季节,麦子被分成两种类别:冬小麦和春小麦。冬小麦在秋天种植,进入冬天的休眠期之前开始存活,当春天来临时,冬小麦恢复其长势,直至初夏丰收。春小麦在那些寒冬区域,于春天种植,在晚夏或初秋时分丰收。美国把各种小麦按生长季节和蛋白质百分比分成6种:冬小麦有硬红冬麦(HRW)和软红冬麦(SRW),春小麦分成硬红春麦(HRS)、硬质小麦、硬白麦和软白麦。由于各种不同的食物有各自不同的要求,不同的麦子类别就异常重要,世界范围的麦子也依其生长的不同国家有不同类别,但都可被分成冬小麦或春小麦(见图4-9)。

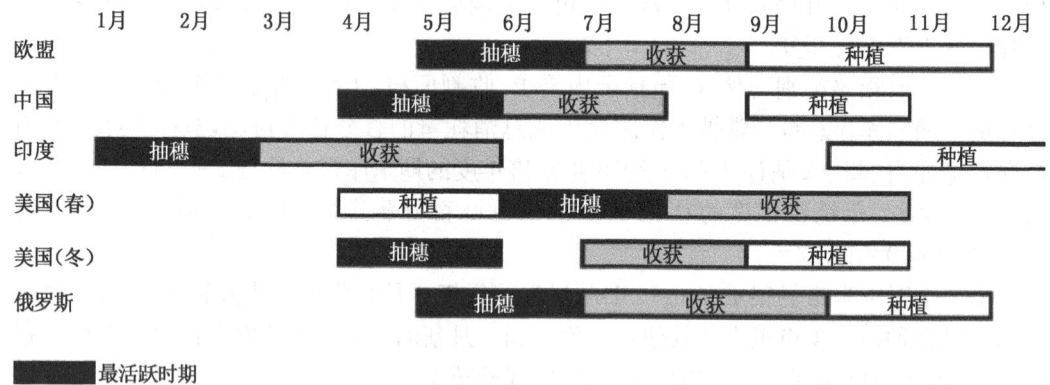

图4-9 各国(地区)小麦耕种季节

一、产量

世界上大部分小麦是冬小麦,生长在北半球,而春小麦大部分在加拿大、俄罗斯和美国,北半球春小麦收获之后,南半球开始种植小麦,这使得小麦的供应非常平缓。

从世界范围来看,小麦产量开始低于玉米和大豆的产量,图4-10显示了从1970年到2005年世界三大农作物收割地区,可以看出小麦仍然占据主导,但在2005年前10年收割地区已下降了7%,而同期的玉米收割地区上升了7%,大豆收割地区增加了36%。而且,从1998~1999年销售年度起,玉米生产的物理量在全世界每年都超过小麦,玉米和大豆需求量增长幅度远大于小麦的需求量。此外,相对于其他农作物收益率的下降,也诱使

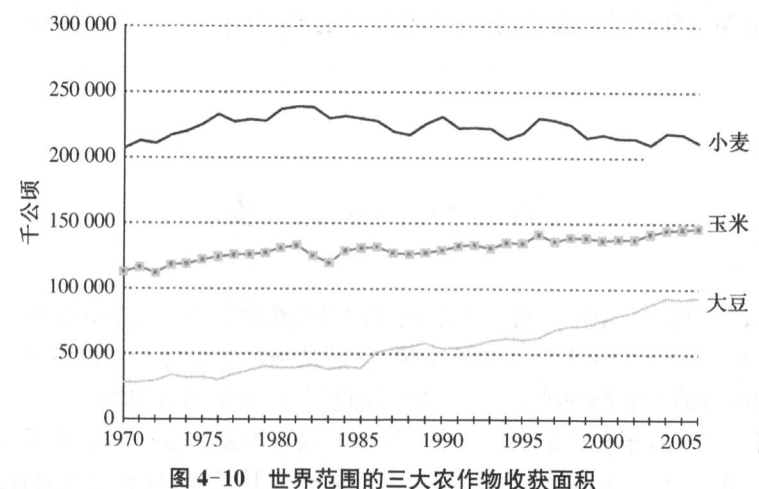

图4-10 世界范围的三大农作物收获面积

农民减少小麦种植。

在 2018～2019 年销售年度里,欧盟以大约 20％ 的市场份额引领世界产量。其他占小麦产量较大份额的国家(地区)还有中国、俄罗斯、印度、美国,加在一起,他们大约占了2018～2019 年销售年度世界小麦产量的 72％(见图 4-11)。其他国家如澳大利亚和加拿大就其小麦生产水平而言,尽管可能不是最大的生产国,也是非常重要的。从历史上看,这两个国家是大的出口国,其每年出口量占他们生产量的一半以上。

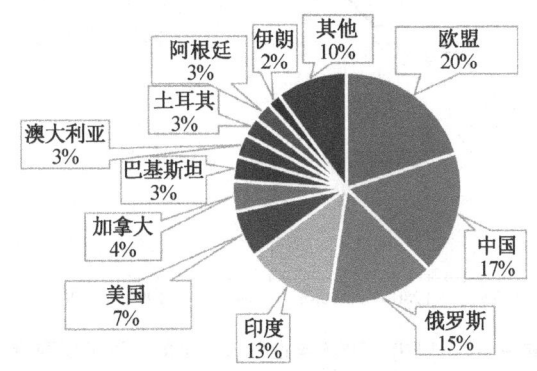

图 4-11　2018～2019 年世界各国(地区)小麦生产量的占比

美国的小麦产量对于世界市场是最重要的,因为它是最大的小麦出口国,每年大约一半的产量用于出口。美国小麦产量按特定地区,每种类别有不同的终端用户。美国小麦产量中大约 40％ 是硬红冬小麦(HRW),生长在德克萨斯州北面的大平原一带,是面包粉的最佳用料,比白小麦之类的低蛋白小麦储存期更长。硬红春小麦(HRS)的价值体现在蛋白质成分高,占产量的 25％,生长在明尼苏达州、蒙大拿州和达科塔地区的北方平原上,其高蛋白成分使其专用于特色面包,并和低蛋白小麦混用。软红冬小麦(SRW)占产量的 15％ 到 20％ 之间,生长在密西西比河沿岸和一些东部州,适合做饼干、咸饼干和蛋糕。白小麦占产量的 10％ 到 15％,生长在华盛顿州、俄勒冈州、爱达荷州、密西根州和纽约州,白小麦最适宜于做特浓蛋糕和甜甜圈。硬质小麦占产量的 5％,主要用于意大利面食,生长在蒙大拿州和北达科塔州。

如同其他农产品,小麦的最终产量也深受天气影响。在授粉阶段,高温和严重干旱等自然灾害会减少麦穗颗粒数量。至于冬小麦,市场主要关心的是冬天小麦的冻死率,尽管,所有的农作物中,小麦是最能适应恶劣气候的,不会轻易被冻死。如果没有雪量覆盖在冬小麦上面,使其冬眠并安然过冬,就会发生大量的冬小麦冻死现象。此外,冬季的反复结冰和融雪会造成泥土把小麦挤涨出地面。

二、消费

如图 4-12 所示,经历了 1987 年高峰后,小麦人均消费量近几十年持续下降,而同期玉米的人均消费量却不断上升。其中一个原因是食谱变得更多元化及人均收入增加,使得对相对昂贵的肉类、水果和蔬菜的需求上升,降低了小麦的需求。但小麦仍是食物消费的主要来源。另一个原因,玉米在食物以外的用途更为广泛,如工业用途和乙醇;而相形之下,小麦主要用来烤面包、蛋糕、饼干、意大利面和其他食品,用途较窄,需求增加缓慢。面粉是把小麦籽颗粒经过碾磨制成,小麦碾磨的副产品有麸皮、胚芽、中等麦麸和小麦细麸,这些副产品供牲畜饲料厂家加工生产饲料。

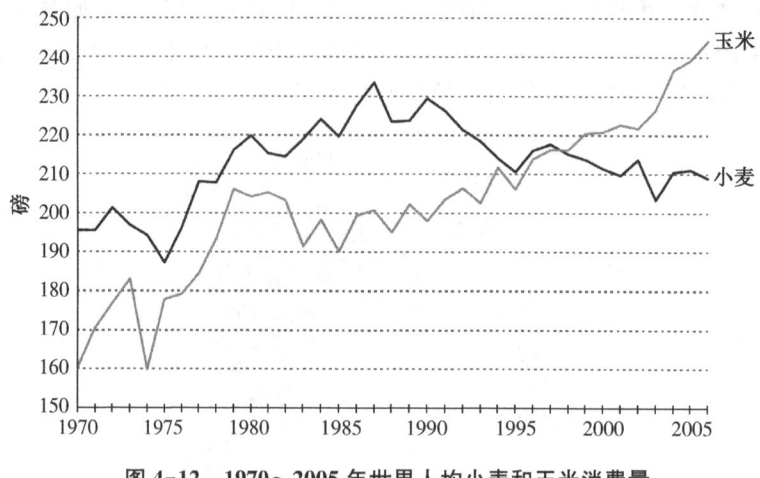

图 4-12　1970～2005 年世界人均小麦和玉米消费量

(来源:USDA)

全球小麦消费量受中国因素影响巨大,因为中国是世界上人口最多的国家。2016年,中国的小麦的种植面积是 3.6 亿亩,单产 355 千克,比世界平均水平高 60％,总产 1.28亿吨,占全世界的 17％,当然也是居全球首位(见图 4-13)。中国消费的小麦大部分是国内生产,只进口了少量小麦。其他较大小麦消费国(地区)包括欧盟 27 国、印度、俄罗斯和美国,它们总共消费了全球近 70％的小麦。这些国家(地区)也是产量最大的国家(地区),他们不依赖进口来满足其国内消费需求。相反,除中国之外,他们还是市场上最大的出口国(地区)。

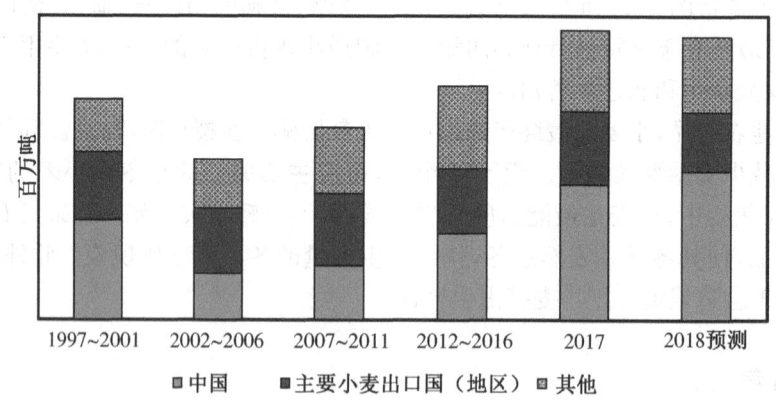

图 4-13　中国与世界其他主要出口国家(地区)的小麦库存量比较

(来源:USDA)

与玉米出口市场只有美国一个大玩家不同,小麦市场有众多的出口国(地区),美国只是最大的小麦出口国(地区)而已,但它面临着加拿大、阿根廷和澳大利亚的竞争,这种竞争有益于市场,可以让进口国(地区)有多项选择(见表 4-3、表 4-4)。此外,由于小麦种植期和收获期散布于一年的不同时间,一个地区的歉收会很轻易地被其他地区随之而至的丰收抵消,这种出口国(地区)的多样性使小麦交易和价格保持稳定,小麦市场价格的波动性远低于玉米市场。

由于小麦主要以面粉形式消费,故其他谷类粮食和含淀粉食物被视为其替代品。除小麦之外,还有许多其他的农作物如玉米、大麦、黑麦和大米也能磨成面粉,但小麦面粉最优,因为它有面筋。小麦和其他粮食谷物的面筋在揉面团时,使其富有弹性并被发酵。其他的如大麦和黑麦虽然也含有面筋,但比小麦要低。其他面粉的替代品如玉米粉、黄豆粉、米粉也非常重要,米粉在东南亚烹饪中非常重要,玉米粉广泛用于墨西哥玉米粉蒸肉和玉米饼,在这些特定地区的烹饪中,即使用了小麦粉,其风味也不会一样,不同类型的面粉限制了彼此的替代性。小麦和小麦加工副产品可用于牲畜饲料,此时,小麦能代替玉米。

表 4-3　全球前十大小麦生产国(地区)和消费国(地区)　　　　　　　单位:千吨

项目	2009~2010	2010~2011	2011~2012	2012~2013	2013~2014.6	
序号	产量					占比
1　欧盟-27 国	139 720	136 667	138 081	133 049	141 373	20.0%
2　中国	115 120	115 180	117 400	121 000	121 000	17.2%
3　印度	80 680	80 800	86 870	94 880	92 460	13.1%
4　美国	60 366	60 062	54 413	61 755	57 536	8.2%
5　俄罗斯	61 770	41 508	56 240	37 720	54 000	7.7%
6　加拿大	26 950	23 300	25 288	27 205	29 500	4.2%
7　澳大利亚	21 834	27 410	29 905	22 079	25 500	3.6%
8　巴基斯坦	24 000	23 900	25 000	23 300	24 000	3.4%
9　乌克兰	20 866	16 844	22 324	15 761	21 500	3.0%
10　土耳其	18 450	17 000	18 800	15 500	18 000	2.6%
其他	117 229	109 744	122 847	102 946	120 509	17.1%
总供应	**686 985**	**652 415**	**697 168**	**655 195**	**705 378**	
序号	消费					占比
1　中国	107 000	110 500	122 500	125 000	126 500	17.9%
2　欧盟-27 国	125 622	122 844	126 875	121 000	122 700	17.4%
3　印度	78 150	81 760	81 404	83 841	90 970	12.9%
4　俄罗斯	39 600	38 600	38 000	33 550	36 500	5.2%
5　美国	30 977	30 639	32 112	38 341	35 680	5.0%
6　巴基斯坦	23 000	23 000	23 100	23 900	24 000	3.4%
7　埃及	18 100	17 700	18 600	18 700	18 700	2.6%
8　土耳其	17 100	17 300	18 100	17 500	17 750	2.5%

（续表）

	项目	2009～2010	2010～2011	2011～2012	2012～2013	2013～2014.6	
9	伊朗	16 800	16 200	15 500	16 400	17 000	2.4％
10	乌克兰	12 300	11 600	14 950	11 800	11 500	1.6％
	其他	185 502	185 072	205 680	190 636	205 514	29.1％
	总需求	**654 151**	**655 215**	**696 821**	**680 668**	**706 814**	
	余额（供应-需求）	**32 834**	**−2 800**	**347**	**−25 473**	**−1 436**	

来源：USDA。

表 4-4　全球小麦前十大出口国（地区）和进口国（地区）　　　　单位：千吨

项目		2012.5	2013.6			2012.5	2013.6
序号		出口		序号		进口	
1	美国	27 695	18.8％	1	埃及	8 300	5.6％
2	欧盟-27 国	22 200	15.1％	2	巴西	7 548	5.1％
3	澳大利亚	21 300	14.5％	3	印尼	7 140	4.9％
4	加拿大	18 581	12.6％	4	日本	6 598	4.5％
5	俄罗斯	11 289	7.7％	5	阿尔及利亚	6 273	4.3％
6	印度	8 619	5.9％	6	韩国	5 439	3.7％
7	阿根廷	7 449	5.1％	7	伊朗	5 400	3.7％
8	乌克兰	7 190	4.9％	8	欧盟-27 国	5 300	3.6％
9	哈萨克斯坦	7 000	4.8％	9	尼日利亚	4 150	2.8％
10	土耳其	3 583	2.4％	10	伊拉克	3 960	2.7％
	其他	12 078	8.2％		其他	86 876	59.1％
	总计	**146 984**			总计	**146 984**	

来源：USDA。

三、贮藏

　　美国小麦的销售年度从 6 月持续到次年 5 月，即 2016～2017 年销售年度就是从 2016 年 6 月至 2017 年 5 月。各国有不同的销售年度，根据何时开始收获新的作物而定，国际上小麦的销售年度是从 7 月到次年 6 月。美国的冬小麦 6 月收割，大部分被储存起来，以确保整个销售年度的供应。正常的小麦期货市场曲线会诱使农民或粮食储存商支付一些储存费用以便之后储存，这种正常的小麦期货曲线也被称为期货溢价（正向市场），近月期货价格比远月期货价格要低。如果近月期货价格比远月期货价格要高，即期货曲线倒置，就被称为现货溢价（反向市场）。一个倒置的曲线意味着小麦市场现在就想要小麦，而不愿付出成本来储存。关于粮食市场的储存和持有成本，在上一节"玉米"中叙述过。

四、期货

小麦基准期货是 CBOT 的小麦期货,CBOT 小麦期货合约规模是 5 000 蒲式耳,报价以每蒲式耳多少美分,最小变动单位是 0.25 美元,每跳动一点价值为 12.50 美元,这就意味着,如果你在 460.00 美分/蒲式耳做多,460.25 美分/蒲式耳卖出,不计佣金的话利润就是 12.50 美元。CBOT 小麦期货合约交易月是每个销售年度的 7 月、9 月、12 月、3 月和 5 月。

对小额投资者而言,CBOT 有一种电子迷你小麦期货合约,面额是正常 CBOT 小麦期货合约的五分之一,一张合约面值是 1 000 蒲式耳,最小变动单位为 0.125 美分/蒲式耳,每跳动一点价值为 1.25 美元。电子迷你小麦期货可以实物交割,交割规则与全额小麦期货合约相同。

由于美国的小麦有很多品级,哪种可以在 CBOT 进行交割? CBOT 列出了各种可交割的小麦期货品种:第 2 级的软红冬小麦、硬红冬小麦、北方黑春麦和北方春麦。但问题是,这 4 个小麦品种的含量用途和价格截然不同。在这种情况下,小麦期货的空头仓位在交割时必然以最便宜的小麦品级来充数,即软红冬麦,基于这个原因,谷物业认为 CBOT 小麦就是一款软红冬麦的合约。小麦期货交割概述在 CBOT 的规章制度手册上进行了详述,交货地点包括芝加哥地区、印第安纳州的伯恩斯港和俄亥俄州的托莱多,交割仓单是仓库存托凭证(WDRs),每张 WDRs 代表在交易所小麦交割规则公告的仓库里面的库存,上面详列了适合小麦交割的仓库。

在美国,还有两个相当流行的小麦期货合约,一个是堪萨斯交易所(KCBT),另一个是明尼阿波利斯谷物交易所(MGE),他们有与 CBOT 小麦合约一样的交易月份、合约面值及最小跳动值,而不同点是小麦交割的品级和交割点。KCBT 小麦期货交割的是密苏里州堪萨斯的硬冬麦,而 MGE 小麦期货把北春麦(也叫硬红春麦,HRS)交割到明尼阿波利斯和德卢斯、明尼苏达州地区的升降机谷仓。由于每个期货都适合特定的小麦品种,所以尽管价格有时非常接近,但也有时不相同,如果特别种类的小麦品级丰收或歉收,各期货间的价差就很宽。此外,每个品级对消费者都有特定的价值,由于 MGE 的北春麦的高蛋白含量,用在定制面包上面,所以在 3 个期货合约中通常是价格最贵的;最便宜的是 CBOT 的软红冬麦小麦期货,因为它是 3 个期货里面蛋白含量最低的。在 1998 年至 2001 年就有一个小麦期货价差变大的例子,当时小麦库存很高,大部分库存都属硬冬麦和软红冬麦,这就导致了 CBOT 的软红冬麦小麦期货和 KCBT 的硬冬麦、MGE 的北春麦期货出现价差加大的情况。

全世界还有很多其他的小麦期货合约,但都比不上美国的 3 个合约。世界上流动性较高小麦期货在加拿大温尼伯商品交易所、澳大利亚股票交易所、欧洲 LIFFE 交易所上市,相关信息可以通过各交易所了解。

五、价格史和市场报告

和玉米一样,CBOT 小麦期货的价格史波幅起伏非常大,图 4-14 显示 1990 年到

2013年,价格大多在200～400美分/蒲式耳之间。但在1996年和2006年,小麦价格到达过500美分/蒲式耳以上的极端高峰。1995～1996销售年度强烈的出口需求以及对冬天小麦产量的关注造成了小麦的低库存量,创下了20多年来最低的可用库存量水平,当年达到了将近10%的低水平(可用库存量水平是指既定的销售年度预期结算库存量除以同年的总需求量);1996年低库存发生后不久,就在1997～1998销售年度发生了长期的高可用库存和低价格,之所以如此,是因为农场主对1996年的高价反应过来,根据他们增加的利润边际来计划增产。

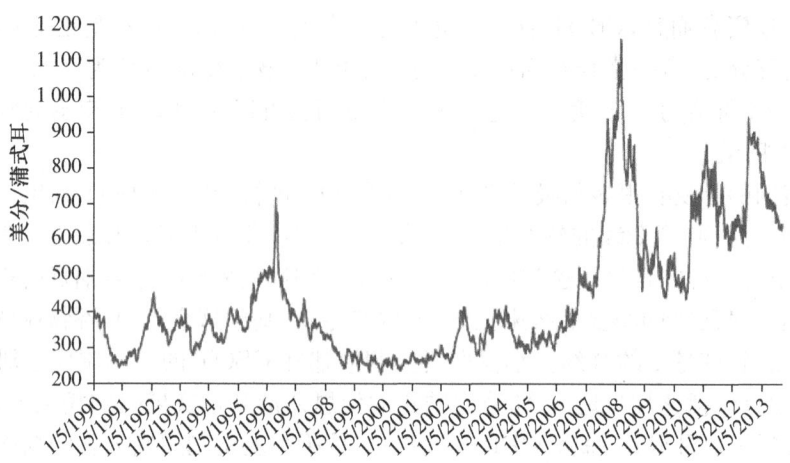

图4-14　小麦近月合约价格历史
(来源:彭博社)

USDA每月公布的WASDE是小麦市场基本面重要的信息来源,在这份报告中,USDA公布各品种及全部小麦的产量、需求和库存预计,此外还公布了全世界小麦市场的供需预测,这份报告被谷物市场界密切关注。USDA的海外农业局会公布小麦以及其他农产品的出口信息,通常在美国东部时间周四上午CBOT市场开盘前的8:30公布。

小麦价格的远景依然扑朔迷离,需求方面保持稳定,但供应端却有很多变数,最可能的变化来自于玉米、大豆等其他农作物抢占种植面积。农场主会根据边际利润最大化来选择究竟种植何种农作物,而由于需求增长慢于其他农作物,所以小麦价格的上涨也滞后于其他农作物。与其他农作物一样,天气也对生产有重要影响,恶劣气候也会使得价格暴涨。

六、其他信息来源

美国农业部是小麦和其他农作物最好的市场基本面信息来源,USDA经济研究局(ERS)在其网站(www.ers.usda.gov)上有各种报告包括小麦的简报,这些简报会根据供需、贸易和政策提供美国以及整个世界的小麦概述,USDA的国家农业统计局(NASS)也有很多供需方面的有用的统计资料。

第三节 大 豆

大豆种植可追溯到 5 000 年前的中国。大豆是豆科植物油籽的一种,不像干豌豆、小扁豆、芸豆和其他豆类食物是干豆类。联合国粮食及农业组织(FAO)用"干豆"(pulses)来描述那些收获物为干谷的农作物。对应地,油籽是指那些主要产生植物油和蛋白粕的农作物。油籽作物还有油菜籽、棉籽、葵花籽和花生,大豆因其世界性的生产和贸易而最为重要。

美国中西部和东南部的地形、气候和土壤都适宜于大豆生产,这使得美国成为世界上最大的大豆生产国和出口国。大豆在 20 世纪 20 年代才成为美国主要的重要农作物,最初只是把大豆当作高蛋白质饲料作物,用其固氮特性来喂养牲畜。固氮农作物可以把氮循环回土壤,使其成为玉米或冬小麦的肥沃农田。农民利用大豆和玉米每隔一年轮流耕种,或者一半农田种玉米,另一半种植玉米,第二年又互相轮换,提高地力,减少了商业氮肥的购买。美国大多数农民都是出于这一目的而种植大豆。大豆的扩张开始于美国大豆协会(ASA)的成立,他们开始大力推广大豆种植。到 1922 年,第一家大豆加工厂在美国开工,将之加工成蛋白质和植物油,促使了对大豆更多的需求。

大豆是一种初级产品,必须加工才能得到蛋白质和植物油。这种蛋白质就是豆粕,可以作为动物饲料的蛋白来源。植物油被称为大豆油,主要用于人类消费,也有一些工业用途,它已被用作生物柴油形式的燃料。

一、生产

在大豆产业链中,分种植和加工两个生产过程。第一个是大豆种植,全世界有四个大的大豆种植地区:阿根廷、巴西、中国和美国,这 4 个国家占了全球大豆种植量的 90% 左右。中国的情况有点例外,巨大的人口消费量超过了产量,使得阿根廷、巴西和美国成为大豆主要的出口国。图 4-15 显示了 2012~2019 年,美国、巴西、阿根廷等国家的产量是如何变化的,令人印象非常深刻的是巴西和阿根廷逐年增加,实际上在 2002 年,他们加起来的产量就开始超过美国。由于这 4 个国家占了全球大豆种植的绝大多数,所以对世界出口市场产生了巨大影响。

巴西的大豆在 11 月和 12 月种植,在次年 3 月至 5 月收割。阿根廷的大部分大豆也是同样的季节,阿根廷有些农民除了大豆之外,同年还种植冬小麦,他们在 1 月冬小麦收割之后开始种植大豆,5 月到 6 月再收割大豆。巴西大豆的销售年度顺延至 2 月至次年 1 月,即 2016~2017 销售年度是从 2016 年 2 月到 2017 年 1 月,而美国大豆销售年度是 9 月至次年 8 月,种植期是 5 月至 6 月,收割期是 9 月至 10 月。由于几个种植大国的收割期不同步,造成全年供应更为稳定。美国豆粕和豆油的销售年度从 10 月到次年 9 月,比大豆销售年度滞后一个月,使得这个时期的压榨过程可以使用新收割的大豆(见图 4-16)。

同其他农作物一样,大豆的产量也依靠种植面积和单位产量,单位产量受生长季节的

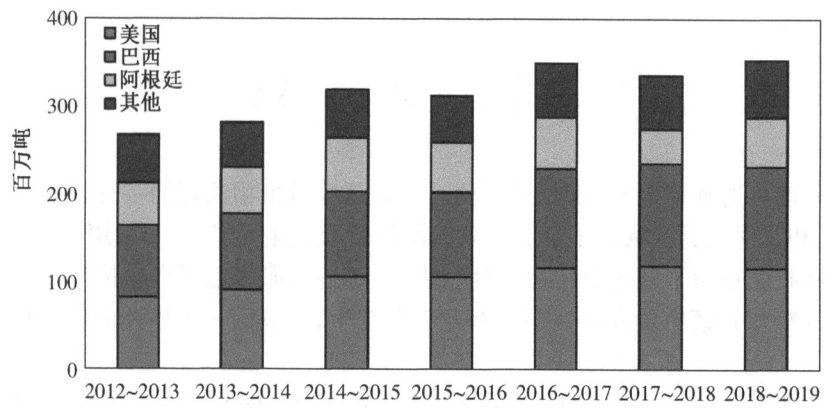

图 4-15　2012～2019 年的全球大豆产量

(来源：USDA)

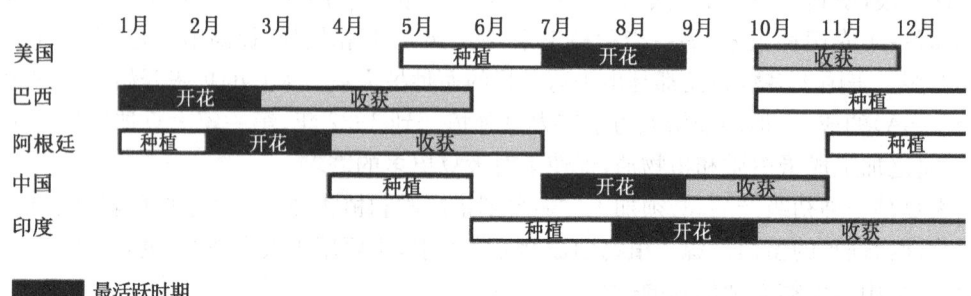

图 4-16　各国大豆种植季节

气候影响。大豆生长的关键期在开花和结荚阶段，南美这个阶段是 1 月到 2 月，美国是 7 月和 8 月早期，在结荚阶段，干旱天气会使得豆荚掉落而减产。幸运的是，大豆结荚期比同样对玉米很关键的授粉阶段要长，结荚期通常有 3 到 4 个星期。也就是说，即使干旱在结荚期早期发生，只要有利气候及时恢复，还有很大的可能正常收获，因为大豆那时还会结荚。农民很早就已经意识到大豆比玉米更抗旱，这就使美国在 20 世纪初种植更多的大豆。

开花期结束时的极端高温也会造成减产。此外，收割前夜晚温度持续低于华氏 28 度也有可能减产。随着时间的推移，耕作技术进步和大豆种子基因改造的出现使得产量不断增加。大多数基因改造过的大豆都是抗虫和对除草剂有抗药性的，大豆是第一批获得商业成功的生物工程作物之一。在美国，基因改造过的大豆种植面积占了生物工程作物种植面积的最大部分。

生产的第二阶段是大豆被加工成豆粕和豆油，这个过程被称为压榨。一蒲式耳大豆大约可压榨成 11 磅豆油、44 磅具有 48％蛋白质的豆粕和 5 磅外壳，外壳可以和豆粕混合降低蛋白质含量或放进靶丸里面作为饲料。由于大豆在收割后被储存，加工厂可以在全年购买所需的供应，所以压榨全年进行。美国的大豆几乎都用于压榨，从 19 世纪 90 年代以来，大豆压榨也开始在全世界范围内盛行，但其区域结构经历了变化，从 1991～1992 年起，欧美的大豆压榨在全球份额开始减少，而巴西、阿根廷、中国的份额上升，阿根廷、巴西由于大豆产量上升使得压榨量增加，中国巨大的人口持续要求更多的压榨量来满足需求

（见表4-5、表4-6）。压榨设施基本位于生产地和大的交通枢纽,以便可以进口大豆,加工成豆粕和豆油后运往不同的地区。从物流角度来看,很多国家发现进口大豆并压榨比进口豆粕和豆油更方便,如欧洲荷兰鹿特丹的主要交通枢纽就有油籽压榨工厂,大豆被进口到鹿特丹,加工之后运往全欧洲。

是否进行大豆加工,主要看大豆的毛加工利润(GPM——gross soybean processing margin),GPM指每蒲式耳大豆加工后的收益,加工厂需要决定未来何时以及是否需要做出一个捆绑式的承诺购买及加工大豆。GPM也可以视为是压榨利润,大豆加工厂要选择保持产能闲置还是在未来某个既定日期开工;也可以在加工日之前通过期货锁定GPM,通过买入大豆期货并卖出对应数量的豆粕和豆油期货。CBOT公布了大豆综合压榨价差指数,用来交易对应的期权,这个综合压榨指数来源于大豆、豆粕和豆油期货,它也被视为是压榨利润(board crush),图4-17显示了期货市场GPM与一蒲式耳大豆的投入成本百分比的关系,该图显示了GPM在极端高位只会逗留很短时间,暗示加工厂会迅速地对GPM变化作出反应,如果GPM处于极端高位,加工厂就试图最大化地压榨,而GPM处于非常低时,就限制压榨。

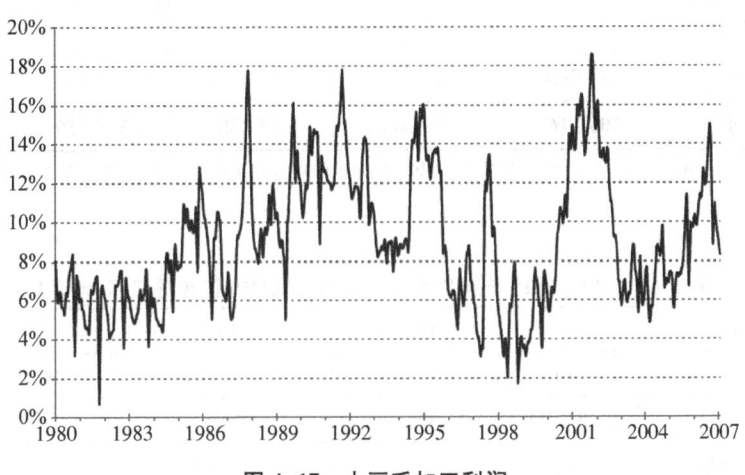

图4-17　大豆毛加工利润

表4-5　全球大豆主要生产国(地区)和消费国(地区)　　　　　　　　　　　单位:千吨

		2009～2010	2010～2011	2011～2012	2012～2013	
	生产					占比
1	美国	91 417	90 605	84 192	82 055	30.7%
2	巴西	69 000	75 300	66 500	82 000	30.7%
3	阿根廷	54 500	49 000	40 100	49 400	18.5%
4	中国	14 980	15 100	14 480	12 800	4.8%
5	印度	9 700	9 800	11 000	11 500	4.3%
6	巴拉圭	6 462	7 128	4 043	9 367	3.5%
7	加拿大	3 581	4 445	4 298	4 930	1.8%

(续表)

		2009～2010	2010～2011	2011～2012	2012～2013	
	其他	10 763	12 546	14 539	15 431	5.8%
	总供应	**260 403**	**263 924**	**239 152**	**267 483**	
	消费（压榨）					占比
1	中国	48 830	55 000	60 970	64 650	28.3%
2	美国	47 673	44 851	46 348	45 994	20.1%
3	巴西	33 700	36 330	38 083	34 840	15.2%
4	阿根廷	34 127	37 614	35 886	33 350	14.6%
5	欧盟-27 国	12 595	12 355	12 245	12 470	5.5%
6	印度	7 400	9 400	9 600	9 700	4.2%
7	墨西哥	3 600	3 625	3 675	3 650	1.6%
8	巴拉圭	1 558	1 570	950	3 000	1.3%
9	俄罗斯	1 950	2 170	2 400	2 440	1.1%
	其他	17 683	18 345	17 671	18 465	8.1%
	总需求	**209 116**	**221 260**	**227 828**	**228 559**	

注意：大多数国家的销售年度是 10 月至 9 月，但美国、墨西哥和泰国是 9 月至 8 月，加拿大是 8 月至 7 月，巴拉圭是 3 月至 2 月。

来源：USDA。

表 4-6　2012～2019 年世界大豆主要出口国（地区）和进口国（地区）　　单位：千吨

	出口		占比		进口		占比
1	巴西	41 000	41.9%	1	中国	59 500	62.7%
2	美国	35 788	36.6%	2	欧盟-27 国	12 250	12.9%
3	阿根廷	6 425	6.6%	3	墨西哥	3 350	3.5%
4	巴拉圭	5 500	5.6%	4	日本	2 700	2.8%
5	加拿大	3 500	3.6%	5	中国台湾	2 400	2.5%
	其他	5 530	5.7%	6	泰国	1 925	2.0%
				7	印尼	1 920	2.0%
				8	埃及	1 650	1.7%
				9	越南	1 350	1.4%
				10	韩国	1 150	1.2%
					其他	6 637	7.0%
	总量	**97 743**			**总量**	**94 832**	
	余额（供应-需求）					**2 911**	

来源：USDA。

二、消费

只有很少一部分大豆作为种子,大部分大豆都被压榨成豆油和豆粕,这种需求在最近25年以来极其旺盛。图4-18展示了从1980年全球对几大农作物的需求增长。1980年以来,全球对大豆也即是对豆粕和豆油的需求以每年8％的速度增长,是同期玉米需求的增长率的3倍,小麦的5倍,为何大豆产业链的需求如此旺盛?其中一个原因是世界财富的增长造成饮食结构更趋于肉类,导致饲料需求上升,需要更多的豆粕。此外,大豆还有许多在食品业和工业的开发运用。

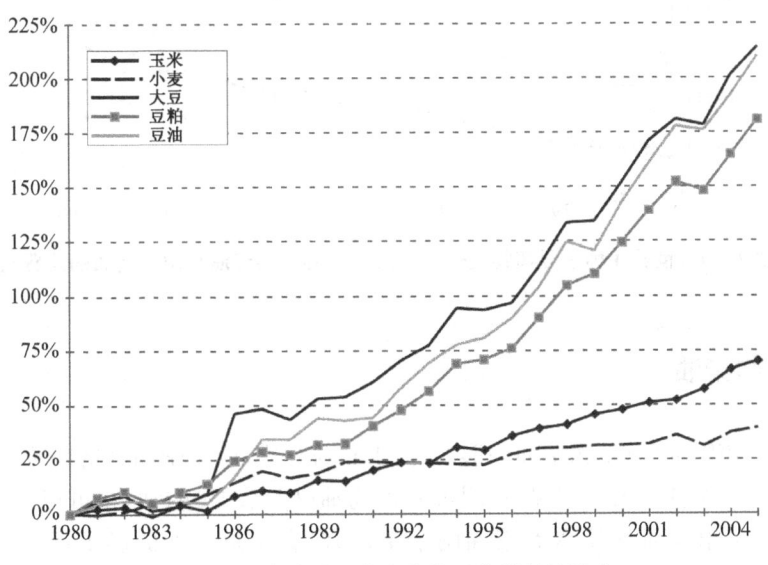

图4-18　全球对几大农作物日益增长的需求

在两个大豆副产品中,豆粕被视为更有价值,是世界最有效的蛋白粉产品,在主要的油籽中含蛋白粉百分比最高。2005～2006年,全世界所有蛋白粉消费中,豆粕占了近70％,它最直接的蛋白粉竞争对手菜籽粉(油菜籽粉),只占了全球蛋白粉消费量的10％。豆粕最大的消费者在欧盟、美国、中国,豆粕是蛋白质极佳的来源,广泛用于牛、猪、家禽、水产等饲养业。

在美国,豆粕遭遇了干态玉米酒精糟(DDGS)的挑战。DDGS是玉米生产乙醇的副产品,在美国用于食用牛和奶牛的蛋白质饲料,也可以用于家禽和猪,但家禽和猪对DDGS消化不良。牛之所以没有同样问题,是因为它们的反刍消化系统。按牲畜配给量一个蛋白质当量基础,一吨DDGS相当于大约2/5吨豆粕,作为牲畜饲料,豆粕比DDGS更稳定,而且更高能量、更多蛋白质及关键的氨基酸,无论从成本还是可行性上来看,豆粕都完胜DDGS。

豆油主要供人类食用,如烹饪油、色拉酱调料、人造黄油和各种面包房产品和食品酱等,其总用途中,超过90％是人类消耗。豆油产品也有一些工业用途,比如油漆、油灰、环氧基树脂、粘合剂等,与豆粕不同,豆油有更直接的竞争对手——各种植物油,图4-19展示了4种世界主要植物油的消费量。棕榈油主要产自东南亚,在该地区产量的增长使得棕榈油在全世界范围内与豆油势均力敌,特别在亚洲和欧洲更是直接交锋。而北美地区,因为加拿大生产菜籽油(canola)油,更容易侵入美国市场,使得豆油和菜籽油之间竞争激烈。实际上 canola 的名字来源于 canada oil 与 low acid(低酸油),canola 只是油菜籽种类之一。

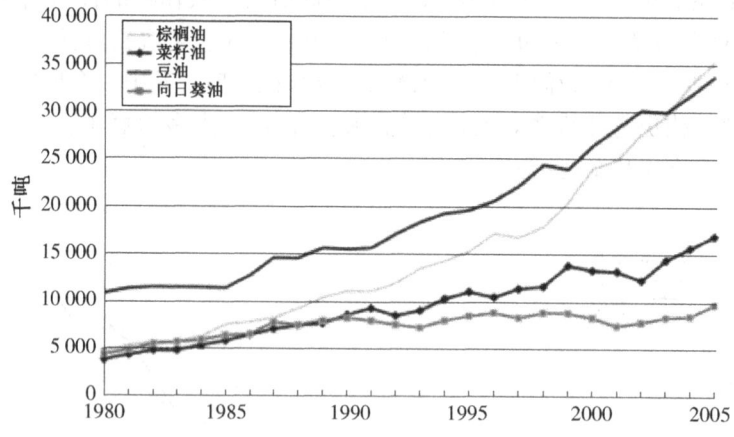

图 4-19　世界 4 种主要植物油——豆油、棕榈油、菜籽油和向日葵油的消费量

三、生物柴油

工业界对植物油(以生物柴油的形式)需求日益旺盛,生物柴油是指来源于大豆油、棕榈油和菜籽油的柴油。某些情况下,用过的植物油(即烹调过的油)也可以作为生物柴油的原料。虽然生物柴油名字含有柴油两个字,却没有半点石油的影子,是 100% 的植物油。生物柴油的一个重要特征是其未燃尽碳氢化合物和一氧化碳的排放远不及从石油提炼的柴油,把生物柴油与柴油混用,如 B20(20% 生物柴油和 80% 柴油),从效率来看,每加仑英里(MPG)的额定功率非常接近于源于石油的柴油。在美国,2005 年大约生产了 7 500 万加仑的生物柴油;2006 年增加到约 22 500 万加仑。

在美国,生物柴油的产能远大于产量。首先,同汽油消耗量相比,美国对柴油需求非常有限。其次,生物柴油的利润还不足以让炼油厂满负荷生产,多数情况下这些工厂能处理多种如大豆油、菜籽油、用过的烹用油、黄牛油和其他动物脂肪等原料。其中某些原料比其他便宜得多,否则像黄牛油和用过的烹用油就可能填埋进垃圾场。考虑到美国汽油与柴油的需求优先权,生物柴油不会有乙醇那样大的冲击力。

柴油在欧洲更常见,所以生物柴油的生产量和消耗量也大得多。截至 2014 年,欧盟占生产份额 39.06%;南美洲,占生产份额 23.23%;亚太地区占生产份额的18.52%;美国占生产份额 15.82%。世界五大生物柴油生产国是美国、德国、巴西、印度尼西亚和阿根廷,占总市场份额的 58.92%。泰国和中国是亚太地区除印度尼西亚外生产份额最大的两个国家。欧洲的生物柴油主要用菜籽油(一种产于欧洲的原料),USDA 估计欧洲 80% 的生物柴油是菜籽油,这消耗了欧洲的油菜籽生产量的一半左右。由于生物柴油的产量增长,欧洲不得不从东南亚进口更多棕榈油、从南美和美国进口豆油(见图 4-20)。

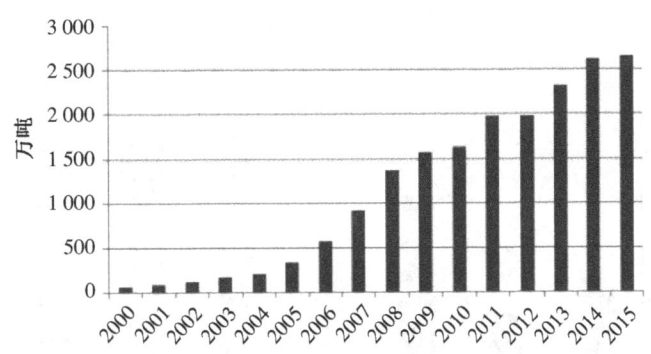

图 4-20 2000 年至 2015 年全球生物柴油产量

（来源：观研天下整理）

为了减少大气污染和海外能源依赖，美国加快生物能源产业的发展步伐，《2005 年能源税收政策法案》授权 EPA 全面实施可再生能源标准（Renewable Fuel Standard，RFS），要求每个汽油及柴油生产商和进口商向运输燃料中添加可再生燃料，并规定了包括纤维素生物燃料、生物质柴油、先进生物燃料在内的可再生燃料的最低用量标准（见表 4-7）。2007 年美国国会通过《能源独立与安全法案》，进一步明确了 2022 年之前每年的可再生能源的使用量，并要求 2022 年可再生能源的消费总量必须从 2008 年的 80 亿加仑提高到 360 亿加仑。

表 4-7 2022 年之前美国 RFS 四类可再生燃料利用要求

可再生燃料类型	具体描述	最低减排要求	利用量（亿加仑）
纤维素燃料	以纤维素为组织结构的农林废弃物或能源作物为原料生产的燃料	60%	160
生物柴油	由大豆、油菜籽或者动物脂肪为原料生产的柴油	50%	10
先进生物燃料	其他纤维素生物燃料、生物质柴油、淀粉质或糖质燃料（玉米除外）	50%	210
可再生燃料	所有生物燃料，包括先进工艺生产的玉米乙醇	20%	360

2010 年美国的可再生能源标准进行了调整（RFSⅡ），对于每年生物质柴油最低使用量的规定为：2011 年应达到 8 亿加仑，2012 年最低总使用量标准增加到 10 亿加仑，此后直至 2022 年总使用量标准将以 10 亿加仑为基准并不低于 10 亿加仑，RFSⅡ的出台激发了美国生产生物柴油的热情，B100 型生物柴油产量从 2010 年的 3.43 亿加仑增加至 2015 年的 12.68 亿加仑（见图 4-21）。

尽管 2007 年的能源法案已经明确了 2022 年之前每年的可再生能源使用量，但考虑到 RFS 计划可能对经济与环境造成的影响，美国国会又授权 EPA 根据实际情况修正每年的可再生能源使用标准，并在每年 11 月底前公布下一年度的标准（见图 4-22）。

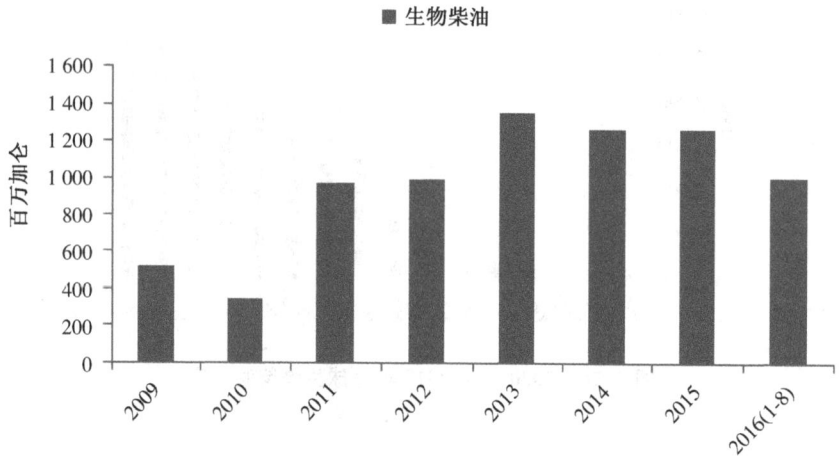

图 4-21　美国 B100 生物柴油产量

（来源：EIA）

生物柴油是一种清洁的可再生能源，是优质的石油柴油代用品。它的原料资源主要有以下几类：①植物油脂。需要从各种植物中提炼，包括植物油料，如大豆、油菜籽、葵花籽、蓖麻籽、棉籽等；木本油料果实，如油棕、麻疯树（小桐子）、黄连木等；还有工程微藻等油料水生植物。②各种废油。目前世界上用于制取生物柴油的废油主要是废弃食用油，包括两种：一是从剩余饭菜中经过油水分离得到的油脂；另一是地沟油，主要指在餐具洗涤过程中流入下水道中的油品。③动物油脂。例如鱼油、猪油、牛油、羊油等，这类油脂一般不直接用来生产生物柴油，而是先经过人类一次利用转为各种废油后才被用于生产（见图 4-23）。

根据 EIA 数据，美国的生物柴油原料以植物油、动物油脂为主。因为美国是世界大豆的传统生产大国，其生物柴油原料绝大部分来自豆油，2010 年以来美豆油用量从 11.41 亿磅增加至 2015 年的 49.08 亿磅，占比一直维持在 50%～60%，而玉米、菜籽、动物油脂等用量逐渐调整至 10% 附近比例。正是因为以上的需求传导，美国豆油的工业消费量已接近总产量的 26%，这也使得豆油与生物柴油价格的联动性越发明显。

四、期货

像其他的主要农产品——玉米和小麦一样，大豆、豆粕和豆油的基准期货合约都在 CBOT，每份合同在合约规模、最小报价单位、面值和交割等方面都有不同的规格。

CBOT 大豆期货一张合约面值是 5 000 蒲式耳大豆，以一蒲式耳等于多少美分交易，最小报价单位是每蒲式耳 0.25 美分，最小跳动值为 12.50 美元，即一个 0.25 美分的价格变动使一手合约价值上升或下降 12.50 美元。大豆期货在 6 个不同地区交割，包括芝加哥地区和圣路易斯，用在 CBOT 登记过的船运证书来进行交割，这些船运证书指定了从 6 个交割区内的某一个仓库或码头发货。

对小额投资者，CBOT 有电子迷你大豆期货合约，是正常 CBOT 大豆期货合约的五

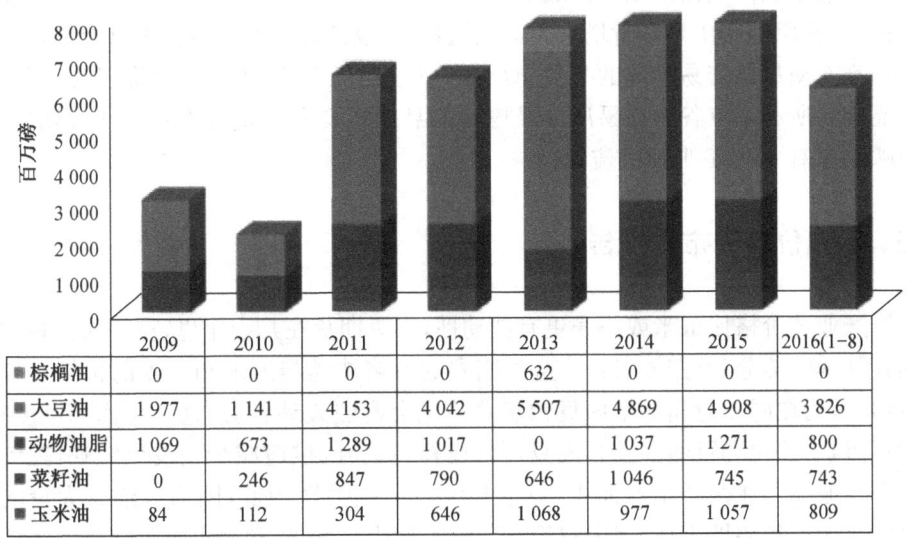

	2009	2010	2011	2012	2013	2014	2015	2016(1-8)
■ 棕榈油	0	0	0	0	632	0	0	0
■ 大豆油	1 977	1 141	4 153	4 042	5 507	4 869	4 908	3 826
■ 动物油脂	1 069	673	1 289	1 017	0	1 037	1 271	800
■ 菜籽油	0	246	847	790	646	1 046	745	743
■ 玉米油	84	112	304	646	1 068	977	1 057	809

图 4-22　2009～2016 年美国生物柴油主要原料用量

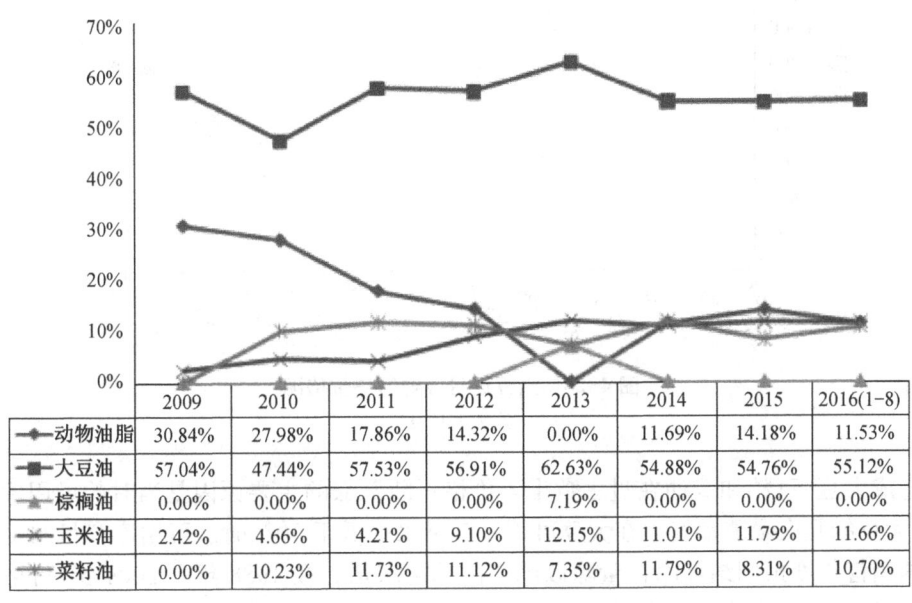

	2009	2010	2011	2012	2013	2014	2015	2016(1-8)
◆ 动物油脂	30.84%	27.98%	17.86%	14.32%	0.00%	11.69%	14.18%	11.53%
■ 大豆油	57.04%	47.44%	57.53%	56.91%	62.63%	54.88%	54.76%	55.12%
▲ 棕榈油	0.00%	0.00%	0.00%	0.00%	7.19%	0.00%	0.00%	0.00%
✕ 玉米油	2.42%	4.66%	4.21%	9.10%	12.15%	11.01%	11.79%	11.66%
✳ 菜籽油	0.00%	10.23%	11.73%	11.12%	7.35%	11.79%	8.31%	10.70%

图 4-23　2009～2016 年美国生物柴油主要原料占比

（来源：EIA，长江期货）

分之一。每份面值是 1 000 蒲式耳,一个报价单位是 1 蒲式耳 0.125 美分,最小跳动值为
1.25 美元,也可以实物交割,交割规则同正常大豆期货一样,但用迷你大豆证书。

CBOT 豆粕期货以一短吨多少美元交易,一张期货合约相等于 100 短吨(1 短吨＝
2 000 磅),最小报价单位是 0.10 美元,最小跳动单位为 10.00 美元。CBOT 的豆油期货是
每磅多少美分,一张合约面值是 60 000 磅,报价单位是 0.01 美元,最小跳动值为 6.00 美
元。和大豆期货一样,豆油和豆粕期货的交割使用仓单和船运证书,豆油用 CBOT 指定

仓库签发的仓单到伊利诺伊州内区域交割,豆粕用 CBOT 指定托运人的船运证书在中部地区交割运(在伊利诺伊州和肯塔基州运输植物)。豆油和豆粕期货都没有迷你合约。

全球都有交易所交易不同的大豆、豆粕和豆油期货合约,中国大连商品交易所、日本关西商品交易所和东京谷物交易所以及巴西商品期货交易所也有大豆产业链期货交易,但没有哪一家有 CBOT 那样的流动性。

五、历史价格和市场报告

大豆产业链价格比玉米或小麦更有波动性,大豆期货在几十年里,有 8 次价格向上突破每蒲式耳 800 美分(见图 4-24)。这些剧烈的价格波动与玉米和小麦的价格盘整非常不同,这是因为在同一时间框架内豆粕和豆油也会剧烈波动相关,这 3 个商品高度相关,如果大豆短缺,豆粕和豆油因没有大豆可供压榨,就会因供应减少而发生短缺,三者都按同一种模式波动。在两个副产品中,豆油与大豆的相关性稍低,因为豆油有大量的替代品。豆粕与大豆相关性更高,因为它没有大量的替代品,产量和需求都很旺盛。

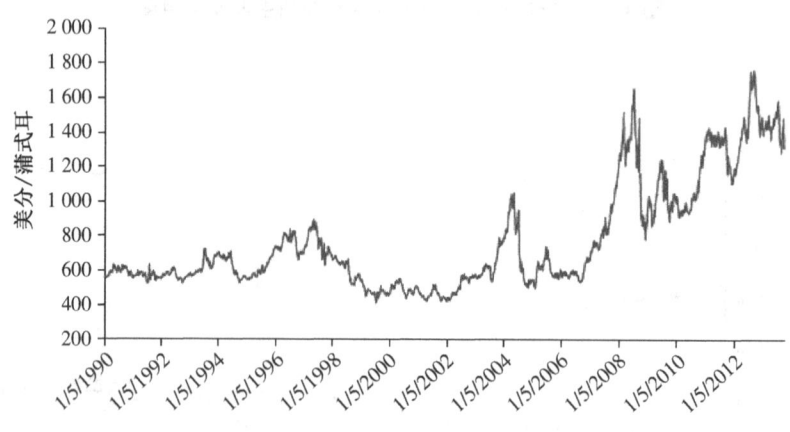

图 4-24　大豆近月合约历史价格图

(来源:彭博社)

造成大豆、豆粕和豆油在过去数十年价格不断暴涨的主要原因是当时的可用库存量水平,大豆的几次暴涨都发生在大豆可用库存量水平低于 10% 时。可用库存量水平是指既定的销售年度预期结算库存量除以同年的总需求量。在 1988 年和 2004 年,价格上涨到每蒲式耳 1 000 美分时,可用库存水平都低于 5%,低可用库存水平往往是不同因素造成的。某些年,一场干旱会造成低产和低生产水平,减少了结算库存;另一些年,饲料需求的激增也会通过对豆粕的大量需求降低了大豆库存。可用库存量数字是关键的基本面因素,不光在大豆产业链里面,在其他玉米和小麦的主要谷物市场也是如此。

USDA 公布的 WASDE 是一个良好的大豆产业链供需状况基本面数据来源,每个月的报告详列了美国的大豆、豆粕、豆油市场的详细数据,还包括美国两个主要竞争对手——巴西、阿根廷的大豆产量和贸易情况的重要信息。美国大豆产业链出口销售情况由 USDA 下属的农产品外销局每周公布;美国国家油籽加工联盟(NOPA)每月都公布美国大豆压榨量,该报告在每月中旬发表,显示上个月的产能、压榨量和豆油库存的统计数据,还公布该月的豆粕和豆油压榨生产数量以及每个生产商各自的大豆产量。

长期来看,大豆产业链的前景看好,财富的增加和对肉制品的需求,将持续增加豆粕的需求。随着绿色能源的关注度提高,全球豆油制造生物燃料利用率上升,各国政府对生物燃料消费的税收优惠将持续下去。巴西、阿根廷扩大大豆的耕种面积,来满足未来需求的增长;而在美国和中国,大豆与其他如玉米的农作物在耕地面积的争夺也持续影响大豆产业链。

六、其他信息来源

USDA 是大豆、豆粕和豆油市场基本面信息的最佳来源,USDA 的经济研究局(ERS)部门有各种研究报告,在其网站(www.ers.usda.gov)有大豆和油籽的商务简报室,这些简报室提供了一个对美国和世界油料市场供给、需求、贸易和政策的概述。USDA 下属的全国农业统计服务中心(NASS)提供了美国大豆产业链供需方面极其有用的统计数据。

美国农业部还公布南美大豆市场的一些数据,而巴西和阿根廷的组织也开始报告自身更详尽的大豆产量、需求和贸易的数据,巴西植物油工业协会(ABIOVE)发布了大豆产业链每个销售年度的月度基本面数据。

■ 巩固训练与提高 ■

1. 对农产品生产影响最大的气候因素有哪些?

2. 试述玉米的用途。

3. 如何避免玉米因供应乙醇而冲击人类粮食需求?

4. 试述玉米各种成本的计算公式。

5. 以玉米为例,试述期货曲线出现反向市场表示的含义。

6. 相对于玉米和大豆而言,为什么小麦的产量逐渐下降?

7. 为什么小麦市场价格波动性远低于玉米市场?

8. 简述大豆毛加工利润(GPM)对大豆压榨的影响。

9. 试述大豆的产业链情况。

10. 如何评价生物柴油产业?

第五章 牲畜类商品

学习目标

掌握牲畜类商品的基本面状况。

能力目标

运用牲畜类商品基本面进行投资分析。

案例导入

美国农业部将在下午公布 50 个州的生猪报告，你已经深入分析，相信报告中显示的生猪产量大增，预测生猪的产量至少比去年同期增加 7%。这几个星期以来，生猪的价格暴跌，但你相信这份即将公布的报告会进一步压低价格。

虽然你熟知在重大消息公布时建立仓位的风险，但这次代表的是一次无法抗拒的机会。公布报告的时间到了，你紧盯着屏幕，心中七上八下，数据终于出现，你露出笑容，大喊：bingo。报告中的数据是上升 8%。

第二天，市场开盘跳空跌停，你已经开始计算连续 3 个交易日的获利——这是最保守的估计。可是，甚至在你还没有完成获利的计算之前，奇怪的事情发生了，价格打开跌停而向上反弹，早盘结束时，价格反而上涨 100 个点！下午继续维持上升趋势，一个星期之后，你不堪亏损而认赔出场。你觉得自己受骗，预期完全正确，报告确实利空。

请运用第一章关于 14 种基本面分析的谬误的内容进行分析。

第一节　生　猪

和山羊、绵羊一样，猪是已知最早的驯养家畜之一。10 000 多年前，猪就已经被驯养，从此养猪有了很多形式，从欧洲的草原放牧和圈养到亚洲的杂食性喂养，直到现代工业化养殖，但最大的变化却发生在过去 50 年里。今天的养猪业简直就是一项高科技的商业活动,小型家庭作坊早就被庞大的建筑物代替,巨大的棚顶之下有成千上万头猪,严格的科学管理使得猪肉生产取得巨大的飞跃。

一、养猪

对我们大多数人而言,当我们凝视着培根、猪肉块、玉米肉饼时,兴趣主要在猪肉上面。图 5-1 展示了猪肉变成美味食物的具体过程。

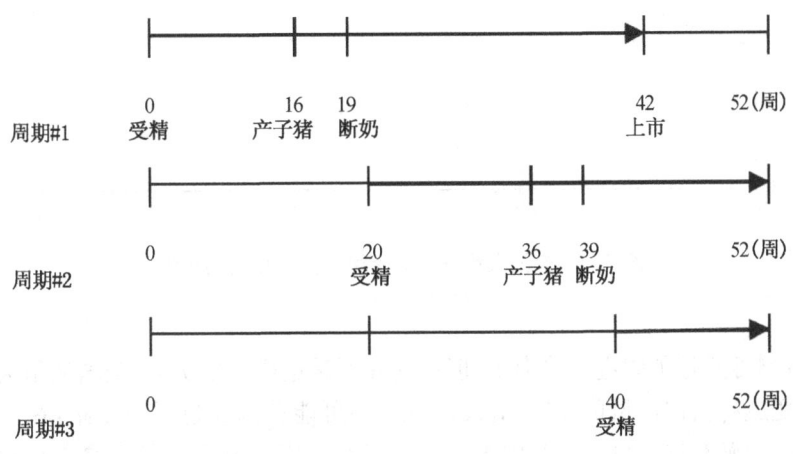

图 5-1 母猪一年三次的生产周期

母猪妊娠期约为 16 周,平均每次产 9 头小猪,小猪哺乳 2 至 3 周。在断奶 1 周后母猪再次授精,重复新的一轮繁殖过程。与此同时,刚断奶的小猪食谱主要是碳水化合物(一般为玉米)和蛋白质(一般为豆类食物)。经过 26 周后,小猪仔便长成约 260 磅的大猪,准备屠宰。屠宰过程中大约丢失 25% 体重,剩余大约 200 磅酮体重。此外,在屠宰之前,因为生病和其他原因,一般大约会失去 10% 的猪仔。

从这么多信息中我们可知:从一批猪仔断奶到屠宰周期大约 42 周,每批母猪生产一批猪仔大约需要 20 周,这样一个有效运转的母猪生产周期大约一年 3 次。如果在一年的第一周开始,到该年年底,第一批猪仔应该可以进入超市,而第二批猪仔出生大约将近 16 周,第三批猪仔出生还不到 4 周。如果按 42 周的周期线性地计算猪肉产量,则每头母猪一年生产大约 3 300 磅猪肉,美国人每年平均消费 200 磅猪肉,这样计算每头母猪产肉量足够满足 16 个人的消费。而根据网易味央猪肉消费趋势报告显示,中国猪肉消费总量已连续下滑 3 年,2017 年已降至 5 487 万吨,降幅达到 4%。人均猪肉消费量也从 2014 年的 41.9 千克下降到 2017 年的 39.76 千克。不过,这并不意味着中国消费者对猪肉的热情已消退。随着中国消费者对猪肉消费从有肉吃、吃饱肉到吃好肉、吃健康的过渡,虽然猪肉的总体消费势头有所下滑,但高品质的品牌黑猪肉却备受消费者青睐。

一个非常重要的现象是:过去 30 年以来美国人口增长超过 35%,而每人年猪肉消费量只增长了 20%,母猪养殖量还下降了 20%。图 5-2 展示了消费量和养殖量之间的明显差别,原因何在?

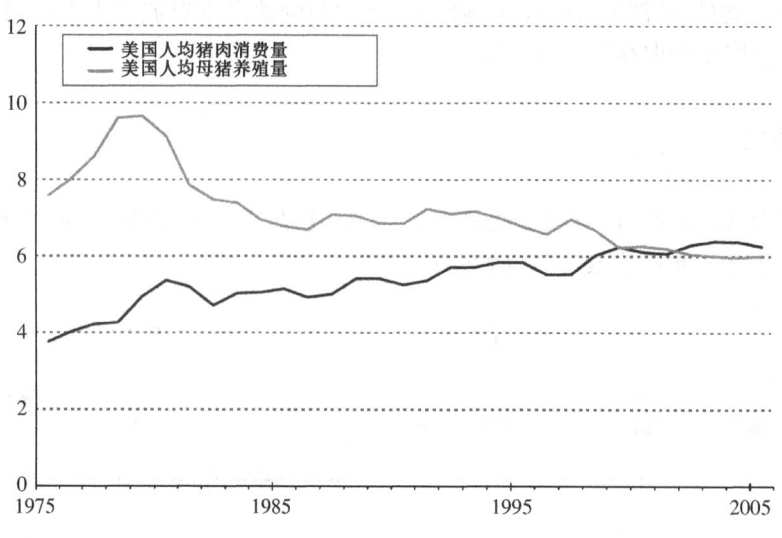

图 5-2　美国人均母猪养殖量和人均猪肉消费量

（来源：USDA）

有人猜测可能是美国进口猪肉了，但情况并不是这样。事实上，美国从猪肉进出口基本平衡，转变成将猪肉产量的 10％ 出口。另一种可能美国通过进口生猪，在国内进行屠宰和消费，这的确有这种可能。美国国内待屠宰的生猪有 10％ 是从加拿大进口。生猪进口还不是主要症结所在，解决供需不平衡，10％ 实在太小了，答案更可能是母猪产仔率。在这个阶段，每头母猪每年产肉率增加了 70％，而这个现象正是我们感兴趣的，它可以帮助解释为什么未调整的母猪规模不能帮助我们预测生猪价格（毕竟这是我们最关心的问题）。

产肉量增长有几个关键因素驱动：每窝幼猪量的增加、每年产仔次数增加和猪仔体重增长速度、猪仔从出生到屠宰之间的死亡率的下降，这些因素通过生猪基因、生猪健康、喂养效率、气温控制和畜棚管理等领域的创新提高了母猪产肉量。

专业化经营、猪场平均规模增加推进了这一过程，50 年前，养猪业包括许多规模小、分散的养猪户。而今天，大规模、高效、专业化养猪场取代了传统的、周期长、田园式的效率不高的家庭农场。现代的大牧场管理者经常强调养猪的生产阶段（出生到喂养、出生到断奶或喂养到屠宰），而非小牧场所青睐的全生命周期的模式。

与此同时，"玉米种植带"更大规模农场的集约化是传统家庭模式消亡的原因，作为玉米和大豆的主要种植州（爱荷华州、伊利诺伊州、印第安纳州、明尼苏达州和内布拉斯加州），这些地区的农民原有一条成熟的喂养生猪的食物链，因此，从 19 世纪中叶持续到 1980 年代，这些州的养猪户一直起着主要角色。然而，大部分养猪户发现，北卡罗莱纳州的史密斯菲尔德公司出现以来，玉米种植带的饲料成本优势竟被规模经济效应所替代，北卡罗莱纳州从原来养猪业微不足道的一个州变为拥有仅次于爱荷华生猪数量的州。考虑到生猪群流动轨迹，这种变化尤其令人感到惊讶，因为许多玉米种植带之外的养猪户仍然将生猪船运到玉米种植带屠宰。即便史密斯菲尔德公司的饲料成本劣势及最终运输成本劣势似乎很明显，但却仍保持优势。来自俄克拉荷马州、犹他州和西部其他各州的生猪份额也在上涨,而玉米种植带的份额却持续下跌,至多保持稳定。

二、猪肉加工过程

不提及猪肉产业收购商,任何讨论都会失去意义。这些庞然大物从各地收购生猪,将生产出的猪肉搬上人们的餐桌。其获利手法是从农民手中低价购买,向批发商和零售商销售。在过去 20 年里,收购商行业经历了大量的购并,超过 50 多家倒闭,前 3 名收购商的总屠宰份额从 35％增加到 55％。这种引人注目的行业大规模整合使生产效率大幅改善,使得加工过程成为美国猪肉行业独特的竞争优势。

同时,为了保证屠宰场有持续的供应,收购商通过整合上游生猪生产端,采用与独立生产者签订了长期合同的方式改变了原料来源。事实上,现在现货市场只有不到 20％的生猪出售,而 15 年前有 87％。这种现货市场向长期合同转移导致品质奖励折扣制度(merit pricing)被广泛采用,即以价格刺激养殖户养殖终端消费者更喜欢的精黑猪,而这又反过来进一步刺激了基因工程和其他技术的提高。

三、期货价格、生猪周期和市场动态影响事件

1998 年 12 月,现货生猪价格达到每 100 磅 10 美元。而 6 个月前,他们超过每 100 磅 40 美元。8 个月后,又回到了每 100 磅 40 美元左右。这算市场操纵吗? 到底是怎么回事?

生猪市场价格一直呈现周期性,通常称为生猪周期,为与哈利周期区别,用小写 h 表示。从图 5-3 中的价格系列可以明显看出,连续地每 4 至 6 年就有价格高峰,这些周期是人为的。决定到底是再喂养母猪 10 个月还是销往屠宰场,就要看当时的价格高低,假设此时生猪价格很高,那么就会保留母猪,期望到时能高价把猪卖给收购商,10 个月后的 9 头猪肯定比现在的 1 头猪要好。不过大家都这么想的话,那么在 10 个月后准备屠宰时,价格就会崩盘,这就是在 1998 年发生的事。当然,一旦价格崩盘,农民将不再想养猪,饲料成本太高不足以产生利润,所以他们宰杀母猪并卖掉过剩的玉米。再过 10 个月后,猪荒又抬高了猪价,这一幕会周而复始。当然,具体过程要比这复杂得多,实际周期还会受鸡肉周期、牛肉周期以及出口市场情况等干扰,但是其基本原则依然适用。

养猪场及收购商的大规模增长以及长期合约价格的戏剧性增加,通过隐形协调的制度性决策回应来试图部分地减缓这些周期的波动。截至 2006 年,许多人争辩道,该行业参与方基本上成功地做到了这一点,认为市场价格波动幅度已经减少。但是,不要放松警惕——就在最近的 2002 年发生过周期性低点。

如果你仔细观察图 5-3,你还会发现生猪价格季节性高点。事实上,猪腩期货是所有期货合约中周期性最强的一种。这是因为生殖适度和体重增加自然的季节性变动,繁殖率在冬季最低,而在晚春最高,初夏时生猪供应量较低,但假期前供应量较高。生猪在春季和秋季生长最快,体重快速增加,这一自然模式强化了生殖周期,全封闭、可以温度调节的猪棚虽能减缓了生猪生产周期的自然波动,但却不能彻底改变。

未来如果玉米制成的乙醇或大豆制成的生物柴油发展成新能源汽车的重要来源,这

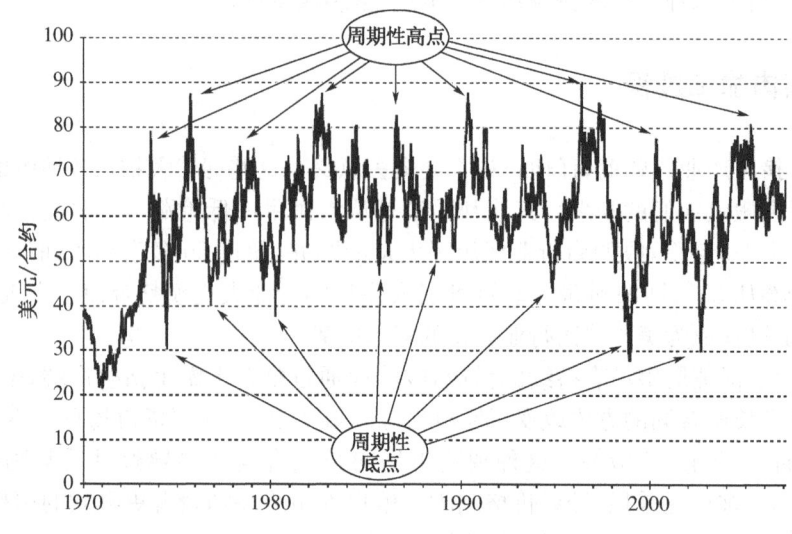

图 5-3　猪肉价格高价与低价的周期性

两种商品的价格预期可能上升。由于养猪饲料中,主要由玉米和大豆构成,这样生猪的价格也会同时上升,这也同样适用于鸡肉和牛肉,所以饲料成本使肉类食用偏好转移的可能性相对较小。而牛饲料构成受此影响较小,因为幼牛的饲料是草和更易被消化干态玉米酒清糟(DDGS)。因为肉类需求趋向于缺乏弹性,所以饲料成本上升带来生猪的价格上升,会对整个肉类生产和消费产生温和的下行冲击。

价格上涨的另一个风险是环境法规更趋严格,尽管猪肉产业生产效率不断提高,但还是影响了当地的环境,包括气味、场地和水污染,这些担忧甚至导致北卡罗莱纳州暂停养猪场的扩建。如果这种情绪蔓延,可能会使得生猪产能转移到压力较小的地区,而这似乎已经成为现实。由于美国还有足够的低密度土地,地方环境法规对价格的冲击可能会很小。最后,未必不可能的是,疯牛病的爆发也会使猪肉价格上涨,因为消费者会弃牛肉而改食猪肉。

对猪肉而言,利空因素可能是:上述的产能提高和来自巴西和阿根廷低价竞争。

四、其他信息来源

许多重要的公共信息资源来自 USDA,包括每天生猪的屠宰报告、季度报告和每周进口报告以及其他东西,要了解最新报告,USDA 网站是一个良好的信息来源。如同史蒂夫迈耶和伦恩施泰纳 CME 出版的《每日畜牧业报告》,如果想要高质量的数据和市场深度报告,总部设在美国肯塔基州路易斯维尔的英富曼集团就提供了极好的收费报告。

五、猪腩期货套期保值的隐忧

现在生猪的主导已从现货市场逐渐转向长期品质奖励折扣制度市场,收购商对生猪生产商的整合可能已经引起了生猪期货合约的一些问题。如果生猪期货合约以现货市场的平均价结算,现货市场上生猪交易数量就会下降,现货生猪市场的代表性就会被质疑。这一点很重要,因为不具代表性的价格对套期保值来说不值一文,就可能导致合约消亡。此外,只有这点数量的生猪现金结算决定,就会诱使公司从战略上操纵市场价格的上涨,这在收购商开始整合上游之后就更令人担忧。可以假设这样一个极端的情况:某个公司控制着所有养猪场和收购,对这个公司来说就是内部转移价格,那么综合公司的利润就是就是减去饲料喂养成本之后的收入,所有这一切将视为综合公司的利润。这个垄断公司可以任意设定猪价,它当然会把利润最大化。当然,这时也没有任何对冲生猪价格波动的需要,这个极端例子说明有广泛市场参与者对市场潜力的益处。

六、具体合约

CME 非常详尽地对生猪期货合约做了 3 项规定,以降低风险。第一,合约采用现金结算,而不是实物生猪交割,以此鼓励交易商的广泛参与。第二,以两天的平均价格而不是仅仅一天的平均价计算最终结算价。第三,能计算在生猪价格指数的合格猪(eligible hogs)的价格不仅有现货市场上的猪价,还包括根据市场定价公式计算出来的价格,通过这些措施提高了所有生猪的高参与度。合格猪是指交割给收购商并报告给农业部。更多细节见 CME 的规则手册。

瘦猪(即已宰杀的猪)在 CME 从美国中部时区上午 9:10 至下午 1:00 交易,一份合约 4 万镑,最小变动单位 0.025 点,一点等于 0.01 美元/每百磅,价值 4 美元。每日价格范围限制在前一交易日结算价的上或下 0.03 美元。主要合同月份有 G、J、M、N、Q、V,还有一个 Z 月相对于其他月份流动性受限,这些合约即在全球电子交易系统(Globex),也在场内交易,但目前电子盘的交易量不是很有吸引力。

1997 年前的瘦猪合同都是活猪合同,由于当时瘦猪相当于活猪体重的 74%,所以老的合约价格应向上调整 35% 左右,以确保整个样本阶段前后一致。

第二节 活 牛

也许牛应该被视为人类最好的朋友,不仅提供牛肉和奶制品,还有皮革制品,还是重要的交通和农业动力。在许多贫穷国家,牛是财富象征。牛能在外面自己觅食,因为牛是反刍动物,这不是指他们会沉思,而是指其独特的消化植物纤维能力。值得注意的是,牛可以将植物纤维的纤维素、半纤维素和木质素合成有用的能量,此等功效连现代乙醇生产商也难以实现(见第四章"玉米"一节)。对牛来说,这个过程通过在瘤胃(4 个胃中最大的一个)里的微生物完成。当牛反刍时,会回涌并咀嚼部分消化了的食物,使瘤胃中的微生物能更好地处理它。打一个不大恰当的比喻,牛类似于一个小型的生物加工厂,只是生产的是牛肉而不是乙醇。

一、饲养过程

养牛远比养猪更复杂,首先,怀孕至屠宰长达 30 个月,而猪的这个阶段是 10 个月。因此,养牛需要更长远的规划、更长的周期及更多资金上的避险安排。此外,养牛的周期一般分为 4 个阶段:9 个月在子宫内;7 至 9 个月的养育;7 至 10 个月吃草;5 至 6 个月在饲养场。

通常牛犊在体重达到 500 磅左右时,就会被断奶并被运送到牛棚过着禁闭生活或被送到牧场去,牛棚的牛犊通常被围于很狭小的空间内,吃饲料与补充混合物;牧场的牛犊能自由放牧,有时也会喂一些有限的补充物。当它们长到 600~800 磅时,牛犊变成肥育母牛,被送到饲养场,大批育肥母牛集中在一起,喂食一种含有谷物、蛋白质和饲料相结合的混合餐。体重达到 1 100~1 350 磅时,肥育母牛成为饲料肉牛,大量的活牛一起卖给收购商。

根据经济状况,这些牛棚、牧场以及饲养场扩大或缩减。例如,如果草地和牧场因干旱而变糟,小牛们或许就被提早送到饲养场;如果谷物价格居高不下,农场主们就会延长饲养时间,在被送进饲养场之前,取得更重的体重,而体重较轻的牛就销售给收购商。

肥育母牛的售价要高于饲料肉牛,因为喂养肥育母牛的谷物成本通常要比饲料肉牛的成本高得多。小牛体重达到 700 磅需 24 个月,而把它喂养到最终 400~600 磅仅需 6 个月。

阉牛一般每天要吃大约 25 磅谷物。在大平原,8.3 磅的粮食将会转换成 1 镑牛肉,每天一头牛大概会增加 3.2 磅重量。然而天气会影响这个恒等式,天气寒冷时,动物们为保暖而牺牲自身体重;酷暑天气时,牛的食欲会受到抑制。碳水化合物主要来自玉米、酒精槽以及高粱,有时还提供大豆及其他一些油籽饲料,满足必需的蛋白质,还有一些如苜蓿或者梯牧草之类的粗饲料。由于饲料是饲养场的主要成本,肥育母牛的价格通常应该是饲料肉牛的价格扣除谷物成本,加上饲养场经营者合理的利润。

根据年龄、肥满度和肌肉结实度,美国将牛肉分成 8 个等级,在超市中也能看到,从高到低分为 Prime、Choice、Select 等,美国和加拿大的大多数牛肉都是 Choice 或 Select,一般都是品质较低、较老的牛肉或从国外进口加工而成的牛肉。现金报价是基于这些等级而定,常见类别是 Choice 的 35%~65%之间,根据是小牛肉还是小母牛、活的还是去内脏并分割处理过的牛肉来报价。去内脏分割处理过的牛肉因为扔掉了内脏,所以若要折合成活牛价钱,就乘以分割后牛肉价格 0.63 倍。

1999 年通过的牲畜强制性报告法案规定收购商必须每天向 USDA 上报价格、体积、收购等级及加工信息。实际上,自 2001 年 4 月以来就可以获得全国可靠的现金数据。在强制性报告之前,必须使用所谓的五大区域价格,这五大区域价格是指下列 8 个州:德克萨斯州、俄克拉荷马州、新墨西哥州、堪萨斯州、内布拉斯加州、科罗拉多州、爱荷华州和明尼苏达州。

对于农场主和饲养场来说,Choice 到 Select 价差对喂养决定起着重要的影响,价格差额越大,延长饲养牛的时间来达到更高等别的动力越大。对于交易商而言,Choice 与

Select 的屠宰比例所包含的信息异常丰富,比例越高则暗示牛肉现货供应越少,屠宰压力越大。

与猪相似,在现货市场卖的牛越来越少。1996 年,超过 80％的饲料肉牛通过现货市场出售,而到了 2006 年,这一数字下降到几乎 60％。现货市场销量下降的大部分都已被网格定价系统(grid-pricing)的增长抵消,网格定价系统对不同品质和不同产量的牛肉有特定的优惠与折扣,并鼓励生产商饲养那些更符合消费者口味和加工需要的畜类。

同时,市场协议和收购商与加工厂之间的联盟也在大幅增长,这些长期性合同保证了收购商有稳定持续、质量保证的供应,同时也降低了价格风险,使加工厂得到了质量和优惠。但行业内也有部分人担心这种新价格体系体现收购商垄断势力的增加,四大主要的牛肉收购商——泰森(Tyson)、嘉吉(Cargill)、斯威夫特(Swift)和国家牛肉公司(National Beef)——所屠宰的牛肉占全美牛肉的 70％。而 1980 年,这四大公司只占了全美屠宰牛肉总量的 28％。

目前尚不能确定这样的日益集中是好是坏,收购商通过扩大规模经济效应在加工环节实质性地提高生产效率,并采用新技术来提高产能、质量和安全性。他们还通过将下游内在化来提高附加值,从盒装牛肉到立烹牛肉以及预煮牛肉,所有这些都对消费者有利。

收购商势力日增可从价格差距的演变可见一斑,差价可以被分解成两块:农场到批发、批发到零售。如果收购商能日益影响市场力量,农场到批发的差价有可能会增大,而批发到零售的差额就可能会减少。一些研究确实证明:自 1998 年以来,与农场势力萎缩相对应,农场与批发之间的价差有所扩大,这确实与收购商的市场力量增长相一致。而另一方面,批发与零售之间的价格变动却微乎其微,或许是零售商在同一时期也越来越集中。

二、生产、消费与贸易

美国是主要的牛肉生产国,近 10 年里占了世界产量四分之一,其他主要生产国包括阿根廷和巴西(加在一起的产量与美国持平),还有欧洲各国和中国。与猪不同,美国肉用牛产地一直保持相对稳定,从 1995 年到 2005 年,大多数的牛肉都产自这 5 个州:德克萨斯州、俄克拉荷马州、内布拉斯加州、南达科他州、密苏里州。如果说有什么变化的话,这 5 个州肉牛产量的地理分布所占比重从 37％上升到 40％。有几个州的份额大幅度下降,特别是爱荷华州和佛罗里达州。大型饲养场集中在德克萨斯州、堪萨斯州和内布拉斯拉州,在这 3 个州,千头牛以上的大型牧场占了 70％左右。

活牛交易大部分都很地方化,主要是美国与加拿大、墨西哥的活牛进出口贸易。从历史上看,从加拿大进口肥育母牛送往饲养场,进口活牛送往收购商。墨西哥作为活牛的持续供应商,主要进口那些体重较轻的需要放牧的牛,送往饲养场或牧场。最终主要玩家还是大型而高效的收购商。

由于整头牛运价要比牛肉贵得多,所以大多数时候都是加工成牛肉后再运输,图 5-4 是牛肉的主要生产国(地区),其中美国和加拿大的牛肉品质最高。图 5-5 是美国牛肉出口量,在 2002 至 2004 年间,北美牛肉出口额猛跌,个中原因在下文再讨论。

令人惊讶的是尽管美国产量占世界的主导地位,并具有巨大的出口量,但美国已经连

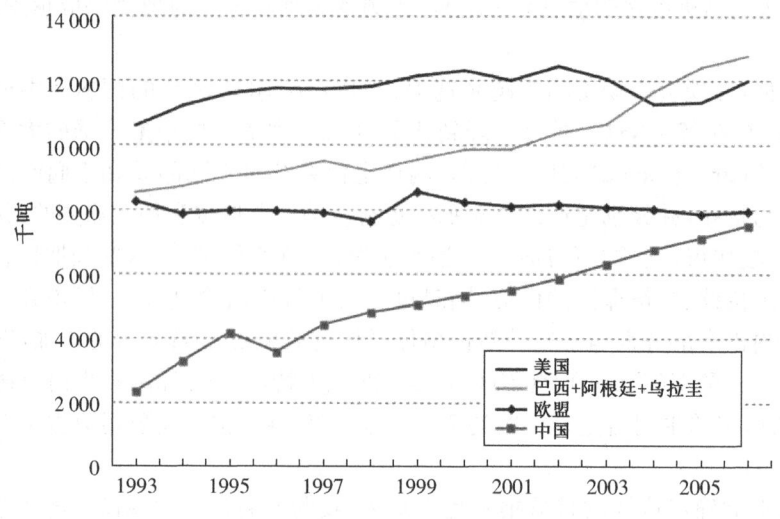

图 5-4　世界牛肉和幼牛的主要生产国(地区)净产量

(来源：USDA)

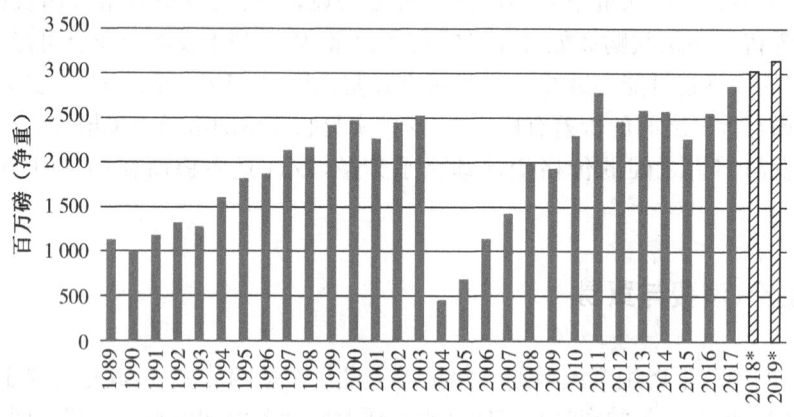

图 5-5　1989 年至 2019 年美国牛肉出口量

(来源：USDA)

续 25 年成为牛肉净进口国,而且是世界上最大的牛肉进口国(见图 5-6、图 5-7),部分原因是美国会进口低品质的牛肉加工后再出口。俄罗斯、欧盟和东亚是其他几个主要进口国(地区)。

美国的人均消费模式已经发生了巨大的变化,如图 5-8 所示,1970 年代末,美国牛肉人均年消费量超过猪肉和鸡肉之和,人均约 85 磅。而 2005 年,牛肉人均年消费量仅仅 60 磅。牛肉消费被家禽消费所代替,家禽人均年消费量从 35 磅上升到 70 磅。疯牛病的出现可能是造成这种变化的原因之一。

疯牛病最早出现在动物身上,但科学家把它同 1996 年出现在人类身上的海绵状脑病(CJD)联系在一起。1997 年,美国和加拿大禁止源于反刍动物饲料的哺乳动物蛋白,以此预防 CJD。但 2003 年 5 月,北美还是在加拿大发现 1 例疯牛病,随后在加拿大和美国出现了十几例疯牛病,其中有一些动物是在饲料禁令颁布后出生的,这使得很多东亚国家禁

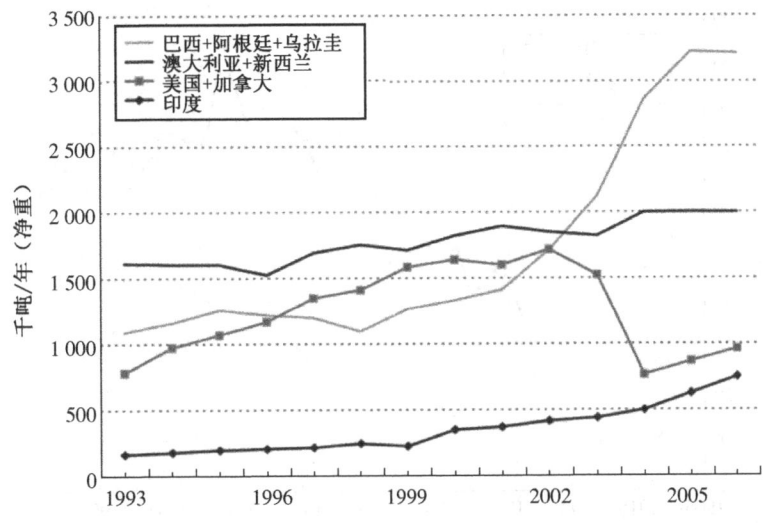

图 5-6 世界牛肉和幼牛的主要出口国(地区)出口量
(来源：USDA)

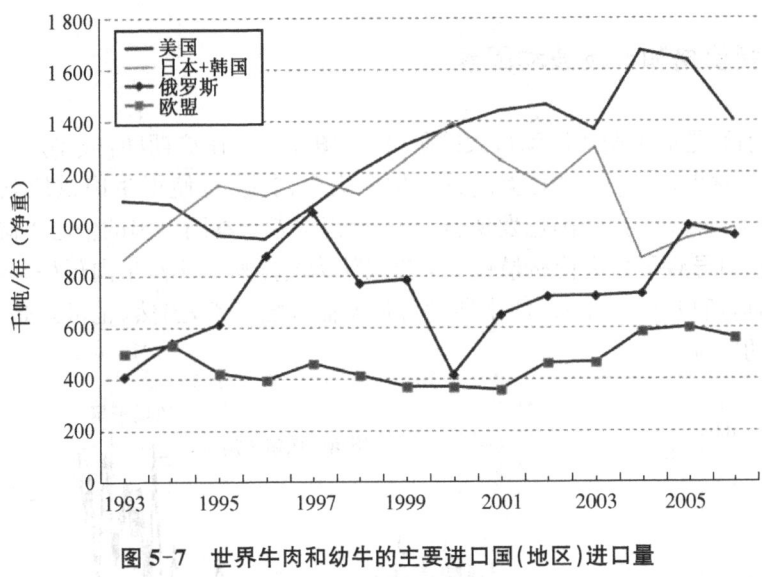

图 5-7 世界牛肉和幼牛的主要进口国(地区)进口量
(来源：USDA)

止进口美国和加拿大的牛肉。随后有些市场又重新开放,进口 30 个月以下牛的某些低风险部分。

疯牛病对美国人均牛肉年消费量的影响并不容易辨别,回到图 5-8,人均年牛肉消费量的下降是在 1995 年以前发生的,看上去美国消费者对本国牛肉有高度信心。

当然,其他国家并不如此确信,图 5-6 和图 5-7 可以看出,2002 年到 2004 年之间,美国和加拿大牛肉的出口量下降了 55％,随后美国和加拿大的出口充其量只是销量平平,而澳大利亚和新西兰的牛肉取代了美国向亚洲出口,美国的牛肉只能在国内销售。与此同时,南美的牛肉异军突起,取代了美国传统的牛肉市场并开发了新的市场。

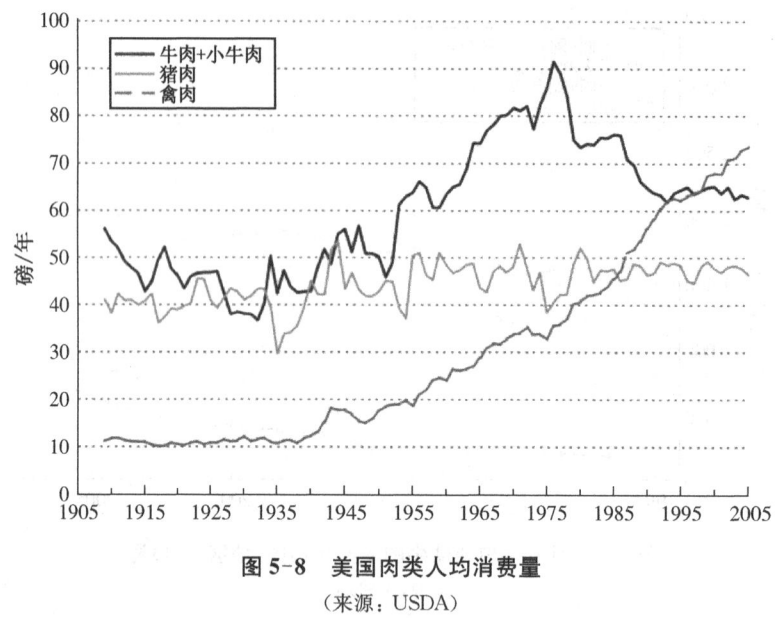

图 5-8　美国肉类人均消费量

（来源：USDA）

三、期货价格和市场波动因素

2005 年前后是活牛期货波动最大的阶段（见图 5-9），在这期间，疯牛病是主要动因。2003 年 5 月加拿大发现疯牛病，美国禁止加拿大牛肉进口，使得牛肉供应紧张，价格飞涨。然后，2003 年 12 月，美国也发现疯牛病，使消费者对本国牛肉的信心下降，美国牛肉被海外禁止出口导致了牛肉价格暴跌。但市场认为既然疯牛病对牛肉价格并不构成长期明显负面压抑，所以 2003 年起，活牛期货价格反而开始上涨，当然，也可能是其他因素掩盖了疯牛病的影响。

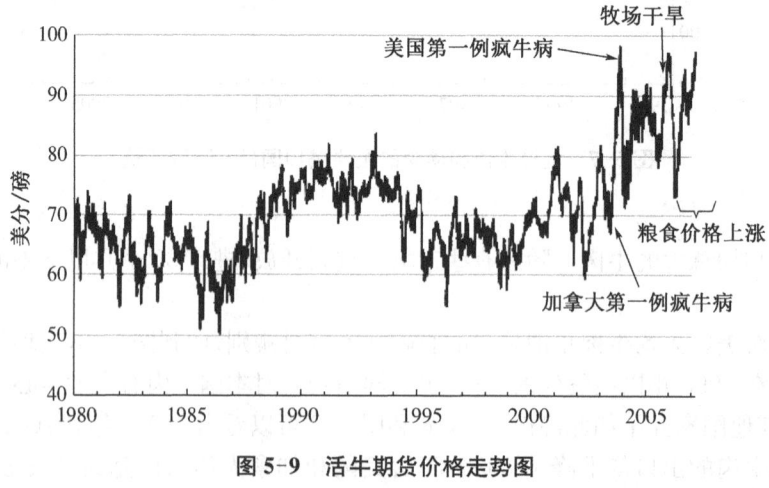

图 5-9　活牛期货价格走势图

长期来看，活牛前景看好。全世界财富增长及肉产品的需求旺盛，粮食价格上涨、能源供应中生物燃料和乙醇扮演越来越重要的作用,都会推高饲料成本和牛肉价格。

农作物成本上升,影响深远。农作物价格长期上升,势必长久推升活牛饲料成本和牛肉价格。肥育母牛价格反映了母牛怀孕和哺乳时的粮食消耗及小牛犊的粮食供给,饲料肉牛价格上涨以适应肥育母牛价格的上升,也是饲养成本上升的直接产物。农作物价格短期或临时上涨时,通常会看到牛肉价格下跌。这是因为零售价相对黏性,短期或少或多是确定的,因此,农作物价格上涨必须由产业链各个参与者分摊。牧场主饲养获益减少,经营者不是亏损就是利润下降,同样,收购商的利润也下降。随着价格转移,牧场主倾向于让牛的放牧时间更长,变得更重和成熟期更长。与此同时,饲养场经营者会饲养那些体重较轻、成熟期较短和品质较低的牛。在这种情况下,肥育母牛甚至会比饲料肉牛更低的折扣来交易,也并不稀奇。即使饲料价格临时上涨,都可能中断繁殖种群的扩张,或索性直接压缩规模,这样,促使牛肉和奶牛被卖掉,留用的小母牛更少。

但是,也不能对未来牛肉价格过分乐观。首先,一方面,美国疯牛病的再度爆发会影响消费者对本国牛肉的信心;另一方面加拿大更多的疯牛病案例也可能会驱使美国牛肉因供给短缺而价格上升。其次,阿根廷、巴西和乌拉圭不断成长的养牛业对牛肉价格形成一定压力,特别是如果口蹄疫被根治之后。再次,牛肉的相对需求可能会下降,因为牛肉比其他可选择的肉类不健康。这也是美国 1970 年代中期到 1990 年代中期人均牛肉消费量下降的原因之一。当然,之后美国的人均牛肉消费量就相对稳定了。

四、合约细则

牛期货有两种合约:活牛和肥育母牛,我们至今都谈的是流动性更佳的活牛期货。活牛在 CME 交易,交易时间为上午 9:05 到下午 1:00。一张合约 4 万磅,是 USDA 颁布的含 55% Choice 和 45% Select 的三级活牛。与猪腩可以现金结算不同,活牛合同只能把活牛交割到经过批准的公共牲棚及屠宰场来结算。合约以每磅多少美分交易,一个最小跳动单位是 0.025 点,跳动一点等于 10 美元,每日价格限制在前一天结算价的上下 0.03 美元。活牛合同交易月份是 2 月、4 月、6 月、8 月、10 月以及 12 月(G、J、M、Q、V 和 Z)。Globex 发展迅速,不久之后成交量可能就会超过竞争对手。

许多重要的信息都来自于美国农业部,包括每天屠宰报告、每月牛喂养报告、每周每月出口报告等等。要了解养牛业最新情况,美国农业部网站是一个非常好的信息来源,上面有 CME 的史蒂夫迈耶和李施泰纳的每日活牛交易报告公布。如果想要高质量的数据和市场情况,肯塔基州路易斯维尔的付费信息是非常棒的来源。

◢◣ 巩固训练与提高 ◢◣

1. 解释中美两国猪肉消费量的增长情况及各自原因。

2. 试述美国猪肉行业加工发展趋势。

3. 试述生猪价格的季节性变化。

4. 试述美国的肉类消费的变化情况。

第六章 工业金属

学习目标

掌握工业金属的基本面状况。

能力目标

运用工业金属的基本面进行投资分析。

案例导入

铜期货的涨势几乎创历史新高,你非常了解铜的供给显著下降,而且短期之内难以改善,但进一步研究之后发现,过去的铜供给曾经更低,而价格却维持较高水平,你判断目前的趋势已经超买,于是进场放空。

稍后,铜的价格又上涨5%,你认为这是更理想的放空机会,于是加码。

请运用第一章有关14种基本面谬误的内容进行分析。

第一节　铜

铜呈红色光泽,并具有相当的硬度和延展性,在10 000年前铜已被用于珠宝和武器的制作。在公元前3 000年,人们发现铜与锡或砷混合就能非常坚硬,熔点又非常低,这就是青铜。今天,铜的重要性并未下降,其优良的导电性、耐蚀性、韧性、延展性、刚度等,使铜成为电线、水管、空调、电动马达以及集成电路的重要组成部分。

一、加工和生产

相对于其广泛用途,铜的储量较少,在地壳最常见的元素中,排列第25种,大约只占地壳含量的0.006%。储量集中的铜矿极端稀少,分布非常不均匀,下面将介绍如何将铜矿转化成工业生产过程所需要的高纯度铜。

铜加工始于采矿。20世纪初，美国铜矿的开采品位是3‰到3.5‰，而今天，铜矿的经济开采品位已低于0.5‰。铜矿石采掘出来之后，先要破碎，经过研磨的铜矿石粉进入浮选机后，其富含的各种元素会与浮选机中添加的各种化学溶剂发生作用。浮选机通过脉石、附属金属矿物质、铜的亲水性等特性的不同，而将铜矿与之分离。通过浮选机提取的铜矿石基本能够满足相关的工业需求，通过烘干机烘干后便可以得到高经济价值的铜精粉。

通常后面几个主要步骤是热冶金学，以热来提炼铜。第一步，把纯度20‰～40‰的铜精矿石粉烘烤并熔炼成60‰～80‰的纯液——冰铜。第二步，冰铜在空气中加热产生粗铜，纯度达到97‰到99‰。在这两个过程中，硫化铜首先被氧化而减少，形成铜金属，同时，矿石中的硅、铁、硫、氧气和其他杂质被析出。第三步，大部分剩余硫磺和氧气从熔炉里的粗铜中分离出，产品金属铜被熔铸成阳极铜，纯度大于99‰。第四步，进入电解提纯阶段。此时产生的铜纯度高达99.9‰，属于精炼成等级A的铜，可以在交易所里交易。

上述四步炼铜的热冶金学方法，历史上一直在使用，对硫化铜尤其有效。氧化铜方面，近30年出现了一个商业化的新方法：溶剂萃取法（SX-EW）。将粗铜（含铜99‰）预先制成厚板作为阳极，纯铜制成薄片作阴极，以硫酸和硫酸铜的混合液作为电解液。通电后，铜从阳极溶解成铜离子向阴极移动，到达阴极后获得电子而在阴极析出纯铜（亦称电解铜）。粗铜中的杂质（如比铜活泼的铁和锌等）会随铜一起溶解为离子，由于这些离子与铜离子相比不易析出，所以电解时只要适当调节电位差，即可避免这些离子在阳极上析出，比铜不活泼的杂质如金和银等沉积在电解槽的底部。这样生产出来的铜板，称为"电解铜"，质量极高，可以用来制作电气产品，沉淀在电解槽底部的称为"阳极泥"，里面富含金银，取出再加工后，有极高的经济价值。

溶剂萃取法开始用弱酸性溶液沥滤铜矿石或矿废物，沥滤液与混合了铜的提取剂、有机溶液相混合，使铜被萃取。然后用强酸将铜从有机萃取剂中分离出来。最后，电解沉积法使强酸溶液中的铜析出，沉淀成电解铜。

铜的产量中，回收占了很重要的部分，约占全世界精炼铜总产量的10‰到15‰。再生铜是指通过回收而被精炼的铜，主要有两种类型：第一种是采用出厂几个月的铜，该过程只需简单回炉即可，无需清理；第二种是采用废旧铜，通过火精炼生产阳极铜，电解后再精炼。美国再生铜80‰左右是废旧铜。

世界三分之一已开采的铜产自智利，美国、秘鲁、澳大利亚、印度尼西亚以及中国各开采了5‰到10‰（参见图6-1）。南美洲、澳大利亚和印度尼西亚是主要出口地。矿产量、消费量和储量的情况见表6-1和表6-2。

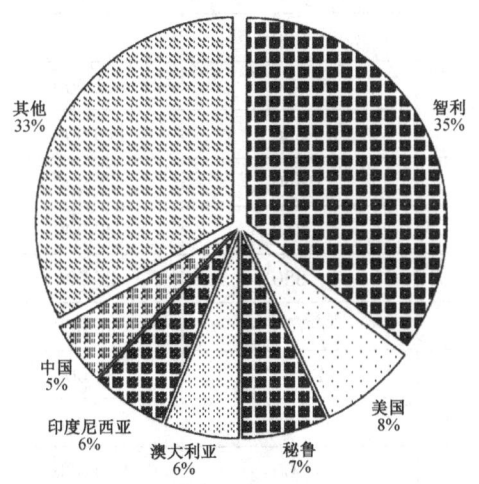

图6-1 2005～2006年世界各国平均铜产量
（来源：USGS）

表6-1　全球主要铜生产国(地区)和消费国(地区)　　　　单位:千吨

2012年				2012年			
序号	国家(地区)	矿产量	占比	序号	国家(地区)	消费量	占比
1	智利	5 434	26.8%	1	中国	8 845	43.0%
2	中国	1 490	7.3%	2	欧盟	2 748	13.4%
3	秘鲁	1 299	6.4%	3	美国	1 760	8.6%
4	美国	1 195	5.9%	4	日本	985	4.8%
5	澳大利亚	914	4.5%	5	韩国	723	3.5%
6	俄罗斯	720	3.6%	6	俄罗斯	646	3.1%
7	赞比亚	695	3.4%	7	印度	609	3.0%
8	加拿大	580	2.9%	8	中国台湾	433	2.1%
9	刚果	561	2.8%	9	土耳其	428	2.1%
10	墨西哥	500	2.5%	10	巴西	426	2.1%
	其他	3 310	16.3%		其他	2 947	14.3%
	回收	3 583	17.7%				
	总计	20 280			总计	20 550	

来源:ICSG,USGS。

表6-2　2016年和2017年铜矿产量和储量　　　　单位:千吨

国家(地区)	矿产量		储量
	2016	2017	
美国	1 430	1 270	45 000
澳大利亚	948	920	88 000
加拿大	708	620	11 000
智利	5 550	5 330	170 000
中国	1 900	1 860	27 000
刚果(金)	846	850	20 000
印度尼西亚	727	650	26 000
墨西哥	752	755	46 000
秘鲁	2 350	2 390	81 000
赞比亚	763	755	20 000
其他	4 160	4 300	260 000
全球总计	20 100	19 700	790 000

自 1995 年以来,世界精炼铜产量每年增速 3.7%(见图 6-2),这一增长率并不均匀。图 6-3 记载了 1995～2005 年 10 年间精炼铜主要生产国(地区)的份额,智利和中国是最重要的生产国,美国减产后,中国份额上升,增幅抵消了美国的降幅之后还多了一个百分点。一般而言,亚洲的产量在增加,而西方的在减少。印度的产量从几乎为零增加到接近 4%,虽不足以挤入世界五巨头俱乐部,但其持续增长令人注意。

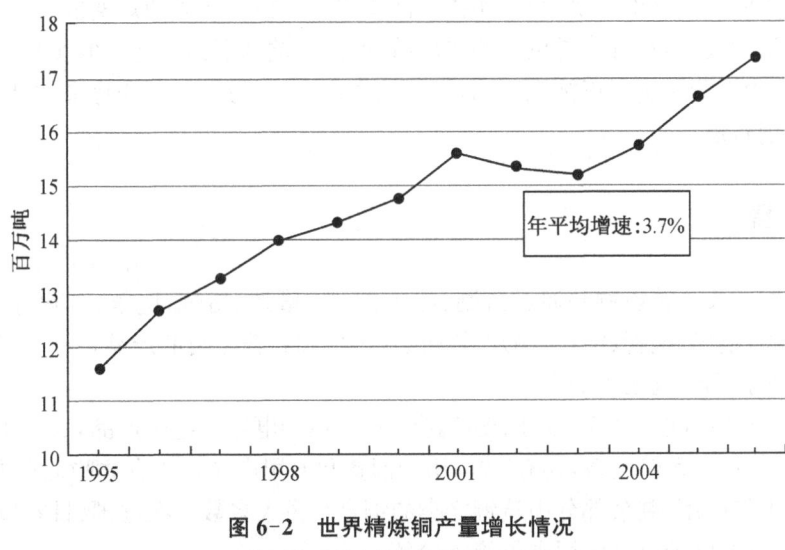

图 6-2 世界精炼铜产量增长情况

[来源:世界金属统计局(WBMS)]

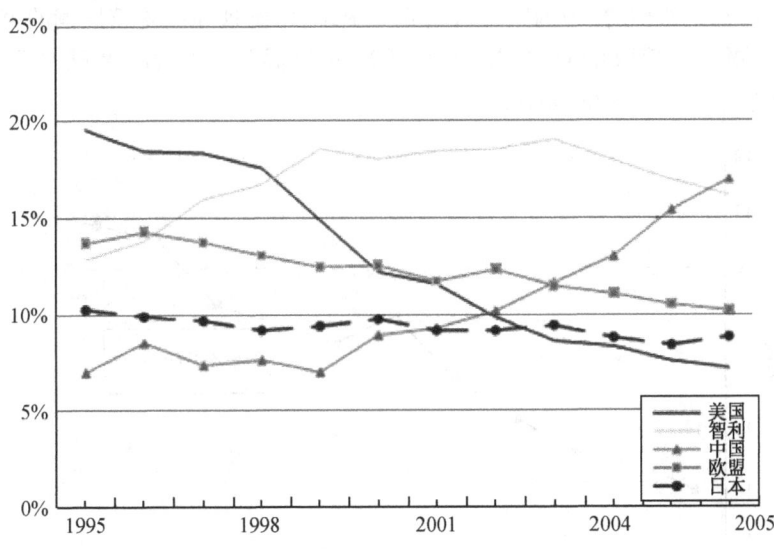

图 6-3 世界五大精炼铜生产国(地区)占世界比例

(来源:WBMS)

冶金厂并不直接从矿山获得铜,而是从市场获得。铜矿既可保留这些金属,也可以卖给冶金厂。如果铜矿保留了这些金属,冶金厂从矿山那里以一吨多少美元的价格得到铜矿石,集中处理,以一磅多少美分的手续费来精炼铜。而该手续费会随着可获得的数量而变,如果集中的量充裕,当铜价上升时,则手续费就高,冶炼厂可能会获得价格分享。如果集中的量小,而且铜价下跌,就没有价格分享而且手续费也低。2007年很多东亚冶炼厂都面临这种情况,所以交易商密切关注现货加工及精炼费用。

每年,铜都因不同原因而产量不同,既会因为战争、罢工、矿山自然灾害及老矿井自然枯竭而致的产量下降,也会因为技术进步、投资增加而使得产量上升。美国目前主要面临着铜产量下降问题。理论上讲,很多实体经济供需不平稳而造成的短期价格波动(例如不考虑金融来源的波动)都可能是供给冲击所致,而需求端则更为稳定。但实际上很难证明这种情况,因为消费无法真正被观测到,只能从产量、净贸易和库存变化来估计其残差,测量或显化其消费量。

二、消费

制造装配业买入精炼铜并通过挤制、冲压、轧制、锻造、熔炼、电解、雾化等工艺,最终造出诸如铜丝、铜棒、铜管、铜板、铜片、铜带、铜铸件和铜粉之类的产品,一些是紫铜,而另一些是诸如黄铜和青铜之类的合金。

在美国,这些中间产品50%用于建筑业,20%用于电器及电子产品,10%用于工业机械和设备,10%用于运输设备,还有10%用于消费和通用产品。所有这些类别中,75%到80%是属于电气应用,剩余部分中黄铜之类的铜合金占大多数。在德国、日本以及世界其他地方也是如此,电子电气应用占了绝大份额。

从1995年以来,全球铜消费量年均升幅3.3%(见图6-4)。世界消费的主角和世界生产主角一样,都是所谓的"中国因素",图6-5显示,中国现在已是精炼铜的第二大用户,仅次于欧盟。更令人惊叹的是,中国已从1995年世界消费量的7%跃升到2006年的21%,占此阶段铜消费增量的50%以上。

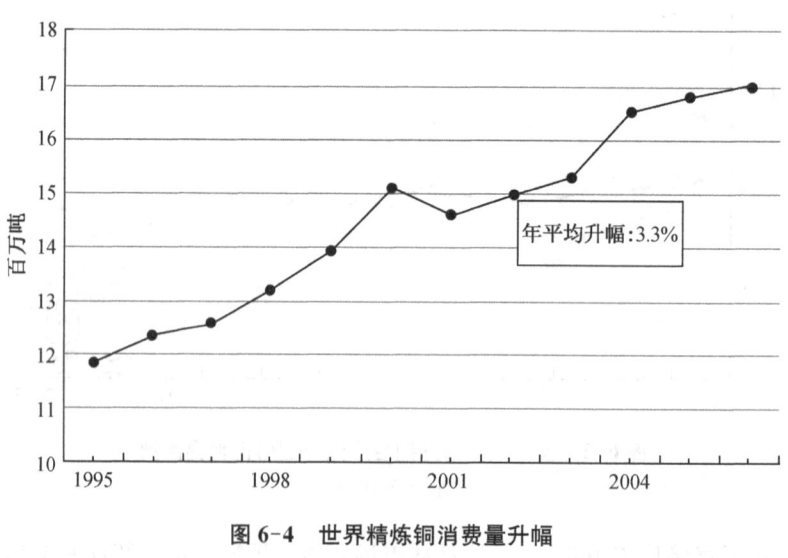

图6-4 世界精炼铜消费量升幅

(来源:WBMS)

如果上述假设——产量变化要比消费变化更难预测——成立,就可以用铜的消费量

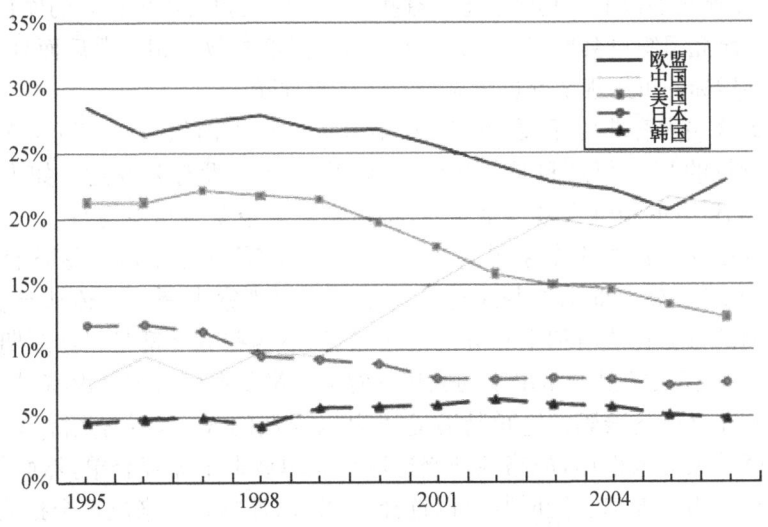

图 6-5　世界五大精炼铜消费国(地区)占世界比例

（来源：WBMS）

来预测价格波动。但这仍然还有一个问题：即消费量看上去也是充满噪音,虽然可以选用世界经济 GDP 增长率来代表消费,但不容忽略的是 GDP 增长率和铜消费并不完全相关。这就使得一些交易者采用工业生产指数来作为替代品。相对而言,工业生产指数很有吸引力,因为它是每个月发布一次,不像 GDP 是每季发布,而且很多国家工业生产指数是以各经济部门分类,这样可以确保交易者从中选择与铜相关的要素来分析。当然如果选择这个方法,要注意数据挖掘可能是个大问题,你会发现数据序列会与历史基期高度相关,需要解决的问题是：什么因素使得接下来的时期还会与之继续相关？ 因为与历史序列最相关的因素不见得以后也会继续适用。

三、存货

基本余额表(primary balance)衡量了产量和消费量之间的差额,很多分析家认为这是价格波动的重要指标。基本余额表为正,意味着生产超过消费,价格很可能下降,但是库存处于低位时的基本余额表正数与库存处于高位时的基本余额表正数有很大的不同。此外,前面提到消费量是残差,埋藏着大量测算误差。而且基本余额表本身也可能包含很大部分的测算误差成分。

当然我们也可以直接使用库存本身,毕竟,当基本余额表为正数时库存会上涨,反之则下跌。还可以看看库存变动的趋势,或者更进一步看看库存与耗用之比的趋势。结合使用的关键因素在于可比性,比如消费量变动 30%,就意味着库存变动超过 50 万吨以上。

在一个理想的世界里,我们应该从涉及精炼矿的储量、精矿、起泡等的上游一直追踪到下游的铜丝、铜条、黄铜等等所有的生产产业链。此外,理论上我们还应搜集来自于生产者、消费者、商人和投机商的各种信息,但现实这却并不可行。除了交易所会每天发布交易所库存,此外几乎得不到其他信息。有些国家确实会报告本国持有的库存,一些组织包括国际铜业研究组织也会搜集并报道这些信息,但这些数据相当滞后而且不能随时核查,因此,库存指标的可用规范性也依靠经验检测和判断。

正确理解这些内容非常重要,在 2006 年市场盛传中国偿付了 375 000 吨精炼铜,占世界年消费量的 2%,但这只是外界的猜测,中国从来没有公开过。如果这是真的,就足以推翻 WBMS 的精炼铜基本余额表,将当年的盈余变为几乎均衡。

交易者也在寻找其他的库存测量方法。比如,LME 仓库金属会签发仓单,如果仓单持有者找到卖家,就会取消这些库存的仓单。一个观察未来金属稀缺与否的方法就是看仓单取消的百分比或者取消百分比的趋势,当然这些数字都是非常短期的,很容易被操控。LME 库存数字里显示出来的仓单库存与 LME 库存数字里没有显示出来的仓单库存之间有非常好的线索。仓单持有者可以以很低的成本,不需实际搬动金属来转移库存。这就导致有人设局,战略性地制造库存仓单或取消库存仓单,然而其收益可能并不太大,当然,市场参与者随时都可以选择 LME 以外的仓库来玩这个把戏。

关于运用交易所库存,还有一个值得注意的问题,因为交易所仓库开放业务和交易所本身开放业务所引起的交易所库存数量上升,两者之间很容易引起误解。假设 2004 年新开一个 LME 仓库,搬进 10 万吨金属,是否可以视为 LME 库存增加?这就要看情况而定了,如果库存去了 LME 的仓库,那肯定是增加;而如果是去了非 LME 仓库,那可能不算,之所以说可能不算而不是肯定不算的原因是由于市场增长,库存也会增长,新的仓库也会开张,其中有一些是 LME 的。在执行交易模型时,需要通盘考虑各种情况。最极端的例子就是上海期货交易所(SHFE)的开张,库存流入 SHFE 是很明显的信号。然而,拿包括现在的 SHFE 在内的交易所库存变化与 SHFE 开张之前的交易所库存相比,可能是个错误。

四、期货价格和市场波动事件

如图 6-6 所示,铜的价格在两个阶段非常显著:从 1990 年至 1998 年的底部,以及 2004 年以来的顶部。第一个底部对应或者说是与市场将住友商社铜交易员滨中泰男称为"铜先生"的时间一致,这是一个非常惊艳的故事,广为流传。简言之,滨中先生已因为擅自交易而被定罪,住友商社因为放纵滨中先生在 LME 交易 10 年而亏损 26 亿美元。目前还不清楚有多少比例的自然保值造成这一损失,更不清楚滨中先生如何将这交易隐藏了如此之久。滨中先生似乎并不想要在市场上囤集居奇,但看上去他的未经授权的多单对当时铜价起了一些推波助澜的作用,尤其在他的时代结束后,铜价在随后的 5 年多时间里出现了显著的下跌趋势。

2004 年之后,对应的是中国蓬勃发展时期、商品指数基金及对冲基金纷纷兴起。目前还不是非常清楚确切是哪个因素推动了铜价上涨,也许上述 3 个因素都有贡献。我们可以肯定地说,自从东亚危机之后,世界对铜的需求增长速度远远超过了世界供应速度。我们也可以说在此期间,在只做多头的商品指数基金投资迅猛增长,如后面讨论的那样。此外,还有自筹基金正大规模建仓金属头寸的传闻。这可以部分通过 LME 联合报告来确认,据滞后两天的匿名披露,存在 LME 会员和客户的大型仓单及

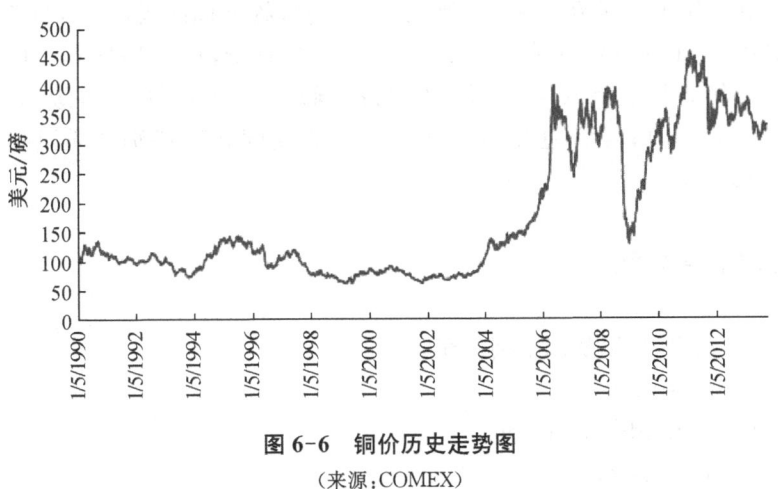

图 6-6　铜价历史走势图

（来源：COMEX）

期货头寸。

　　只要世界工业周期保持强势，铜的前景可能会保持强势。现在的工业周期是以中国为首、亚洲其他新兴市场为辅，因此，铜市场面临主要的风险是较大的经济衰退，尤其是涉及到中国时。另一个风险是高铜价使得对铜需求大幅下降，替代品抢占市场，比如水管已用聚氯乙烯（PVC）替代铜，电缆用铝替代铜，传统铜制品也尽量用更少的铜，铜件更薄、更小。没有技术变化，把赌注放在铝上比铜更明智，铝储量远比铜更丰富。但铝大量采用的风险是每单位铝生产时能耗高于铜，如果能源价格继续上升，会极大影响铝的普及。铜的另一个风险是过于集中在智利，至少三分之一的铜矿石来自智利，虽然智利经济表现相当不错，看上去较稳定，但过度集中于一个来源总是风险所在。

五、合约细节

　　COMEX 提供铜期货，以交易场所内公开叫价的方式交易，也有电子交易。自从 2006 年 9 月电子交易以来，这种双边贸易使流动性增加，并且电子交易量也显著增加。每份 COMEX 铜期货合约面值 2.5 万磅，最小跳动值 0.05 美元，一点等于 12.50 美元，即期货合约中每跳动 0.05 美元，价值相应变动 12.50 美元。

　　相对于 COMEX，LME 铜期货合约交割的铜是 A 级，纯度超过 99%，并以美元/吨报价，面额为 25 吨。像 LME 的其他金属一样，每批实物交割必须是 LME 批准的品牌，并且必须存放在 LME 核准的仓库内。LME 最低跳动单位是 0.25 美元，但在 ring 交易时间内是 0.50 美元，ring 内的一点相等于 COMEX 铜合约的 12.50 美元。ring 的第一节时间是下午 12 时至下午 12 时 05 分及下午 12 时 30 分至下午 12 时 35 分，ring 环内第二节是下午 3 时 10 分至下午 3 时 15 分和下午 3 时 50 分至下午 3 时 55 分。Kerb 时间从下午 1 时 15 分至下午 2 时 45 分及下午 4 时 15 分至下午 5 时，一天结束确定评估价格（evaluation price）。所有时间均以伦敦标准时间为准。更多信息见本书对 LME 介绍部分，或参阅 LME 网站。

　　对长期数据序列感兴趣的人应注意，随着时间推移，交易所会改变铜的级别。

COMEX 从 1989 年 1 月开始交易高等级的铜，早期合约是标准级，于 1989 年 12 月终止交易。在 LME，自 1986 年 4 月起交易 A 级铜，以英镑标价，直到 1993 年 7 月才改以美元标价。从 1981 年 9 月至 1988 年 12 月的标准级铜是以英镑报价，高等级铜交易自 1981 年 9 月至 1986 年 3 月，两者主要的差别是具体的纯度和对特别杂质可接受的公差。SHFE 也有铜交易。

六、其他信息来源

关于铜期货信息，可以从以下网站获取：

http://www.icsg.org/

http://www.world-bureau.com/

https://www.usgs.gov/

https://www.metalbulletin.com/non-ferrous/base-metals/copper.html.

第二节　铝

铝是地壳第三大常见元素，占地壳含量 8%。铝呈银白色，是地壳中含量最丰富的金属元素，其蕴藏量在金属中居第 2 位。在金属品种中，仅次于钢铁，为第二大类金属。当我们从铝箔里拿出三明治、从铝罐中喝苏打水，会毫不犹豫地把这些铝箔和铝罐扔进垃圾箱。然而，在 1886 年发现现代铝电解生产方法之前，铝可远比黄金和白金更有价值。但是，我们仍然不能低估铝的价值，如红宝石和蓝宝石只不过是含有微量杂质的氧化铝。令人惊奇的是，同样的氧化铝，居然也是金属铝的原料，他们主要的区别只是宝石是晶体，而原料是粉末。

原铝具有良好的导电性和导热能力。重量轻和耐腐蚀是铝的两大突出特点。铝合金具有高强度、塑性好、高韧性、易焊接等特点。同时，铝也可以回收利用。近 50 年来，铝已成为世界上最为广泛运用的金属之一。铝作为节能、降耗的环保资料，其运用规模和用量都在进一步扩大，尤其是在建筑业、交通运输业和包装业，这三大行业的铝消耗通常占当年铝总消耗量的 60% 左右。在建筑业上，因为铝在空气中的稳定性和阳极处置后的极佳外观，使铝在建筑业上被不断地广泛运用，特别是在铝合金门窗、铝塑管、装修板、铝板幕墙等方面的运用。在交通运输业上，为减轻交通工具自身的分量，削减废气排放对环境的污染，摩托车、各类轿车、火车、地铁、飞机、船舶等交通运输工具很多采用铝及铝合金作为构件和装修件。随着铝合金加工材料的硬度和强度不断提高，航空航天领域的用量开始逐年增加。在包装业上，各类软包装用铝箔、全铝易拉罐、各类瓶盖及易拉盖、药用包装等用铝规模也在扩大。在其他消费领域，电子电气、家用电器、日用五金等方面的运用量和运用前景也越来越广。

一、工艺及产量

原铝工序有3步：铝土矿开采粉磨、通过拜尔法把铝矾土矿转换成氧化铝、通过霍尔-赫劳尔特(Hall-Heroult)电解炼铝法把氧化铝转换成铝。

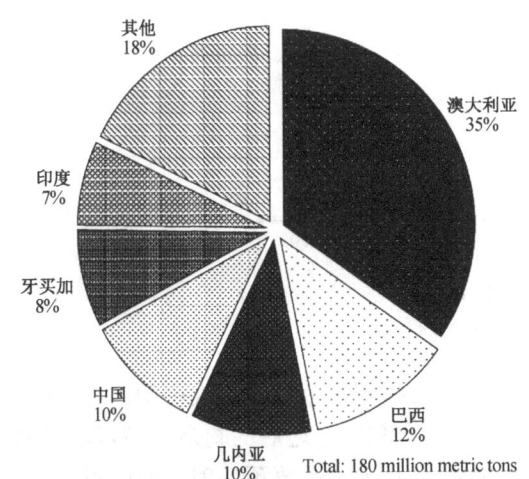

图6-7 各国铝土矿产量占世界比例
(来源：WBMS)

铝元素天然容易氧化，所以，铝必须从氢氧化铝和氧化铝（俗称铝矾土矿）的矿床中回收。铝矾土矿主要存在于热带地区，世界80%产量来自澳大利亚、巴西、几内亚、中国、牙买加和印度（见图6-7）。开采后，铝矾土除了粘土、粉碎和碾磨之外，还需进行一些额外处理。

1888年，出现了拜尔法，专门精炼铝土矿以生产氧化铝，1893年开始商业化。该工艺第一步是以高温高压将铝矾土在氢氧化钠里溶解，丢弃沉淀的不溶性残渣（赤泥），在溶液里沉淀出氢氧化铝。第二步，在干燥炉里蒸发浓缩出沉淀物，成为细白粉末的氧化铝，每吨氧化铝大致需要2.0至2.5吨铝矾土矿。

霍尔-赫劳尔特电解炼铝法把氧化铝转换为铝的工艺，在时间上比铝土矿转换为氧化铝早了两年。制造铝最关键的问题是要找到一种溶液，允许在一个适度的温度——950℃里电解氧化铝，而霍尔和赫劳尔特各自独立发现了这种溶剂，即氟化铝酸钠或冰晶石。现代工厂把氧化铝溶于装满冰晶石的石墨内衬钢炉，低电压，高安培电流通过电解液，将铝合金熔融沉积于炉底，然后再提取。铝生产是一个高能耗的产业，即使现代工厂生产1公斤铝，也需要13至16千瓦小时的直接电能，每吨铝需要2吨的氧化铝，因此，4至5吨的铝土矿才能生产出1吨纯度为99.7%的铝，铝土矿经氧化铝生产出的铝就是通常所称的原铝。

自1995年以来，世界原铝产量每年增长5%（见图6-8），金属所有的故事中，最被人津津乐道的就是"中国概念"。中国原铝产量从1995年年均160万吨增长到2015年3 141万吨，占世界产量比重从8%升至54.5%。因为便宜稳定的能源供应使得俄罗斯和中东的产能扩张，而经济增长也推动了中国和印度的产能扩张。这一趋势有一个显著的例外：冰岛和加拿大因为地热和水电能源丰富也使得产能大增。

虽然中国产能过去几年出现飙升，但美国产量却下降了1/3，主要是能源价格问题，一半以上的降幅发生在2000年至2001年冬季，此时天然气价格大涨，此后产量再没有恢复。其他主要生产国的原铝产量也基本持平，在世界产量中所占份额下降，而中国急剧增长。总体而言，原铝产量比铝土矿开采更为分散。铝的生产、消费和变化的情况可以参见表6-3、图6-9和表6-4。

再加工或回收，仍是具有吸引力的铝生产来源，回收铝的成本只有氧化铝转化为铝

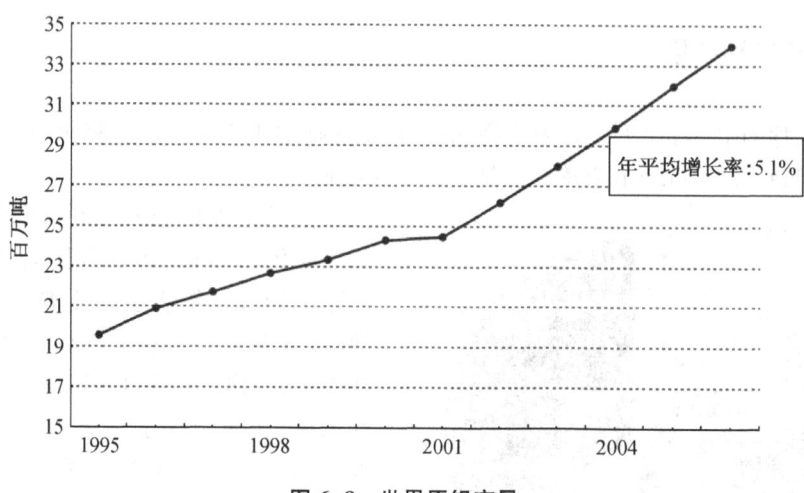

图 6-8　世界原铝产量

(来源：WBMS)

的 5%。目前,回收铝的产量约占全球产量的 40%,远超其他金属的回收比例。可回收材料通常分为两类:新废料和旧废料。新废料是铝在生产和加工之后的剩余产品,包括销售给消费者之前的合金。因此,新废料质量往往有保证,几乎不需要预处理。旧废料包括消费者丢弃的不明质量物,需要预处理。铝主要回收国(或地区)是美国、欧洲和日本。在美国,回收利用的铝产量占了全部铝产量的 60%,日本几乎所有的铝制品都是回收利用的。

表 6-3　全球前十大铝生产国(地区)和消费国(地区)　　　　单位:千吨

2011 年				2011 年			
序号	国家(地区)	产量	占比	序号	国家(地区)	消费量	占比
1	中国	18 100	40.8%	1	中国	17 629	41.6%
2	俄罗斯	3 912	8.8%	2	美国	4 060	9.6%
3	加拿大	2 984	6.7%	3	德国	2 103	5.0%
4	美国	1 986	4.5%	4	日本	1 946	4.6%
5	澳大利亚	1 945	4.4%	5	印度	1 611	3.8%
6	阿联酋	1 800	4.1%	6	韩国	1 233	2.9%
7	印度	1 667	3.8%	7	巴西	1 077	2.5%
8	巴西	1 440	3.2%	8	意大利	971	2.3%
9	挪威	1 122	2.5%	9	土耳其	870	2.1%
10	巴林	881	2.0%	10	俄罗斯	685	1.6%
	其他	8 563	19.3%		其他	10 200	24.1%
	合计	44 400			合计	42 386	

来源:USGS。

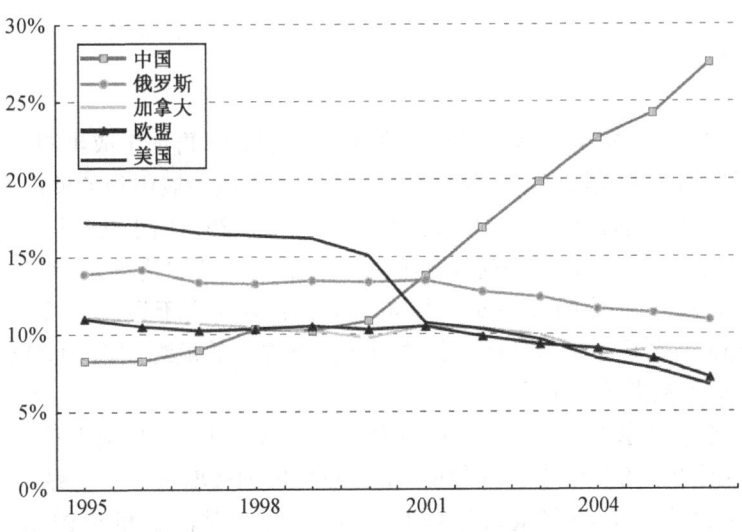

图 6-9　世界五大原铝生产国(地区)占比

(来源:WBMS)

表 6-4　2000～2015 年全球氧化铝产量及增长速度统计表　　　　　单位:千吨

年度	产量	同比增长
2000	52 583	—
2001	51 988	−1.1%
2002	55 057	5.9%
2003	58 703	6.6%
2004	61 866	5.4%
2005	64 667	4.5%
2006	72 091	11.5%
2007	79 819	10.7%
2008	84 240	5.5%
2009	78 415	−6.9%
2010	88 310	12.6%
2011	97 508	10.4%
2012	100 505	3.1%
2013	106 504	6.0%
2014	108 455	1.8%
2015	115 247	6.3%

来源:国际铝业协会。

二、消费

原铝和再加工铝经常但不是必须与其他金属合成加工,再加工成半制成品。通过轧、铸造、挤压、锻造和粉化,制成薄片、箔、棒等,然后这些半成品被用到各种设备。虽然各种数据统计口径来源不同,但全球铝的最终用途大致如下:26%用于交通运输、20%用于外包装(铝箔和铝罐)、20%用于建筑业(商业和住宅)、9%用于电力传动、25%其他用途(机械,耐用消费品等)。而美国和加拿大发布数据是:37%用于运输、22%用于外包装、16%用于建筑业、7%用于电气、18%其他用途。有关铝的最终用途、GDP、工业生产和组成部分都是观察铝需求的重要指标。

1995年以来世界原铝消费量年增长率为4.7%(图6-10)。目前消费由中国带动,从1995年占世界消费量的9%到2015年的54%,中国的消费增量占全世界铝增量的50%。日本、美国和欧洲占世界消费量占比都有下降,尽管绝对消费量稍微增加一点(见图6-11)。如果中国能继续保持高速增长,这个过程还会延续。2006年,美国的原铝人均消费是41磅,而中国则是13磅。

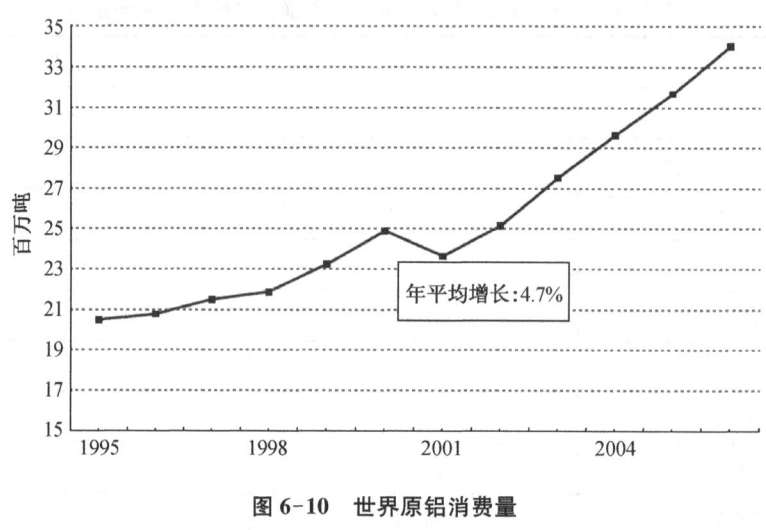

图6-10 世界原铝消费量

(来源:WBMS)

根据预测,2020年全球铝消费总量将达到7 000万吨,未来5年的年均复合增长率(CAGR)达到4.53%(见图6-12)。2016年全球铝消费达到5 903万吨(不包括再生铝),2017年全球铝消费达到6 192万吨,同比增长4.89%。

中国铝消费增长强劲(见图6-13)。根据"十三五"有色金属工业规划,到2020年中国铝消费总量将达到4 300万吨,2016～2020年期间的年均复合增长率(CAGR)将达到7.24%。数据显示,2016年中国铝消费总量达到3 250万吨,同比增长8%,预计2017年铝消费将达到3 470万吨,同比增长6.77%。

中国铝材消费正发生着结构性变化,高端铝材消费正在大幅上升。虽然中国是全球铝材第一大消费国,但从消费结构上与欧美发达国家存在较大差异。建筑业是中国铝

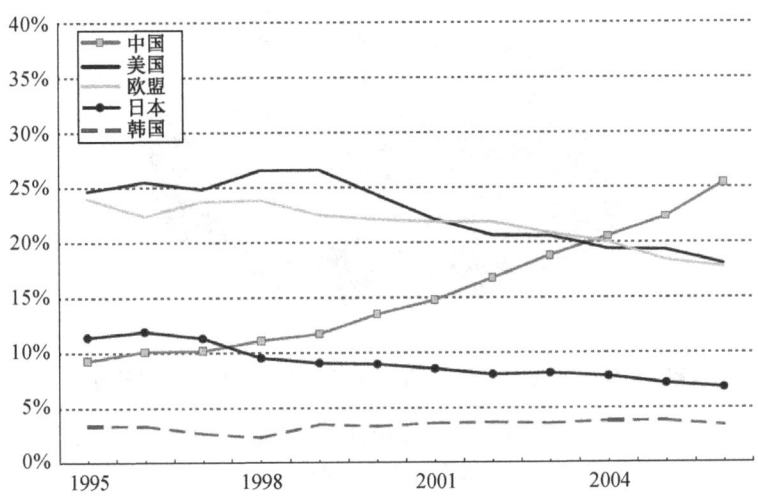

图 6-11　世界五大原铝消费国(地区)占比

(来源：WBMS)

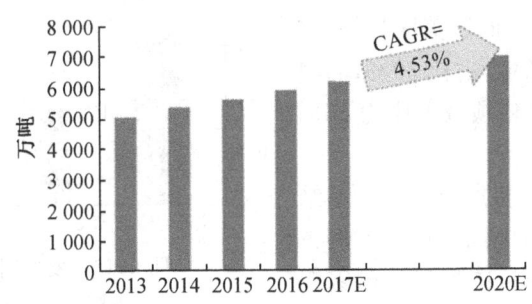

图 6-12　全球铝消费保持稳定增长

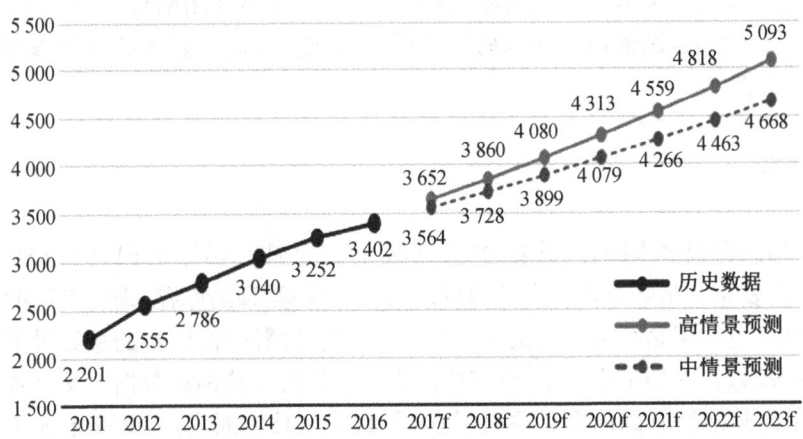

图 6-13　中国铝消费长周期增长预测

(来源：公开资料整理)

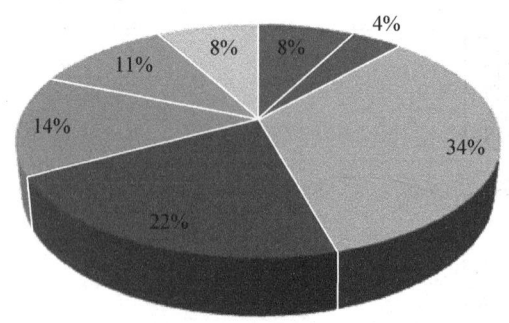

■耐用消费品 ■电子通讯 ■建筑 ■交通 ■电力 ■包装 ■机械制造

图6-14 中国铝消费领域
（来源：公开资料整理）

材最大应用领域，占比33%，其次是交通、电力、包装、机械制造、耐用消费品和电子通讯，分别占比21%、12%、10%、8%、8%和4%（见图6-14）。而以美国为例，交通运输是第一大用铝领域，占比39%，而建筑领域占比为25%，包装领域占比为16%（见图6-15）。

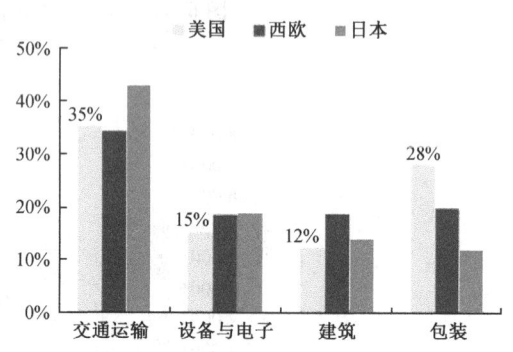

图6-15 发达国家用铝领域
（来源：公开资料整理）

中国铝消费的结构特点决定了产品结构缺陷，"十二五"期间，中国挤压材比例占加工材比例的60%左右，国外发达国家铝型材和板带材应用比例为2∶3，而我国目前这一比例较低，我国铝加工规模世界第一，但产品同质化严重，技术创新实力比较薄弱，目前航空级铝厚板、汽车车身用铝板带、高压阳极电子箔等高端铝板带、箔产品大多依靠进口。目前铝在包装，新能源汽车，高铁，船舶以及航空等高端领域的应用渗透为中国智造升级带去增量。

三、库存

铝库存信息有很多来源，最重要的交易所库存信息是LME、SHFE和COMEX的，数据每天或每周发布。国际铝业协会（IAI）报告其他两种类型的库存：未加工过的铝和总的铝数量，未加工过的铝是指冶金意义上未用过的原料金属库存，而铝的总数量里面还有未处理过的铝废料、正在加工中的铝、已完成的半成品轧材。这两种数据对交易者都是有用的，IAI库存比其他所有的库存都少，仅提供月数据。具体而言，与IAI未加工过的或总数量相比，交易所的绝对库存变化往往相当小。如果要检验IAI库存，就应知道，在1999年，IAI改变了报告规则，因此，构筑任何较长时间段的序列数据都需要融合旧的和新的报告规则。还有一个库存最终来源是日本三菱和丸红商事的日本港口库存，也可算是一份相当不错的按月提供的数据来源。

四、期货价格和市场变化事件

由于COMEX铝市场流动性并不强,历史相对也较短,所以以LME三月期合约来检验理解价格的长期波动,这会使得滚动移仓信息的缺失,但对达到目的却是至关重要。

图6-16中,黑线跟踪了三月期铝价的变化,两个主要峰值发生在该序列的首尾,其运行与过去几年新兴经济体(尤其是中国)急剧上升的需求相吻合。只做多的商品指数基金惊人增长(有许多原因)及对冲基金的兴起等事态都可能对铝价的暴涨起重要推动作用,尽管无法量化各自精确的贡献。

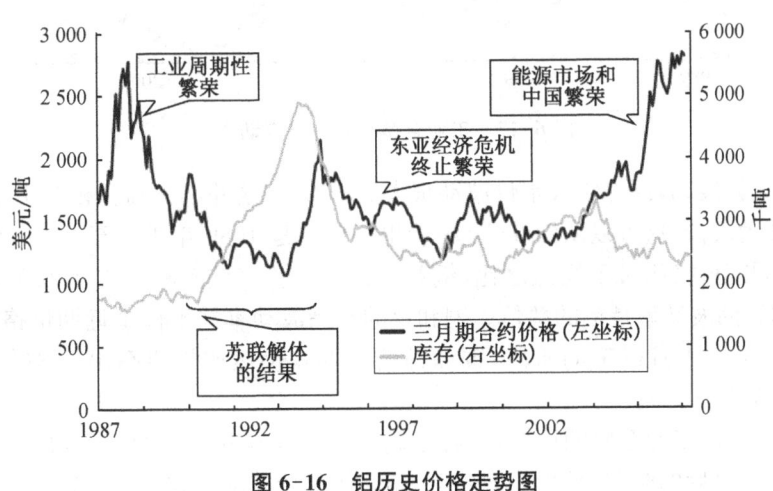

图6-16 铝历史价格走势图

(来源:彭博社)

第一个峰值发生在1988年夏天,是典型的产业周期结果,由于1980年代初的投资不足,使得1980年代后期供应紧缺,1988年价格到达高峰,接着开始走低,1991年到1993年进入低谷,期间的涨涨跌跌很值得细究。

图6-16的灰线是铝库存演变,描绘了IAI的未加工产品库存和LME库存之和,但忽略了SHFE和COMEX相对较小的份额,同期库存和期价的相关系数为-0.43(当然可以采用每个月底的三月期合约期货数字,接下来一直延续到下一个月底,当它成为两月期合约时滚动移仓该合约。这可以使本书其他期货合约相一致,成本稍微复杂一点,但是LME并不提供1997年之前的历史原始估算数据)。1991年到1993年的价格低点对应着苏联的解体,随着苏联国防工业的瓦解,内部贸易模式和商业联系的崩溃,苏联生产商把过剩的原铝运往西方国家,这就是LME库存增加的原因。到了1991年,原铝的价格已经掉头向下,最终在1993年秋天跌破1 100美元/吨,导致欧盟对俄罗斯原铝的贸易壁垒。1994年1月,原铝主要生产国进行会议,鼓励减少产量,俄罗斯承诺1994年产量减少500 000吨。随后俄罗斯产量确实下降,但是有些人却觉得得不偿失,他们认为即使没有该承诺,俄罗斯原铝工业由于解体后的物流、氧化铝来源的混乱及得不到西方通货,产量也会下降。不过不管怎样,1994年中期,铝价已经恢复到1 500美元/吨。

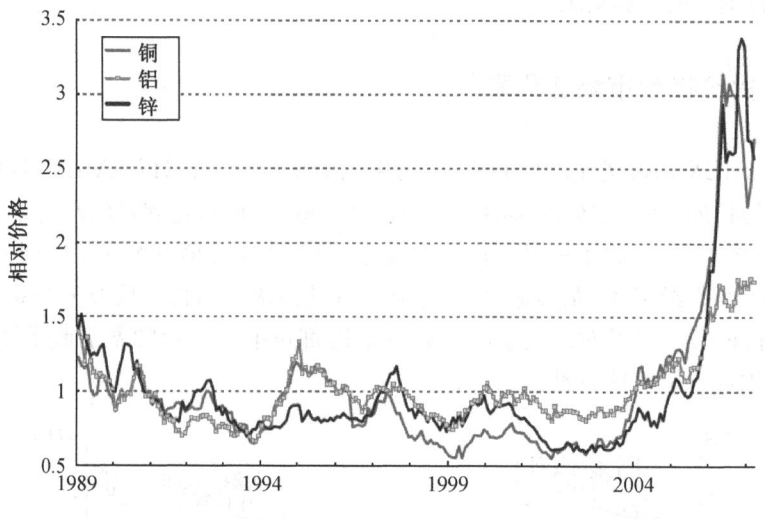

图 6-17　工业金属相对价格变动图

价格的大幅波动,或许给人铝价波动很大的印象,但这并不正确。相对于铜、锌,更遑论镍,铝价波动极低,这可以从图 6-17 中看出。该图是 1989 年 1 月至 2007 年 3 月的各个工业金属同期价格相对于均值之比,铜和锌的相对价格波动标准差为 0.50,而铝约为 0.25,即铜和锌的波动率是铝的两倍。铜和锌的较高波动率并不仅是近期价格峰值所致,如果排除 2004 年 1 月以来的阶段,铜和锌的标准差仍然比铝要高出 1/3(铜和锌降至 0.20,而铝则降至 0.15)。

简单可目测出工业金属的周期,3 种金属价格全样本的平均相关系数为 0.9,即使忽略 2004 年 1 月之后的时期,平均仍为 0.6。结合铝的低波动率和工业金属的周期性,可以将铝理解为低贝塔系数金属,当然这个贝塔系数是与金属周期相连,而非股市。

铝的低波动率可能是由于储藏丰富(相对不稀缺),同时备存产能充沛。铝的波动率比其他金属低,虽然从新兴市场获得收益不多,但当泡沫破裂时其害也浅,因此投资铝成为工业金属周期中的防御性品种。

只要产能投资仍旧谨慎,工业金属还处在强周期,铝很可能保持强势。但是,这些因素都不能被保证,在商品市场的强势时,人们往往会忘记:供应增长一定超过需求增长。中国等国家的快速发展,会使得铝产能过剩,就会寻求出口,消化过剩产能,直至产能平衡。同样,如海湾国家等能源成本低的国家,正加大铝的产能,出口海外。对出口市场的严重依赖,使得一旦世界经济下行,铝价就会承受压力。

有两个额外因素对铝价未来较为正面,第一,铝的能源密集度意味着,如果未来能源价格上升,它会比其他金属更受益。第二,铜和锌价格暴涨,会使它们被铝替代。然而,铝价的上涨,也可能会被塑料代替,当然,这还取决于塑料的价格,它们本身就是日益昂贵的石化产品。

五、合同细节

LME 原铝是以一吨多少美元来交易,一张合约,是纯度 99.7% 的 25 吨铝,交割必须是 LME 认可的仓库和品牌。在 LME 的 select 交易时间（从伦敦标准时间上午 1 点到下午 7 点）最小跳动单位是 0.25 美元，在 ring 交易时间最小跳动单位是 0.25 美元。铝的第一节 ring 时间是从早上 11 点 55 分至下午 12 点，以及下午 12 点 55 分至下午 1 点。第二节是从下午 3 点 15 分开始至 3 点 20 分以及下午 3 点 55 分至 4 点。Kerb 交易时间是从下午 1 点 15 分至 2 点 45 分，以及下午 4 点 15 分至下午 5 点，此时即是收盘评估价，所有时间均是伦敦标准时间。想要了解更多资料或条款说明，请参见附录二，其中讨论了 LME 关于铝交易的相关情况。

目前铝的等级有了一些重大的变化，目前的高等级原铝合约从 1987 年 6 月开始交易，所替代的高等级合约从 1987 年交易至 1990 年，1978 年至 1988 年还曾有一个标准铝合约。所有这些合约都是以美元计价，但早期的合约是以英镑来交易的，所以历史数据整理有点繁杂，但是并没有因为规格改变使得价格发生显著变化。铝合约还在 SHFE 和 COMEX 交易。

六、其他信息来源

更多关于铝期货的信息可以从下面的网站获取：
https：//minerals.usgs.gov/minerals/pubs/commodity/aluminum/

第三节　锌

锌有点神秘，人们不大容易见到锌。与铜和铝不同，锌几乎从未被单独使用，它常常用来在钢铁上面镀锌（防锈），制成各种诸如黄铜和青铜的合金以及其他各种化学应用。锌最为人所知的应用是氧化锌，它甚至看上去几乎不像一个金属。虽然锌确实有很大作用，但人们还是对锌缺乏认识，这种认识历史悠久，尽管它作为黄铜的重要组成部分被使用已有 5 000 年历史，并被频繁地应用于青铜之中。直到 16 世纪，欧洲人才认为锌是一种金属。

一、加工和生产

地壳中，锌的含量约占 0.007％，仅比铜稍多一点。经济意义上，硫化锌是锌这种金属最重要的矿物形式。这种矿石的含量从 1％ 到 15％，以这些含量水平进行提炼，肯定不合算，因此锌要通过选矿来增加矿石中锌的含量。

选矿有两个阶段。第一，锌矿石要碾磨或粉碎，来增加表面裸露度；第二，通过泡沫浮选，将锌与其他矿物和低值岩石（煤矸石）分开。泡沫浮选法是指在水下碾磨矿石，气泡上升，形成漂浮在水面的泡沫，再进行捞取，通过专门试剂筛选出那些随空气气泡上升的特殊矿物。仔细运用这些化学物质，能确保加工程序依次筛选并提高矿物含量，泡沫浮选法选出的锌精矿中，锌含量高达 50％ 到 60％。

应当注意,在行业和贸易出版物中,铅和锌经常被联系在一起,因为硫化锌(硫镉锌矿)和硫化铅(方铅矿)通常共生。典型的泡沫浮选工艺首先运用试剂来收集铅(集电极),抑制锌(抑制剂)。用硫酸锌、氰化物抑制闪锌矿,用黄药浮选方铅矿;然后用硫酸铜活化并再加黄药浮选闪锌矿。再对混合精矿用硫酸锌、氰化物抑制锌矿物,浮出铅矿物。一旦铅被脱去,就会浮选锌。当然,存在于矿石中的其他矿物也可以通过这种方法来收集。

生产锌的第二步是冶炼,即将浮选后收集起来的锌精矿在 950℃ 高温中焙烧,用氧气脱硫,生产出不纯的氧化锌粉,用弱硫酸过滤粉末,去除杂质。但有些杂质,如铅、银和铁不溶解,另一些杂质如钴和镍都被溶解。后面这些杂质通过胶结沉淀于溶液,在一定的温度下添加锌粉借使其他金属沉淀于溶液中。

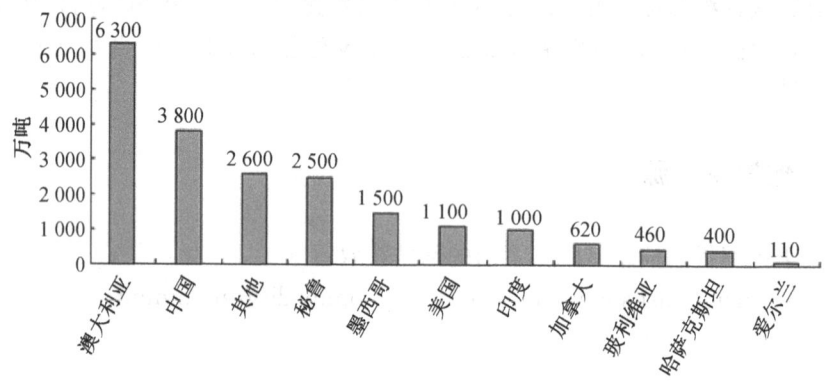

图 6-18   2015 年全球锌资源储量分布
(来源:USGS)

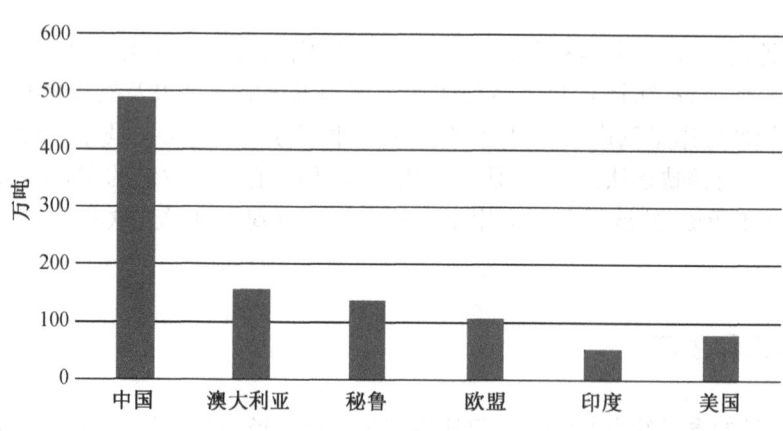

图 6-19   各国(或地区)锌精矿产量比例
(来源:USGS)

最后,电流通过硫酸锌溶液,使锌沉积在铝阴极,产生 99.99% 或更高纯度的金属锌,熔化再铸造成锌锭或任何想要的形状。对交易商而言,最重要的级别,与最低纯度相连,是 LME 99.995% 的特别高等级、99.9% 的高等级和 98% 的西方原锌(Prime Western)级。锌板一般指各种形状和大小的商业用途铸造锌。

此外,还存在一个纯火法冶炼过程来炼制金属锌。虽然这个过程从历史意义上来说是非常重要的,但目前它占锌产量不到 20%。

全世界 30% 的锌都是再加工锌,美国也是如此,再加工锌中 70% 是新废料(pre-end consumer use),30% 是旧废料(post-end consumer use)。有趣的是,每年锌只回收了 10%,回收率低是由于镀锌产品有很长的产品寿命,锌的化学用途很大程度被损耗了。

根据 USGS 数据显示,截至 2015 年年底,全球已查明的锌资源总量超过 19 亿吨,保有锌储量超过 2 亿吨。锌储量较多的国家有中国、澳大利亚、美国、秘鲁和墨西哥等,这 4 国的矿石储量占世界锌储量的 70.5%(见图 6-18)。中国锌资源保有储量为 3 800 万吨,占全球总保有量的 19%,位居全球第二。

USGS 数据显示,2015 年全球锌精矿产量为 1 346.5 万吨,与 2014 年相比略微上涨 10 万吨。其中中国、澳大利亚、秘鲁产量分别为 490 万吨、158 万吨、137 万吨(见图 6-19)。中国锌精矿产量占全球总产量的 36.6%,2015 年累计锌精矿产量同比增长 5%。全国锌产量排名前 5 位的省区有湖南、云南、陕西、广西和内蒙古,5 省产量占全国总产量的 69.1%,锌产业的相对集中度较铅低。2016 年 1 季度全球锌精矿产量下调,锌矿供应持续紧缩。国际铅锌研究小组(ILZSG)下调 1~2 月份的锌矿产量,1 季度全球锌矿供应量为 298 万吨,同比下滑 10.3%。同时需要注意的是,国内 3 月的锌矿产量环比上涨 18%,为 43 万吨,超出市场预期,需要持续关注后续复产情况对精锌市场的供需缺口影响。

而精炼锌方面,2015 年全球产量 1 390.5 万吨,同比上涨 3.7%。中国精炼锌产量 615 万吨,占比 43.9%,同比下滑 10%,中国锌减产正在进行时。2016 年 4 月,中国精炼锌产量 50.4 万吨,同比下降 2.5%。2016 年 1~4 月份累计生产 195.1 万吨,同比下降 1.1%。

从 1995 年以来,世界范围锌板产量年平均增幅为 3.7%(见图 6-20),而中国占全球锌板产量的 30%,欧盟和加拿大加起来占 25%,日本和韩国则凭借他们庞大的钢铁产量和钢铁行业紧接其次。值得注意的是,美国几乎没有多少锌,却是精炼锌的主要出口国,也是锌板的主要进口国。1995 年以来,在全球锌精矿和锌板产量振幅中,中国贡献了 60%,加拿大、美国和欧盟产量占世界总产量的比重已经从 42% 降到了 28%(见图 6-21)。

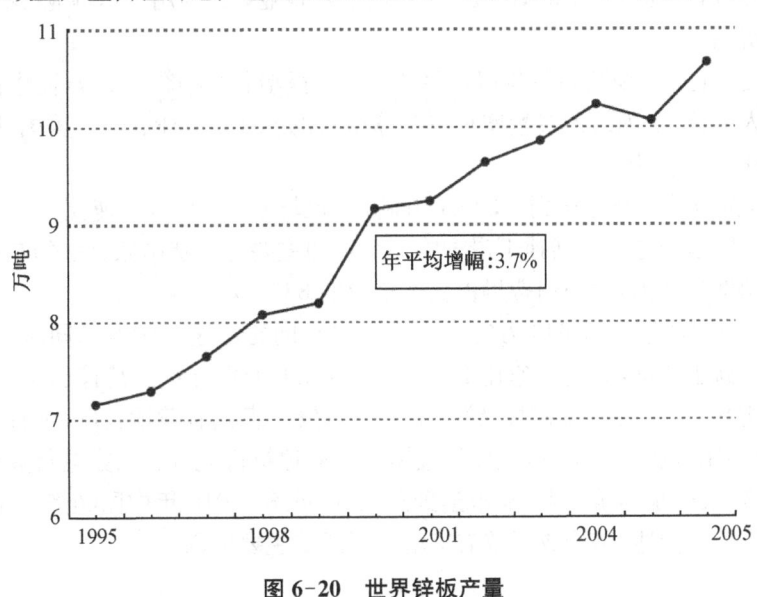

图 6-20　世界锌板产量

(来源:USGS)

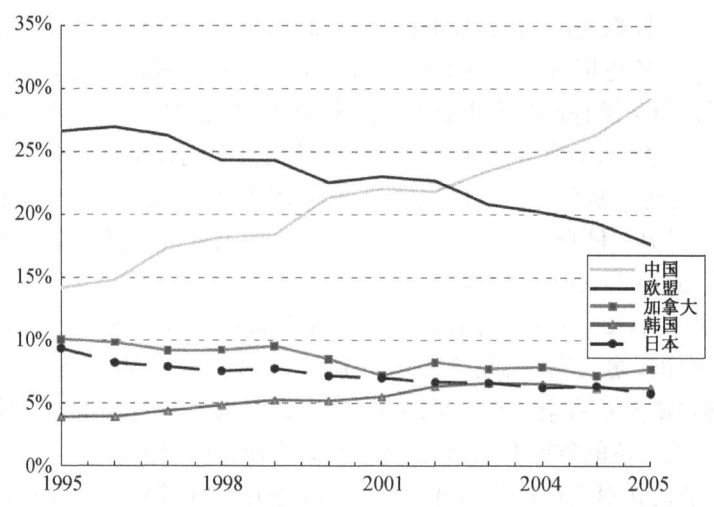

图 6-21　世界前五大锌板生产国(地区)占比
(来源:USGS)

二、消费

　　锌是第五大常用金属,仅次于铁、铜、铝和铅,因重量轻和耐腐蚀而备受追捧。主要竞争来自铝、镁、塑料。

　　几乎一半的锌被用来做镀锌钢板,建筑业、电力、农业、交通,特别是汽车,都是镀锌钢材的主要使用者。还有 20% 的锌与铜混合形成黄铜,黄铜主要应用于管道、阀门、配件、电气连接、换热器和弹药。全球有 45% 的锌用于建筑业,25% 用于运输业,10% 用于机器制造业和消费品生产。

　　1995 年起,全球锌消费量每年以不足 4% 的增幅增长(见图 6-22),而中国锌消费消耗增长量令人震惊,中国的消费量增长占全球增长的 60%。与此同时,美国、欧盟和日本的消费量迅速下降(见图 6-23)。

　　2015 年,全球锌消费量达到 1 379.1 万吨,同比增长 1.24%,增速比 2014 年下滑 4.6 个百分点。原因是全球经济增速下滑影响。全球的主要锌消费国家(地区)是中国、欧盟、日本、美国、印度和韩国,它们消费量占全球总量的 83% 以上。

　　2015 年,中国精锌消费 649 万吨,居全球首位,同比增速 1.04%。同时,中国锌消费增速下滑速度高于全球,同比增速比 2014 年下滑 6.1 个百分点。精锌的主要下游需求,按照产品结构来分,主要有镀锌板、锌合金、化工材料、青铜和黄铜,其中镀锌板占比最大(50%);按照终端行业领域来分,主要的应用领域有建筑行业、汽车、家电行业以及包装行业,其中占比较大的是建筑行业,需求达到总量的 55%。2015 年中国经济增速下滑,建筑及房地产行业表现低迷,是造成下游需求增速下滑的主要原因。

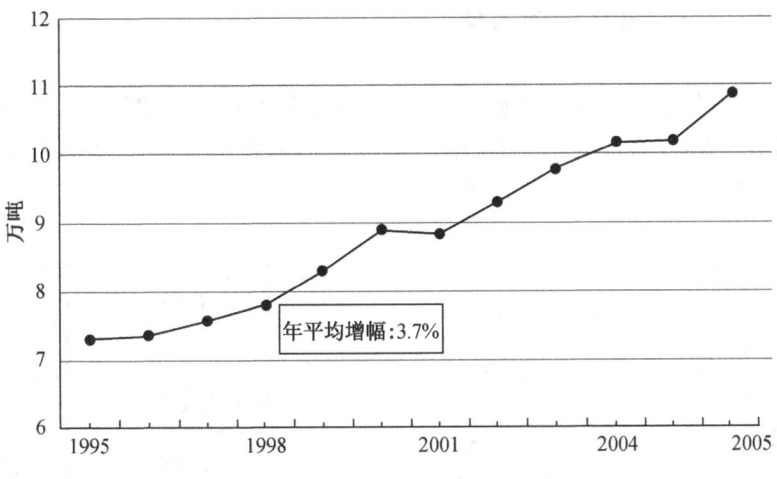

图 6-22 1995～2005 年全球锌板消耗量

（来源：USGS）

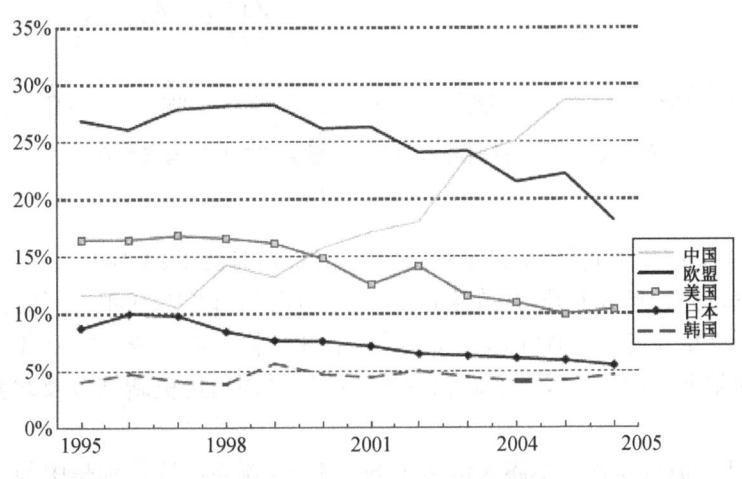

图 6-23 1995～2005 年世界前五大锌板消费国（地区）占比

（来源：USGS）

三、储存

锌在 LME 交易,其储量数据对研究锌交易非常重要。此外,ILSZG 也跟踪锌储量数据,报告消费者、生产者和批发商的储量。与 LME 不同,ILSZG 储量数据是修正过的,有时是大幅修正。并且,数据依赖于受访者的调查所以不容易证实。如果我们考虑1996 年以来,LME 储量和锌价的原始相关系数是 −0.57,然而 ILSZG 和锌价的原始相关系数是 −0.29,LME 和 ILSZG 的储量之和与锌价的相关系数是 −0.63。这表明,同期数据中,未调整的 ILSZG 储量的贡献比 LME 要差。

四、期货价格和市场波动事件

过去20年锌价长期在底部盘整中,两旁各有两个主要波峰(图6-24),2001年经济衰退时达到最低点,一直持续到2003年。这段期间,锌价落入低谷,人人惟恐避之不及。当然锌比铅还好一点,铅的下跌比锌更严重。

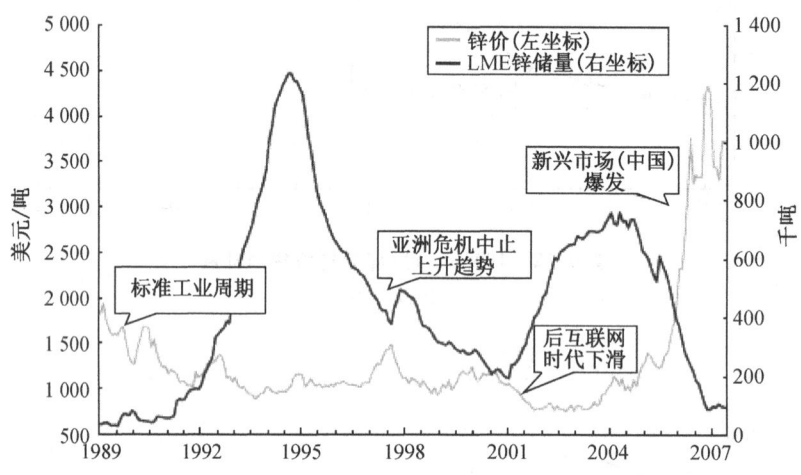

图 6-24　锌三月期合约价格与伦敦金属交易所储量数据

(来源:LME)

图6-24中的第一个波峰,来自于强烈的供不应求,是罢工、飓风和技术问题共振的产物,1987年锌价开始显著上升,并持续到1989年,而图中以1989年为开始。1989年,新矿山和精炼厂重新开工,带动精炼金属供给增加,使价格开始下滑,1990年,价格一开始受益于强烈的需求,但下半年,当采矿和精炼厂的储量创出历史新高以及北美经济放缓,锌价又回落。

而2007年的波峰是整个金属大泡沫中的一部分,新兴经济特别是中国的巨大需求,导致精炼锌的短缺,这可以从储量和基本余额表的变化中看到。1997年上半年是一个可类比但规模小的多的上涨,当时的飙升也可归因于新兴市场,特别是东南亚地区,但非常短命,7月开始的东南亚危机,引发经济活动的放缓,锌价也随之下跌。

拿1997年的小景气与2007年的大繁荣并列有些暗示性,都是新兴市场增长引起价格上涨,第一个例子中,亚洲经济危机把价格打回1000美元附近。同样也很明显,中国经济增长放缓是现在金属价格暴涨的主要风险。

中国经济减缓的风险揭示了一个深刻的现实:锌价随着世界工业周期而循环。虽然中国可以看成是一个明显的风险,但实际上世界各主要地区的经济减缓都会对锌价形成重压。当然,锌行业自身发展也很重要,最重要的是,如果热钱持续推动锌行业的新产能投资,锌价就可能保持强劲;而如果新产能的投资超过了市场需求,锌价格就会承受重压。

从中期前景来看,由于更好的矿储开始枯竭,锌很少被关注。这种自然矿藏的下降或多或少依赖技术进步,以此来扩大矿藏的利用率。另一个锌价支撑因素是回收,与石化产品不同,锌可以回收再利用。然而,相对于铝,由于运用时的色散性质,锌更不容易回收。如果锌价涨的过高,就会导致替代品出现。铝、镁和塑料都是锌可能的替代品。当然,所有这些材料当前价格都很强劲。

显然,有很多因素影响锌价。幸运的是,这些因素背后的经济知识都非常清晰。这些因素和经济知识都有潜力为交易策略提供研究基础,但难点是如何搞清楚它们的权重以及如何因时间而改变其权重。

五、合约细节

LME 交易特别高等级锌,报价是每吨多少英镑,每份合约规格是 25 吨纯度达99.995% 的锌。像 LME 其他金属交易一样,每次实物交割必须是 LME 批准的品牌,存于 LME 批准的仓库。在 LME 的 select 时间,最小报价跳动单位是 0.25 英镑;但到了ring 时间,就变成 0.50 英镑。锌的第一节 ring 时间是从中午 12:10 至 12:15 以及下午3:45 至 3:50,kerbs 从下午 1:15 至 2:45 和下午 4:15 至 5:00,此时决定了一天的评估收盘价。更多信息可以在 LME 官网上看到。

从 1964 年至 1988 年,有 3 次主要级别变化。世界锌价以欧洲生产商价格为依据,而LME 则扮演"第二小提琴手"。欧洲生产商价格基于 98% 的良好普通品牌(gob)而定价。从 1968 年到 1986 年,LME 提供了竞争性合约,被称为标准锌,两者都用英镑定价的。1984 年 12 月,LME 引入 99.99% 的高等级锌,直到 1990 年 3 月才上市。1988 年 9 月还推出用美元定价的特别高等级锌,意味着欧洲生产商价格消亡。到 1988 年年底,LME价格已经成为标准定价。2000 年 11 月 1 日又有一次重大变化,LME 把纯度提高到99.995%。所以,由于等级变化的缘故,历史数据有些失真,无法提供一个清晰一致的价格。

◢◣巩固训练与提高◢◣

1. 试述铜的供应量构成。
2. 试述在分析铜价格时如何运用基本余额表。
3. 如何理解铝价格的低波动率?

第七章 软 商 品

学习目标 ——————————————————————————————

掌握软商品的基本面状况。

能力目标 ——————————————————————————————

运用软商品的基本面进行投资分析。

案例导入 ——————————————————————————————

日内瓦进行的《国际糖协议》正式签署,糖的最大价格设定在一磅13美分,将于下一年度开始生效。当时,糖期货价格大约在11美分附近。另外,根据你曾经读过的某篇报道显示,目前的糖价已经低于生产成本在似乎意味着糖价明显超跌,于是,你进场做多,可是,糖价不仅没有回升到13美分,甚至进一步挫跌。

请运用第一章有关14种基本面分析的谬误进行分析。

第一节 咖 啡

咖啡是世界上最大的咖啡因饮料,全球每天饮用16亿杯。世界总咖啡因消费中,咖啡占54％。美国在1975年有65％的人口喝咖啡,但现在已经降至52％,在最近的10年,咖啡遭到软饮料有力的竞争。

咖啡树种植在亚热带和热带气候地区,咖啡豆是其种子。主要有两种类型的咖啡:阿拉比卡咖啡和罗布斯塔咖啡。阿拉比卡咖啡一般优于罗布斯塔咖啡,后者被认为有涩味,美国人通常喜欢把罗布斯塔咖啡与阿拉比卡咖啡混合成速溶咖啡。世界上咖啡产量大约三分之二是阿拉比卡咖啡,其余另外三分之一是罗布斯塔咖啡。最好的阿拉比卡咖啡种植在海拔500～2 000米高度的火山土壤中,接近于赤道两侧。罗布斯塔生长在较低海拔,更接近赤道。对种植而言,咖啡树在结果之前,需要3到5年时间,如此长的时间会导致供求不平衡,因为咖啡价格高的时候才种植咖啡,这几年内却没有产量,而几年后情况可能会发生变化。

一、历史

咖啡源于9世纪的东非,可能在如今的埃塞俄比亚地区。没有人知道它确切源头,但传说是一个叫卡勒迪的牧羊人发现的。有一天卡勒迪发现他的山羊吃过树叶和灌木浆果等之后行为很怪异。第二天,山羊又冲回相同位置,经过观察,很快卡勒迪发现了咖啡树。

咖啡从埃塞俄比亚开始传播,公元1000年,越过红海,北移至也门,接着在整个穆斯林世界流行。1600年左右咖啡进入欧洲,1683年土耳其人撤退时将大量咖啡遗留在维也纳,加速咖啡流向北欧。1700年,荷兰人开始在爪哇(现在的印度尼西亚岛屿)种植咖啡。

18世纪早期,新世界开始种植咖啡。1723年,法国人在马提尼克种植咖啡,几年后,咖啡种子被走私到巴西,促使其成为当今世界上最大的咖啡生产国。目前,世界主要咖啡产地的种植季节如图7-1所示。

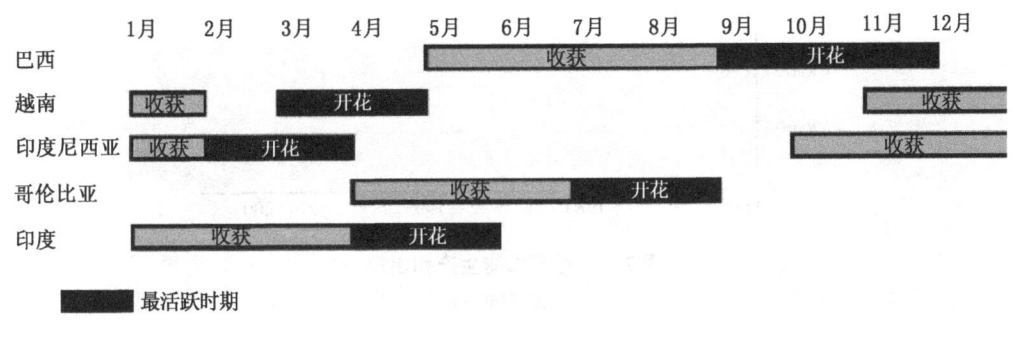

图7-1 各国咖啡种植季节

二、加工生产过程

咖啡豆是咖啡树的种子,需要很多工序才能酿成咖啡。首先,要从咖啡树上摘取,可以手工也可以或机器采摘,机器采摘当然明显减少劳动强度,但缺点是无法辨别咖啡果是否成熟。其次,对咖啡豆进行加工,目的把咖啡豆从果实中分离出来并晒干,有两种加工方法:干法(不洗)和湿法(水洗)。干法基本就是把咖啡果在阳光下暴晒,然后用去壳机把咖啡豆分离出来。湿法大量使用水区分未成熟或坏咖啡果,然后,在干燥前,用机器把咖啡豆分离出来,这种干燥前提前分离果豆使得质量更高,因此,价格也较高,纽约期货交易所的咖啡合约只交割这种方法加工的阿拉比卡咖啡。大多数巴西咖啡和几乎所有的罗布斯塔咖啡都是用干法处理,而几乎所有的阿拉比卡咖啡(巴西例外)使用湿法处理。加工之后,生咖啡豆就准备出口到消费国。

咖啡下一步准备加工工序就是烘焙,通过加热使咖啡烘焙出芳香。烘焙前,咖啡也有一点香味,但烘焙之后,其芳香才成为人所熟知的香味。烘焙通常在进口国进行,部分原因是一旦烘焙之后,咖啡豆就会开始失去新鲜度。

USDA 统计 2013～2014 年销售年度,世界咖啡产量是 152 512 000 袋(一袋 60 公斤)。图 7-2 显示 1973 年以来的世界咖啡产量,增速相当平稳,年均增长率2.1%。生产国将绝大多数收成出口,但并非全部出口,图中出口线与产量线的差额可见一斑。咖啡大约在 70 多个国家生产,最大生产国是巴西。在 2006 年至 2007 年的市场销售年度里,巴西产量已超过 4 600 万袋咖啡,超过世界产量的三分之一,这就使咖啡价格与巴西天气情况紧密联系在一起。世界主要的咖啡生产国,巴西之后是越南、哥伦比亚、印度尼西亚、埃塞俄比亚、印度、墨西哥和危地马拉。全国咖啡生产、消费、进口和出口的情况参见表 7-1和表 7-2。

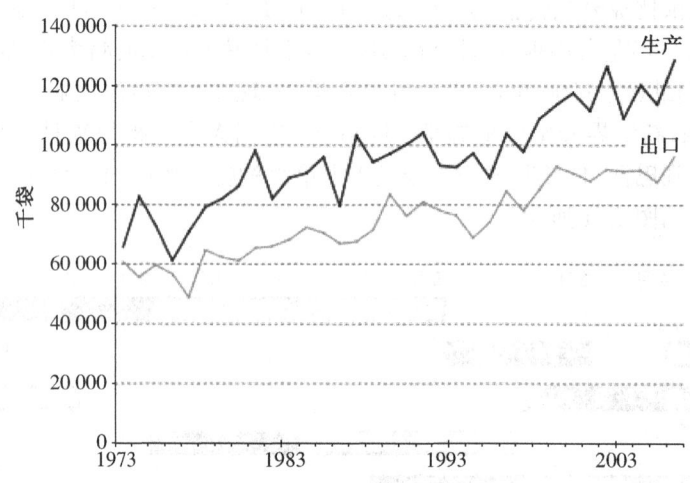

图 7-2 世界咖啡生产和出口

(来源:USDA)

表 7-1 世界主要咖啡生产国(地区)和消费国(地区) 单位:千袋

序号	生产国家(地区)	月份	主要品种	次要品种	2008～2009	2009～2010	2010～2011	2011～2012	2012.6～2013	占比
1	巴西	3月～4月	A	R	53 300	44 800	54 500	49 200	56 100	37.2%
2	越南	9月～10月	R		16 980	18 500	19 415	26 000	24 950	16.6%
3	印度尼西亚	3月～4月	R	A	10 000	10 500	9 325	8 300	10 500	7.0%
4	哥伦比亚	9月～10月	A		8 664	8 100	8 525	7 655	9 000	6.0%
5	埃塞俄比亚	9月～10月	A		5 500	6 000	6 125	6 320	6 325	4.2%
6	印度	9月～10月	R	A	4 375	4 825	5 035	5 230	5 250	3.5%
7	洪都拉斯	9月～10月	A		3 225	3 550	3 975	5 600	4 600	3.1%
8	墨西哥	9月～10月	A		4 550	4 150	4 000	4 300	4 300	2.9%
9	秘鲁	3月～4月	A		4 000	3 300	4 100	5 200	4 300	2.9%
10	危地马拉	9月～10月	A	R	3 980	4 010	3 960	4 410	4 210	2.8%
	其他	—			21 665	20 756	21 487	21 583	21 176	14.1%
	总供应				**136 239**	**128 491**	**140 447**	**143 798**	**150 711**	

（续表）

序号	消费国家（地区）	月份	主要品种	次要品种	2008～2009	2009～2010	2010～2011	2011～2012	2012.6～2013	占比
1	欧盟				39 575	49 505	41 730	45 730	44 250	31.4%
2	美国				22 650	22 060	22 888	23 405	22 798	16.2%
3	巴西				18 030	18 760	19 420	20 025	20 615	14.7%
4	日本				6 915	6 780	6 860	6 965	7 340	5.2%
5	俄罗斯				3 190	3 805	4 190	3 700	4 350	3.1%
6	加拿大				2 865	3 170	3 375	3 390	3 550	2.5%
7	埃塞俄比亚				2 500	2 800	2 860	3 050	3 055	2.2%
	其他				28 894	30 302	32 260	35 302	34 757	24.7%
	总需求				**124 619**	**137 182**	**133 583**	**141 567**	**140 715**	
	余额（供应-需求）				**11 620**	**−8 691**	**6 864**	**2 231**	**9 996**	

注意：A＝阿拉比卡咖啡；R＝罗布斯塔咖啡；1袋＝60公斤。

来源：USDA。

表7-2　2012～2013年世界主要咖啡出口国（地区）和进口国（地区）　　单位：千袋

序号	出口国家（地区）	数量	占比	序号	进口国家（地区）	数量	占比
1	巴西	27 465	27.1%	1	欧盟-27国	45 000	46.0%
2	越南	23 200	22.9%	2	美国	22 400	22.9%
3	哥伦比亚	7 700	7.6%	3	日本	7 000	7.1%
4	印尼	6 900	6.8%	4	加拿大	2 400	2.5%
5	洪都拉斯	4 400	4.3%	5	阿根廷	2 300	2.3%
6	秘鲁	4 100	4.0%	6	瑞士	2 275	2.3%
7	危地马拉	3 800	3.7%	7	俄罗斯	2 000	2.0%
8	印度	3 750	3.7%	8	韩国	1 650	1.7%
9	埃塞俄比亚	3 280	3.2%	9	马来西亚	1 400	1.4%
10	乌干达	3 200	3.2%	10	厄瓜多尔	1 350	1.4%
	其他	13 641	13.4%		其他	10 155	10.4%
	总量	**101 436**			总量	**97 930**	
	余额（供应-需求）					**3 506**	

注意：1袋＝60公斤。

来源：USDA，ICE，International Coffee Organization。

　　图7-3展示了咖啡主要生产国产量是如何随着时间变化而变，注意巴西产量的变动。在21世纪70年代中叶，非常严重的寒冬使产量大幅下降，而1990年代中叶又是严寒和

干旱降低了产量。这两个阶段,世界咖啡价格都上涨了。2000 年后,越南超越了哥伦比亚成为了新的第二大生产国,这是咖啡供应的新变化。哥伦比亚的产值依然很高,因为哥伦比亚生产的是有高附加值的阿拉比卡咖啡,而越南是罗布斯塔咖啡。21 世纪的前几年开始,咖啡产量已处于历史高水平,导致了价格下跌,这对发展中国家的种植者非常痛苦(见图 7-4)。

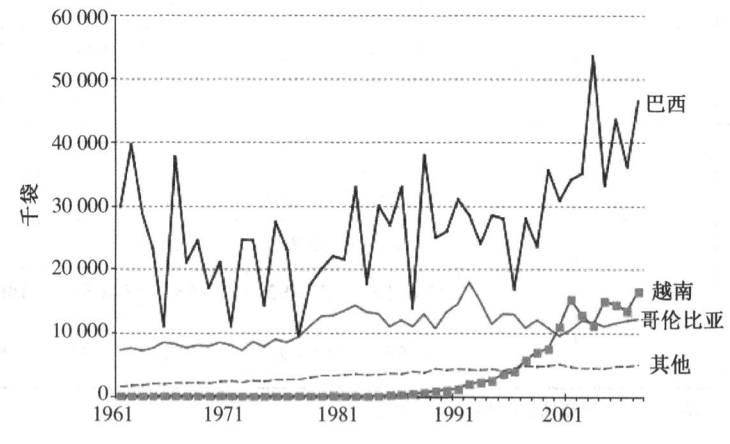

图 7-3　咖啡主要生产国各时期的产量

(来源:USDA)

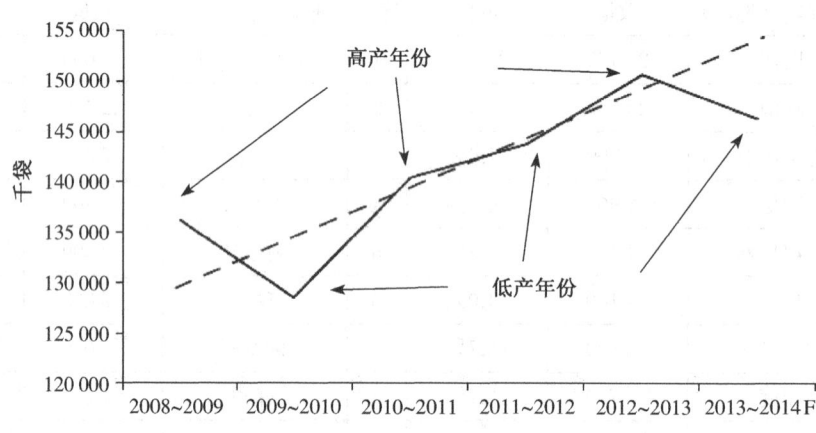

图 7-4　咖啡的高产和低产年份

(来源:USDA)

很多咖啡树有两年的种植周期,即一年高产,第二年产量稍低,这就造成了咖啡供应的波动,虽然这种波动可以预测,并且在种植时尽量平滑这种波动。

三、咖啡的消费量

根据国际咖啡组织(ICO)报告的咖啡主要进口国的消费量,从 1975 年到 2005 年,咖啡消费量仅每年增长 0.7%;而同期,咖啡产量约增长了 1.5%。因此,主要进口国的消费量并未迅速增长,相反还慢于生产增长率。咖啡生产国采取的对策是打开新市场(如亚洲),以及在保证咖啡质量基础上,寻求差异化(哥伦比亚就是个成功的案例)以此来增加国内消费。鉴于咖啡生产国众多,并且这些国家大多都很贫穷落后,因此这种局面很可能会对咖啡的供应造成持续性的上升压力,如果这样的话,将来咖啡产量很难强劲上升。

从美、日、韩、中四国的咖啡进口量对比情况来看,美国和韩国的咖啡进口量稳中有增,日本的咖啡进口量则相对平稳,波动变化极小。而中国咖啡的进口量基本保持上扬态势。2017 年进口量较 2016 年翻了一番。由此也可以看出,中国市场对于咖啡的需求正在强势增长,中国咖啡市场增长前景广阔。

四、期货及价格史、市场波动事件

咖啡交易有两大交易所:纽约期货交易所(NYBOT,2004 年纽约棉花交易所和咖啡糖和可可交易所合并而组成)交易来自特定国家交割的水洗阿拉比卡咖啡,即使巴西是最大的阿拉比卡咖啡生产国,但 NYBOT 也不交割巴西的咖啡。罗布斯塔咖啡在泛欧交易所(Euronext-Liffe)交易,和 NYBOT 一样,也是交割特定国家的咖啡。有趣的是,巴西的罗布斯塔咖啡却是 Euronext-Liffe 的交割品种。

图 7-5 展示了 NYBOT 和 Euronext-Liffe 近期合约的价格走势。咖啡价格没有明显的长期可识别趋势,历史上的价格顶部多数是由于巴西天气而致。在 21 世纪的头几年,咖啡价格非常低迷,抛开其他因素不论,主要是由于巴西天气状况良好以及越南罗布斯塔咖啡供应充足。会影响市场的是 NYBOT 公布的库存量数据,每天下午收盘后,NYBOT 会公布认可的仓库咖啡存货水平。咖啡供应增长稳定以及需求适度增长使得咖啡供求没有长期不平衡,使得咖啡价格上升乏力。而更可能是,咖啡价格将继续保持无趋势盘整或者轻微上升,并且继续因为天气变化而暴涨。

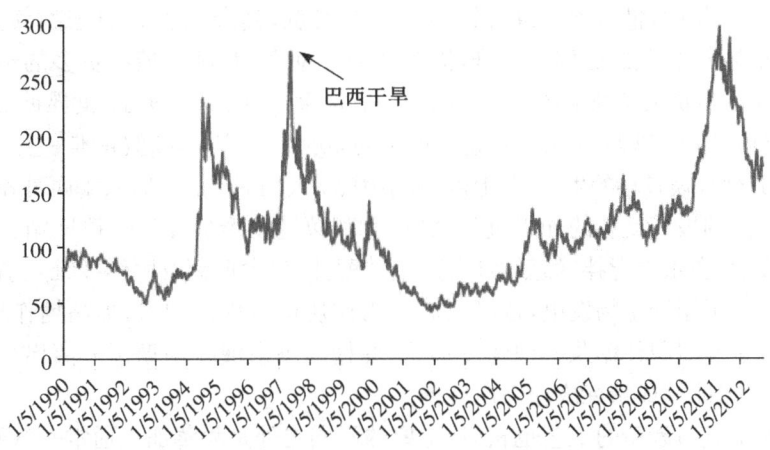

图 7-5 咖啡近月合约价格历史走势图

(来源:彭博社)

五、其他信息来源

ICO 和美国国家咖啡协会是两大搜集和报告国际咖啡交易统计数据的组织，USDA 每个季度公布《热带产品：世界市场和贸易》报告，会估计世界咖啡的供应情况并从其他途径搜集有用信息。

第二节　糖

就像动物储存脂肪一样，植物以糖来储存暂不需要的能量。所有植物都通过光合作用来产出糖，但只有甘蔗和甜菜能储存出足够具有商业用途的糖分。加工之后，两种植物的糖分产成品几乎相同。甘蔗将糖储藏在茎杆中，甜菜则在白色根部。甘蔗是多年生禾本植物，外表近似于竹子，生长于热带和亚热带。甜菜是一年生植物，生长在气候更温和的北半球。糖是纯粹的碳水化合物，储存了能量，在世界食物链中，糖扮演了极其重要的角色。大多数人只将糖视为甜味剂，但实际上还能用作烹调和烘焙，如充当膨胀剂或保鲜。

糖的市场结构和本书中提到的其他商品完全不同。糖市场虽然也有相应的期货合约，但与全球真实的供需状况基本没有关联，因为几乎所有的产糖国都会干预糖的产量、消费和贸易，全球只有大约 20％ 的糖用来交易，剩余的都被产糖国自己消费或储存。这就很难评估驱动糖价的基本面因素，而且各国对上市的糖都有大量补贴，使得交易价格通常低于生产成本。

一、生产和储量

过去的 25 年中，世界糖产量有约 70％ 出自甘蔗，其余 30％ 来自于甜菜。最近，该百分比又有所变化，甘蔗的比例在上升，因为相对于甜菜，甘蔗制糖有更多的价格优势。同时，很多热带区域扩大了糖生产，如巴西、中国和印度，如图 7-6 所示，世界糖最大的生产国（地区）是巴西、印度、欧盟和中国，占世界产量的 50％。它们中，欧盟是唯一主要用甜菜生产糖的地区，其他规模较小的生产国（地区）有泰国、澳大利亚、巴基斯坦、墨西哥和美国。

经过不同的极其复杂的加工过程，甘蔗和甜菜造出产成品——精炼糖。甘蔗先在糖磨坊被切成丝，在水中搅拌，然后挤压，产生甘蔗汁，包含蔗糖及固体纤维残渣。残渣被称作甘蔗渣——可用于生物发电，也可以燃烧为作坊运营提供动力，提高糖作坊能源效率。甘蔗汁通过蒸发器制作糖浆。糖浆冷却后，原糖与剩余液体即糖浆分离出来。原糖呈微黄色，漂白后成冰糖或精炼成精炼白砂糖。

甜菜加工成白砂糖的工艺也相似，主要的不同之处是甜菜加工通常一气呵成，不经过原糖阶段。加工过程后剩余物，还包含相当一部分糖，再回收到加工过程，最大程度提取糖分；剩余物也可以用于牲畜饲料。

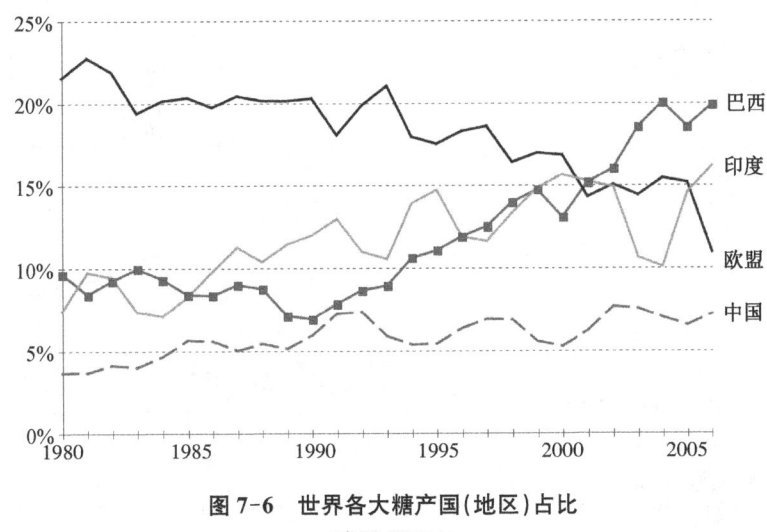

图 7-6　世界各大糖产国(地区)占比

(来源:USDA)

甜菜和甘蔗都可以加工成糖基乙醇作运输燃料,其中用甘蔗做乙醇更划算。巴西是世界上最大的甘蔗乙醇生产国,这是 1973 年石油禁运后巴西启动的全国酒精计划的产物。在巴西,糖作坊分 3 种:糖、乙醇或混合作坊,大多数的巴西糖作坊是混合型,即可以在生产原糖和乙醇燃料之间转换,这使他们能针对任一市场基本面变化作出快速反应,巴西国内或外国对乙醇需求,都会使巴西甘蔗加工从原糖转移到乙醇。

二、消费

许多食物都含有糖分,常见的有蔗糖、葡萄糖、果糖、乳糖等。将糖添加到食物,为了使食物味感和口感更好。图 7-7 标示了全球最大的 5 个食用糖消费国(地区)。追溯近50 年的人类糖消费史,不同国家(地区)间糖消费量比例出现了巨大变化,印度、中国、巴西糖消费量的增长与人口和财富增长相伴。欧盟和美国曾是 20 世纪大多数时候的主要糖消费国,美国的糖消费在 1990 年代早期经过多年下降之后趋于稳定。美国下降是由于消费者转于另一种甜味剂——高果糖玉米糖浆(HFCS),HFCS 产自于玉米湿加工,其产量在 1980 年代快速上涨。两大主要饮料生产商——百事可乐和可口可乐同时将目光转向 HFCS,这种转向的某个原因是美国政府将国内糖价置于世界糖价之上,以便保护美国农民的利益。而用成本较低的玉米糖浆,也能使得百事可乐和可口可乐保持原有风味。很多产品需要 HFCS,如烘烤食品、谷物以及各种糖果货物。其他非糖基甜蜜素,也开始抢占白砂糖的市场份额;对于健康的高度关注,如肥胖症和糖尿病也使得糖替代产品大量增长,图 7-8 可以看出这些因素导致世界食糖的产量经常超过消费量。

从图 7-9 中可见,在 2012~2016 年,中国超过印度尼西亚和美国成为世界上最大的糖进口国。但 2016 年以后,中国商务部展开对中国进口食糖保障措施调查,该调查历时7 个月,牵扯数个国家、数十家企业。最终于 2017 年 5 月 22 日,中国商务部认定在调查期内中国食糖产品进口量的增加,对中国国内食糖产业造成了严重损害,且进口产品数量增

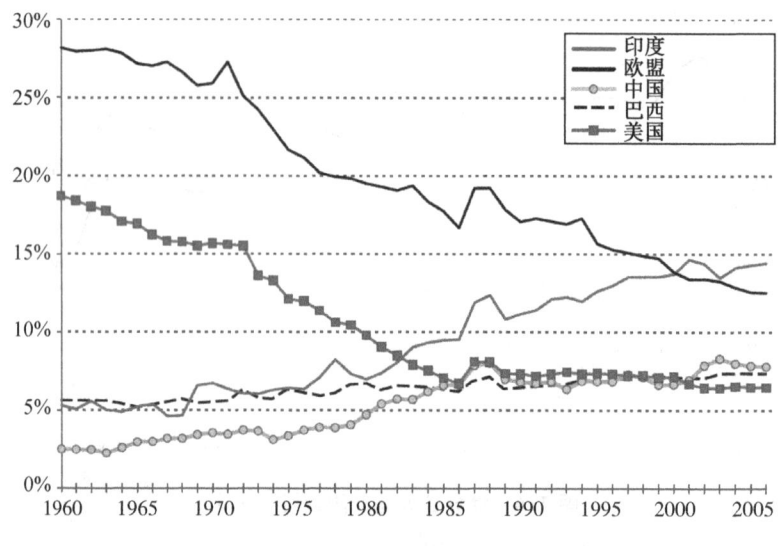

图7-7　世界食用糖消费大国(地区)占比

(来源:USDA)

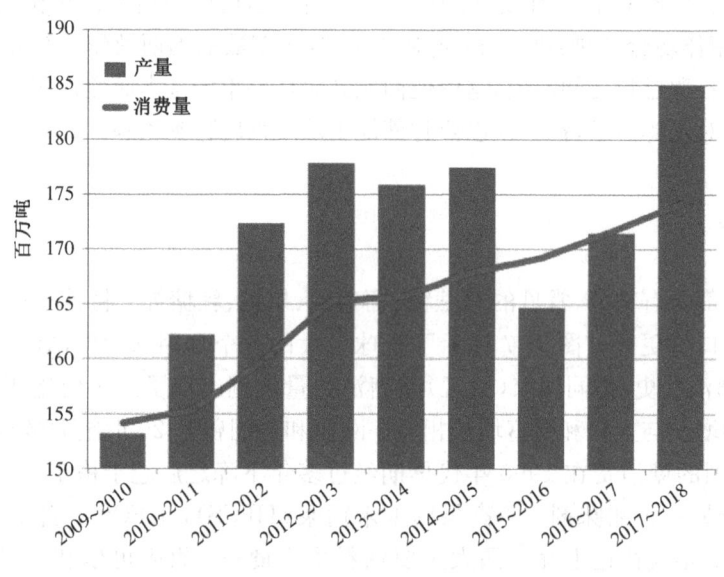

图7-8　全球糖的产量与消费量

加与严重损害之间存在因果关系,中国海关自2017年5月22日起对进口食糖产品实施保障措施。保障措施采取对关税配额外进口食糖征收保障措施关税的方式,该措施使得中国食糖进口总量同比下降40%。

三、生物燃料——乙醇

甘蔗可以制造乙醇,生物燃料的兴起,增加了对原糖的需求。正如前述,巴西是最大的用甘蔗生产乙醇的国家,这主要得益于巴西领土广阔,气候适宜于种植甘蔗。巴西是世

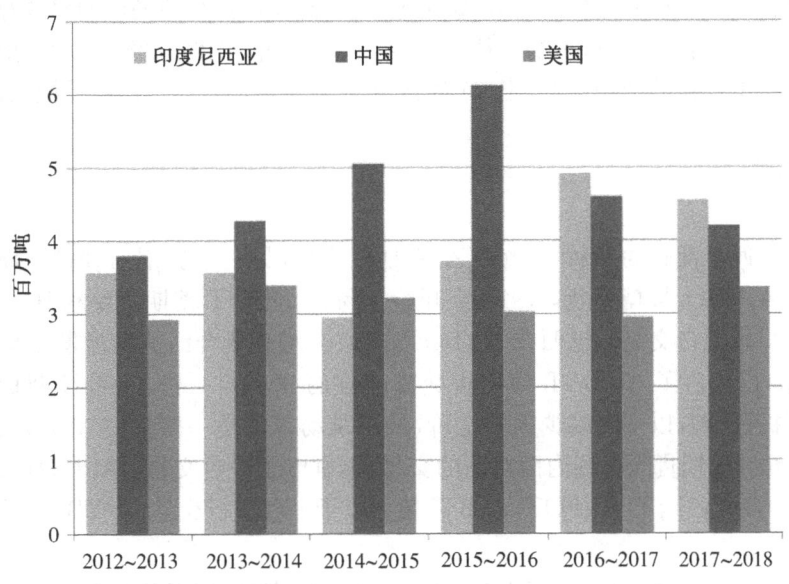

图 7-9　2012～2018 年印度尼西亚、中国、美国食糖进口量

界上最大的乙醇出口国,同时也是最大的食糖出口国,如果巴西或其他国家将甘蔗更多转向乙醇生产,就会加剧世界糖出口市场的紧张状况。

乙醇是通过发酵糖制成的生物燃料,是汽油的替代能源,能与汽油混合使用,也可以使用 100% 的纯乙醇。巴西造出灵活燃料汽车(flexible fuel vehicles),可以使用型号 C 的混合汽油,或者乙醇燃料,消费者可根据哪种燃料价格便宜而定。型号 C 汽油是加了乙醇的汽油,乙醇含量约 20% 到 25%。巴西农业部每年根据对甘蔗产量的预测而决定乙醇含量百分比。一些国家用谷物、小麦甚至是高粱做乙醇,这些原料都没有原糖那么经济,甘蔗乙醇的低成本奠定了今后几十年巴西在全球乙醇产业链的领先地位。

四、政府补贴

政府对糖的补贴对糖市场影响非常显著,世界各国几乎都有各种补贴,这使得糖成为政府补贴最多的大宗商品。直接补贴在国内市场控制的形式是生产配额和保证价格,出口控制有出口补贴,进口控制有进口关税或配额;间接补贴有收入补助、债务融资或者额外长期项目补助(比如政府乙醇项目)。

对糖的补贴,导致糖生产过剩,远超世界市场需求。过剩产量只能倾销到世界市场上,而不管价格如何,最终形成的价格经常是生产成本的零头,这就是为什么糖市场被视为倾销市场、价格是倾销价格的原因。相对于实际供需,糖的倾销市场规模相当小,大约只有 20% 的糖产量在世界倾销市场上公开交易。有些国家不允许或限制消费者和生产商进入倾销市场,认为这扭曲了市场,甚至当国内价比倾销价要高时,消费者还被迫以高价购买。此外,有些国家还通过禁止生产商在倾销市场上销售糖的方式来限制糖产量,迫使生产商只能生产政府愿意收购的部分,否则就毫无价值。

政府补贴影响世界糖市场的一个典型样本是巴西的乙醇计划,相对于其他产糖国而言,巴西针对乙醇大量的补贴导致糖产量迅速增长,过剩的产量迫使巴西将原糖由国内向世界市场倾销,冲击整个出口市场。从 1990 年到 2006 年,巴西原糖出口年均增长 30%,巴西现在主宰世界糖的倾销市场,出口市场的激烈竞争使所有出口商蒙受损失。

五、期货

糖期货有两个活跃的品种,一个是交割甘蔗原糖,另一个交割白砂糖。原糖期货在 NYBOT 交易,即 11 号糖期货,1914 年开始交易。NYBOT 糖期货要求甘蔗原糖在 28 个原产糖出口国港口交割。巴西在 NYBOT 的 11 号糖期货合约扮演着非常重要的作用,1994 年以来,巴西占了 NYBOT 糖期货交割吨位的 80%。一份 11 号糖期货合约等于 112 000 磅甘蔗原糖,以一磅多少美分定价,最小跳动单位是一磅 0.01 美分,最小跳动值是 11.20 美元。该期货既有场内面对面的交易,也有电子平台交易。随着时间的推移,由于 ICE 在 2006 年收购了 NYBOT,而 ICE 使用电子平台进行交易,NYBOT 会全部使用电子交易。

伦敦国际金融期货交易所(LIFFE)也有白糖期货交易,LIFFE 白糖期货可以在指定港口交割 LIFFE 规定的白砂糖或甘蔗冰糖(任何精制糖)。一份 LIFFE 白糖期货合约相当于 50 吨精制糖,并且用美元来交易,该合约最小跳动值是 0.10 美分,一点等于 5 美元,该期货使用电子交易方式。

在流动性方面,NYBOT 的 11 号糖期货是更重要的糖期货,其持仓量是 LIFFE 的 10 倍,每天交易量比 LIFFE 高得多。本章提到的白糖期货都指的是 NYBOT 的 11 号糖期货。

六、历史价格和市场报告

糖的价格史显示出两个基本面截然不同的时期,图 7-10 显示 NYBOT 自 1970 年以来 11 号糖期货的价格走势,可看到有两个不同时期,第一阶段是早期价格波动很大,相形之下,第二阶段价格始终低于 20.00 美分以下,波动范围约 10.00 美分。1974 年至 1975 年及 1980 年,糖价暴涨,此时是糖市场结构转型的催化剂。1980 年代中期之前,美国、日本、加拿大和欧盟主导了糖的进口市场,1974～1975 年和 1980 年的价格上涨时几乎没有抑制住这些国家对食糖的需求。这些国家糖的主要消费者是公司,用糖来生产最终产品,由于这些公司不想失去市场份额,于是硬着头皮消减利润率,而继续购买高价糖,使糖价又进一步上升。而高价糖导致了美国和日本的 HFCS 行业的发展,这两个国家的糖消费逐渐被 HFCS 所取代。糖最大的消费领域饮料行业,在 1980 年代也开始转向 HFCS,这些都导致美国和其他发达国家开始减少对糖进口需求的依赖。

1980 年代之后的糖价之所以稳定,不仅是由于有更多的甜味剂替代品,还由于巴西在世界糖出口市场中发挥越来越大的作用。此外,国际糖进口市场结构已经发生变化,市场是由许多发展中国家组成,价格上升时他们就会降低消费,这就使价格保持稳定。这不同于 1970 年代,那时主要进口国是发达国家,价格无弹性,因为糖只占他们可支配收入的很小部分。

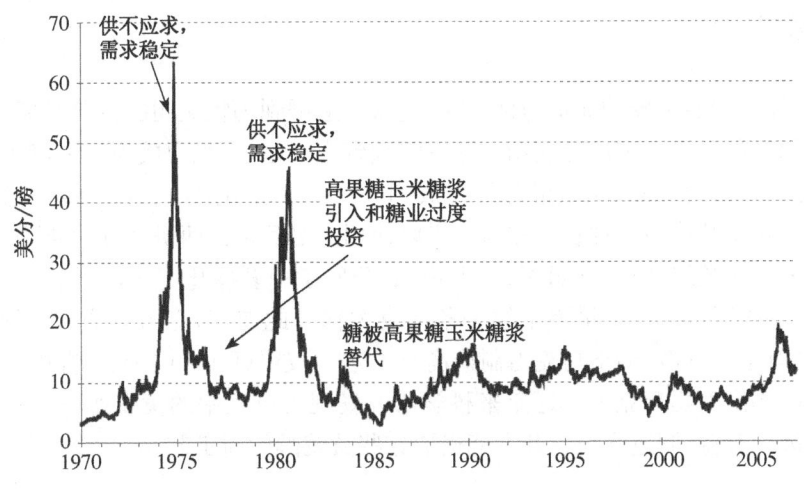

图7-10　纽约期货交易所原糖期货价格历史走势

七、其他信息来源

USDA每年5月和11月发表《糖：世界市场与贸易半年度报告》，这份报告是最全面的公开报告，包括对糖主要生产国和消费国的供需预测。很难找到其他既没有显著滞后又口径一致，同时又是公开、良好的基本面数据。有一些私人发布的世界糖市场供需预测数据，但这些预测数据往往经过多次修改。

糖市场前景依赖于世界各国政府削减糖补贴和其他补助计划，巴西仍是世界倾销市场的供需焦点。由于采用乙醇作为燃料，巴西将一些糖出口量转而变成乙醇出口，乙醇之类的替代市场对糖的需求也在增长，而精制糖也面临非糖替代品的竞争。尽管如此，如果需要的话，巴西仍有空间去扩大甘蔗产业，增加生产，世界倾销市场上糖价将继续受政府补贴变化的影响。总体而言，价格会保持稳定，但由极端天气事件而致产量不足则可能导致价格猛涨。

其他糖市场基本面信息来源很难获得，巴西有一些机构，如圣保罗甘蔗农用工业联盟（UNICA）和巴西农业部，发表甘蔗行业产量和库存的估计数。此外，国际糖业组织（ISO）也发布相关糖业的研究和统计。

第三节　可　　可

所有巧克力（牛奶巧克力、黑巧克力和可可粉等）的基本成分都是可可，它是可可树的种子（theobroma cacao 的字面意思是"神的食物"）。可可具有丰富而传奇的历史，以前一直是皇室御用品，曾经充当过货币，如今，它已成为世界重要经济作物。

一、历史

可可树原产于西半球的赤道地区,文献记载可追溯到玛雅文明的古典时期,尽管源于野生,但在那之前几乎肯定广泛使用。随着阿兹台克兴起,巧克力成为皇室御用饮品。阿兹台克人称巧克力为 chocolatl,最终演变成 chocolate。据说,第一个看到巧克力的欧洲人是哥伦布,曾将其作为一种货币在新世界内使用。之后传到西班牙,风靡欧洲。19 世纪初,昆拉德·凡·豪坦(Coenraad Van Houten)开发了一套碱化工艺,降低了巧克力的酸性。于是在 1847 年,诞生了世界上第一条巧克力棒。此前,巧克力只能作为饮料。1879年巧克力又有重大突破,瑞士巧克力制造商丹尼尔·彼得(Daniel Peter)将巧克力与奶粉混合,从而制作出牛奶巧克力。近年来科学研究发现可可豆中的黄烷醇——一种抗氧化剂,可能对健康有益,制造商正在开发能提取这些黄烷醇的新工艺。

二、加工

可可树的不同寻常之处在于能在同一时间开出两个花朵、结出两个种子,因此,雨量充足时,全年可以结果。而世界上的其他主要农作物都只能从 10 月生长到 3 月。收割、剥可可豆荚都是手工操作,种子悬浮在浆液里。从豆荚中取出的可可豆被装进盒子或堆积起来,包裹着可可豆的是一层可以发酵的果肉,发酵持续 3 到 9 天,去除了可可的苦味,并产生出具有巧克力特点的原料。发酵是可可豆中所含糖分转化为酸——主要是乳酸和醋酸的简单过程。发酵过程导致可可豆温度升到 52℃,杀死了其中的细菌,并激活了其中的酵素,形成当烘烤可可豆时产生巧克力味道的混合物。最后的结果是生成了深棕色的,经过充分发酵的可可豆,出现上述这种颜色表明可可豆准备进入干燥过程了。彻底干燥了以后,机器开始加工:首先,将豆壳分开,通过烤和磨碎,产生了所谓的巧克力酒(虽然不含任何酒精)。接着有两条办法:一种是按压巧克力酒,将油脂(可可油脂)从可可饼中分离,饼成为可可粉,而可可油脂制成其他巧克力产品。另一种方法是把巧克力酒加工成巧克力,酒经过额外处理,混入其他成分,比如牛奶,糖,可可脂等。

三、可可的生产和消费

图 7-11 展示了可可的产量和消费情况,消费无法直接测量,但可从磨碎量看出,即推断多少可可进入加工。1980～2005 年,可可的生产和消费都在稳步上升,产量比消费波动更大,但比咖啡的产量要稳定。从 1980 年到 2005 年,产量和消费量年均增长约 3%。

表 7-3 显示了世界五大可可生产国,产量最大的是科特迪瓦,其可可产量占全世界的40%。五大生产国中,4 个在非洲(所有可可产量中,非洲国家超过约 70%),还有一个是亚洲的印度尼西亚。请注意,可可的原产地并不在其列(巴西是第 6)。科特迪瓦在供应上的举足轻重使得其对可可价格影响极大,歉收或干旱都可能推动全球可可价格的上涨。此外,科特迪瓦的政治也不稳定,1999 年发生政变,2000 年总统选举时发生暴乱,2002 年

又发生叛乱。可可第一和第二大进口市场是欧洲和北美,由于可可粉是高档品,所以其消费量通常是与一个国家(地区)财富有关。

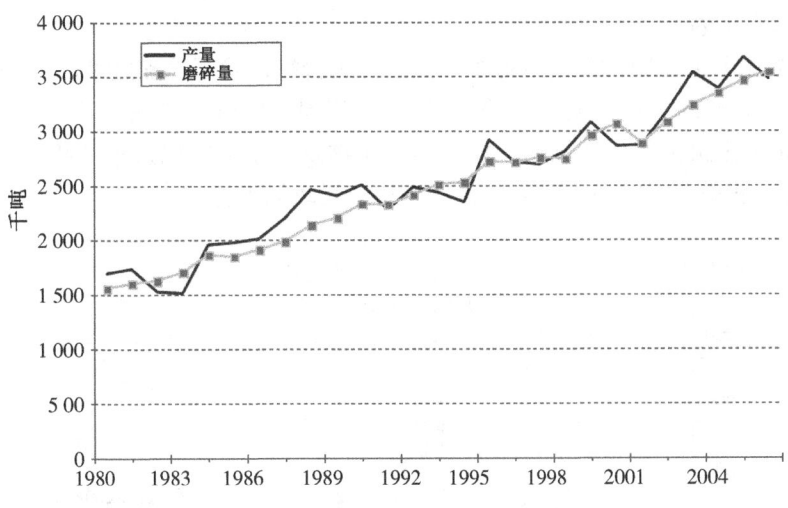

图 7-11 1980～2005 年全球可可产量与磨碎量

(来源:国际可可组织)

表 7-3 世界五大可可生产国　　　　　　　　　　　　　　单位:千吨

国家	2012～2013	2013～2014	2014～2015
科特迪	1 449	1 746	1 720
加纳	835	897	810
印度尼西亚	410	375	380
尼日利亚	238	248	235
喀麦隆	225	211	205

近年来,同咖啡市场类似可可有追求高品质的倾向,这可能导致未来出现双重或多重层次的市场。

四、期货、历史价格、市场运行事件

可可有两个主要的期货交易所:NYBOT 和 Euronext-Liffe。两者之间的主要区别是,NYBOT 的合约以美元计价,Euronext-Liffe 是以英镑计价。由于仓库位置和可以用平价交割,Euronext-Liffe 通常溢价交易,其持仓量也相对较高。Euronext-Liffe 是电子交易,而 NYBOT 是电子交易与公开叫价并列(但最终将全部电子交易)。两个交易所的合约规模都是 10 吨,最小跳动单位是 1 英镑或 1 美元,跳动值是 10 英镑或 10 美元。两个交易所上市的合约都是3月、5月、7月、9月和12月（H、K、N、U、Z）。

不像其他商品，可可没有多少能推动市场波动的定期公布的统计数据，只有一个巧克力制造商协会每季度公布的磨碎量报告，在NYBOT的网站上可以查阅。NYBOT也发布每天仓库库存数据。

图7-12显示了NYBOT可可近月合约的历史价格。除了暴涨之时，可可价格上升的非常缓慢，2000年的可可价格与大约30年前的相同。价格上涨主要发生在1977年，这一年，当时世界上最大的生产国——加纳的农作物发生了灾害以及前几年价格低迷而减产。最近的上涨是2002～2003年，原因是科特迪瓦政局不稳。

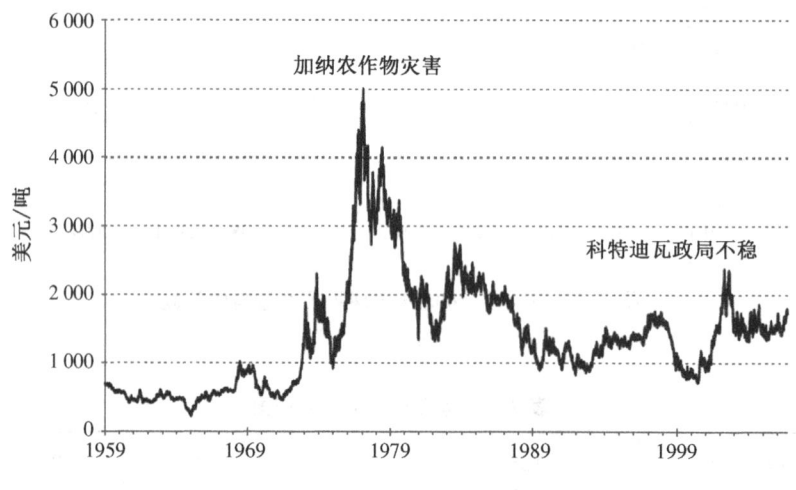

图7-12 NYBOT可可近月合约的历史价格

由于世界财富的增加及可可对健康有益的新发现，可可价格会稳步增长。生产国增加可可种植面积会使供应增加，但是事实上也很有限，因为可可只能种植在赤道地区。因此，可可价格的长期前景是平稳或温和增长。

五、其他信息来源

最佳的可可生产和贸易信息来源是国际可可组织（www.icco.org），该组织可以提供一般而言还算有用的信息。

第四节　棉　花

棉花是棉花树的种子纤维，原产亚热带，将棉花纺成线然后纺织成布料。人类利用棉花已超过5 000年，罗马和波斯把棉花制品当作其世界贸易的货币，棉花向北蔓延到欧洲，最终至美洲，成为殖民地的第一种经济作物。

欧洲工业革命带来棉纺机的发明，将纺织工艺大大提速，但棉纤维或皮棉分离仍需要手工。直到1793年,伊莱惠特尼发明轧棉机,轧棉机把棉绒从种子中分离出来,使每个工人能以前所未有的速度生产棉绒。无论棉纺机还是轧棉机都进一步提高了棉花的经济力量,在世界各地经济中占据重要地位,故棉花被称为"白色黄金"。

棉花是世界上最重要的纺织品,可用于几百种纺织品,包括服装、床单、浴巾等。不光是棉纤维,棉花的所有部分都有利用价值:棉籽是像大豆那样的油籽,把棉籽压碎,能生产出3种产品:棉籽油、棉籽粕和棉壳。棉籽油和棉籽粕类似豆油和豆粕,棉籽油主要用作烹调油、沙拉酱和其他食用方式。棉籽粕是牲畜饲料的蛋白质来源,在大豆的相关油料附加信息中有所涉及。

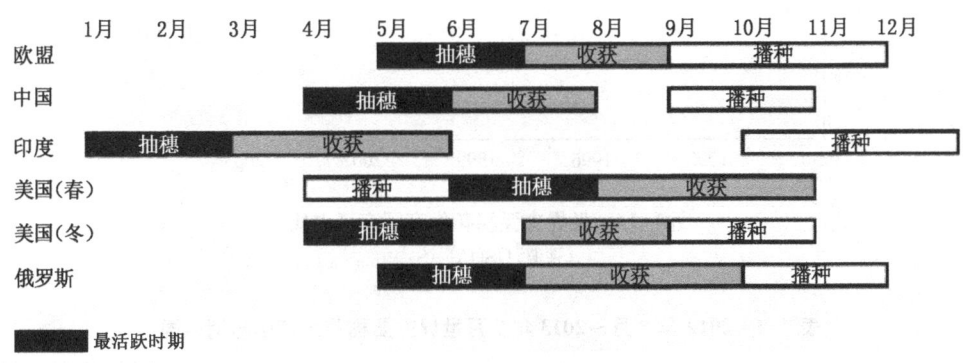

图 7-13　各国(地区)棉花种植季节图

一、产量

现代棉花是通过对各种野生棉花品种进行转基因工程后的产物,这种基因修改能使棉花抵抗某些害虫、更少施肥、棉花纤维更好地用于纺织加工。棉花主要有5种类型:美洲长绒棉、亚洲棉、埃及棉、海岛棉和山地棉,全世界大多种植山地棉。各种棉花以纤维长度和纤维细度来区分,纤维长度是棉花纤维的平均长度,美洲长绒棉、埃及棉和海岛棉有较长的纤维长度,这使它们能编织更强更轻的织物。亚洲棉主要种植在亚洲,纤维粗而长度短。山地棉的纤维长度和细度介于其间。棉花植物的生长至少需要160个无霜日和充足的水。野生棉花是一种多年生植物,但改良后的棉花必须每年种植。

中国、美国、印度和巴基斯坦占世界棉花产量的主导地位,这4个生产国加起来占世界棉花总产量的70%。根据其种植和收获时间的不同,每个国家(地区)都有不同的作物销售年度(见图7-13)。美国的棉花销售年度从8月到次年7月,即2017~2018年棉花销售年度是从2017年8月1日至2018年7月31日。图7-14显示了4个最大生产国自1990年以来占世界棉花产量的比例,该图表明除印度以外其余各国近15年来所占生产份额都相对平稳,只有印度设法增加其份额,并且与美国竞争世界第二大生产国地位。美国其他农产品如玉米和大豆的耕地需求上升,使得棉花种植面积和产量减少。纺织业从美国转移到中国和其他一些亚洲国家,促进了中国棉花产量的扩张,其他较小的棉花生产国如巴西和乌兹别克斯坦的产量摇摆不定,大量过剩产能进入出口市场,导致棉花出口市场供应和竞争加剧,有利于进口国压价(见表 7-4、表 7-5)。

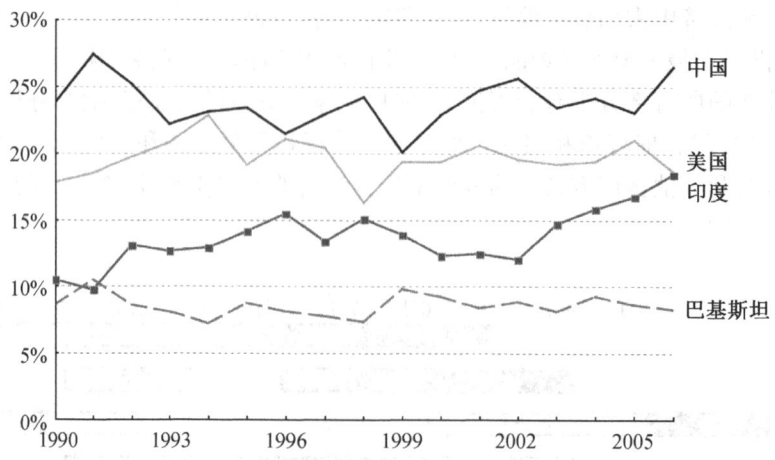

图 7-14 世界主要棉花生产国产量占比

(来源:USDAFAS)

表 7-4 2012 年 8 月～2013 年 7 月世界主要棉花生产国与消费国

单位:棉包(480 磅)

序号	生产国	产量	占比	序号	消费国	消费量	占比
1	中国	35 000	28.9%	1	中国	36 000	33.6%
2	印度	26 500	21.9%	2	印度	22 500	21.0%
3	美国	17 315	14.3%	3	巴基斯坦	11 000	10.3%
4	巴基斯坦	9 300	7.7%	4	土耳其	6 000	5.6%
5	巴西	5 800	4.8%	5	巴西	4 100	3.8%
6	澳大利亚	4 600	3.8%	6	孟加拉国	3 600	3.4%
7	乌兹别克斯坦	4 500	3.7%	7	美国	3 500	3.3%
				8	印尼	2 550	2.4%
				9	越南	2 300	2.1%
				10	墨西哥	1 800	1.7%
	其他	18 020	14.9%		其他	13 923	13.0%
	总量	**121 035**			总量	**107 273**	
	余额(供应-消费)					**13 762**	

来源:National Cotton Council of America and USDA Foreign Agriculture Service。

表7-5 2012年8月～2013年7月世界主要棉花出口国与进口国

单位：棉包（480磅）

序号	出口国	出口量	占比	序号	进口国	进口量	占比
1	美国	13 026	27.9%	1	中国	20 327	43.8%
2	印度	7 600	16.3%	2	土耳其	3 800	8.2%
3	澳大利亚	6 179	13.2%	3	孟加拉国	3 600	7.8%
4	巴西	4 307	9.2%	4	印度尼西亚	2 600	5.6%
5	乌兹别克斯坦	3 200	6.8%	5	越南	2 425	5.2%
6	希腊	1 200	2.6%	6	巴基斯坦	2 200	4.7%
7	布基纳法索	1 150	2.5%	7	泰国	1 511	3.3%
8	土库曼斯坦	1 075	2.3%	8	韩国	1 314	2.8%
9	马里	875	1.9%	9	印度	1 300	2.8%
10	马来西亚	725	1.6%	10	墨西哥	950	2.0%
	其他	7 406	15.8%		其他	6 401	13.8%
	总量	**46 743**			总量	**46 428**	
	余额（供应-消费）					315	

来源：National Cotton Council of America and USDA Foreign Agriculture Service。

二、消费和贸易

棉花收获后就用轧棉机来分离棉花纤维和棉籽，棉籽被送到加工设施，加工成棉籽油和棉籽粕。棉花经过轧棉机处理后，生产出的原棉叫棉绒，棉绒压缩后打包。美国棉花包的行业标准是高55英尺、宽28英尺、厚21英尺，每包重约480磅，棉花的价格是每磅多少美分，但其买卖以包计算。

这些原棉包运到纺织厂，加工成纱线或布，这些纱线或布做成日常消费品。一包棉花大约可生产215条斜纹粗棉布牛仔裤，这只是棉布用途中很少的一部分，其他产品还有袜子、衬衫、毛巾等，棉布产品大约80%用于服装制造。

棉花最大消费国是中国、美国、印度和巴基斯坦，其中中、印、巴再把做好的服装和家居用品转出口至美国。图7-15显示这4个国家从1980年来棉花消费量的变化。其中中国和东南亚的棉花消费上升很快。其中一个原因是这个地区纺织业崛起，棉花产量很高，使得纺织厂的投入成本可能很低。多种纤维协议（MFA）鼓励了亚洲纺织业的扩张[MFA是始于1974年基于配额的纺织品和服装贸易协定，1995年被纺织品与服装协议（ATC）取代]。MFA想通过限制发展中国家进口数量来保护欧盟和美国纺织品和服装国内市场，MFA把原来给日本和中国香港的产量配额转移给没有配额的国家（地区）如韩国、中国台湾等。最终这些新生产国(地区)的配额也受到冲击,进一步流向那些没有配额限制的国家(地区),使得许多发展中国家(地区)特别是东南亚国家也建立起纺织业,而且那里本身就有大量的棉花产量。

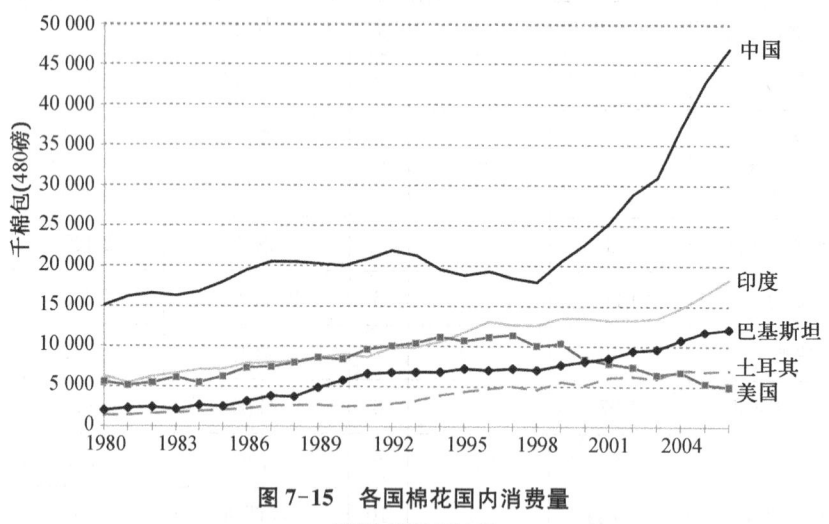

图 7-15　各国棉花国内消费量

(来源:USDAFAS)

ATC 在 1995 年成立,2004 年 12 月 31 日起开始管理 MFA 的配额,作为取消 MFA 配额的一种方法,改变了纺织和服装的生产地版图,但并未影响棉花消费。低收入国家的纺织品和服装生产具有相对经济优势,没有 MFA 之后,生产就可以转移到生产成本最低的国家,这导致美国和欧盟纺织品产量继续萎缩,相反,这两个地区还把棉花出口到发展中国家,来生产纺织品、服装和家居用品,然后再出口到美国和欧盟以及许多其他的消费国(地区)。

世界棉花贸易有两个主要玩家:美国和中国,美国是最大的棉花单个出口国,虽然纺织品和服装产量已经下降,但棉花生产一直在增加。由于纺织品的巨大增长,中国成为棉

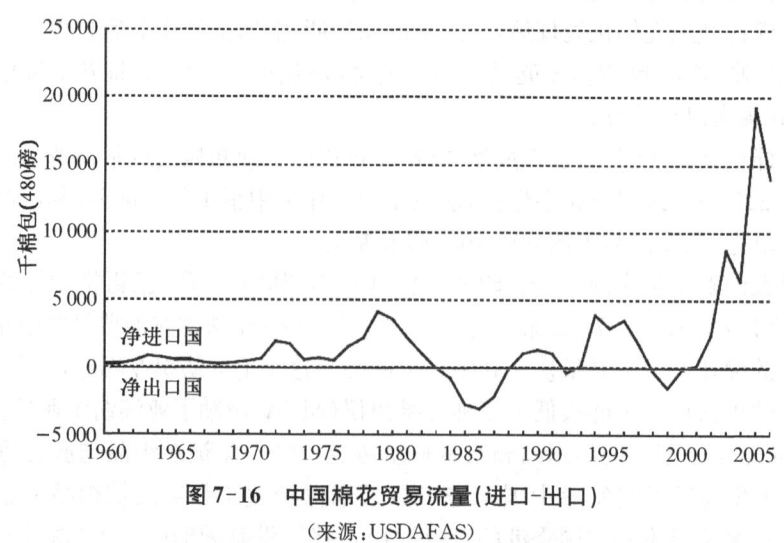

图 7-16　中国棉花贸易流量(进口-出口)

(来源:USDAFAS)

花最大进口国,图 7-16 显示中国棉花的贸易流量。很长一段时间,中国一直在净进口国与净出口国之间徘徊,而全球纺织品贸易自由化之后,中国一跃成为世界上最大的棉花净进口国。2005 年 MFA 协议生效之后,中国开始进口比以往任何时候更多的棉花。

三、期货

就持仓量和成交量而言,NYBOT 上市的棉花期货的流动性是世界上最好的,该交易所是通过电子化的场内面对面交易,但最终将完全过渡到全部电子化交易,这是因为 ICE 2006 年收购了 NYBOT,而 ICE 有其电子交易平台。NYBOT 的棉花期货价格以一磅多少美分报价,一张合约 50 000 磅(约 100 包)。当棉花价格在一磅 95 美分以下时,最小跳动单位是 0.01 美分,而当价格超过 95 美分时,则为 0.05 美分,最小跳动值(一磅 0.01 美分)为 5.00 美元。NYBOT 棉花期货交割地点在美国南部有 5 个仓库,品种必须是次中级(SLM)高地棉,就颜色和质量而言,SLM 是高地棉的平均水平。棉花期货也在中国郑州商品交易所交易。

四、历史价格和市场报告

图 7-17 显示了 1990 年以来在 NYBOT 上市的棉花期货近月合约历史价格,但在这个时间框架内,似乎没有一个明显的长期趋势。该图明显可见在 1995 年棉花价格曾涨至 1 美元以上,原因是美国在 1994～1995 销售年度对棉花需求猛增,这额外需求主要来自中国,当年中国进口巨大(见图 7-16)。美国农民因预期明年棉花涨价而种植更多的棉花,但 1995～1996 年销售年度来临时,出口需求较低而致价格下降,一直到 2001～2002 销售年度年底,出口需求都没有恢复到 1994～1995 销售年度水平。但由于纺织品生产和棉花需求转移至美国以外的地区,出口仍旧每年增长。1985～1986 销售年度,由于美国棉花面临中国棉花的竞争,出口急剧下降,导致价格暴跌。美国棉花市场价格的变化大部分受出口需求影响,而中国棉花产量也会造成需求量变动,中国的 1984～1985 销售年度产

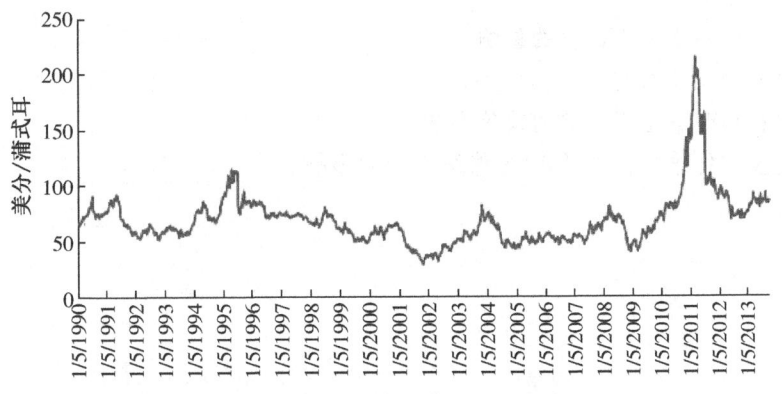

图 7-17 棉花近月合约价格历史走势图

(来源:彭博社)

量比前年多了 30%,这些增产棉花国内市场无法满足,中国转向出口,同美国竞争出口份额,其结果便是美国出口减少,因为中国当年不需棉花进口,又进一步加剧了贸易市场的竞争。如果中国国内棉花产量不足,就会从美国进口棉花,推动 NYBOT 棉花期货价格走高。这就是为什么要监测中国棉花产量,来估算对美棉花的需求。在美国的供应方面,棉花种植总面积并没有多大变化,过去 10 年里基本维持在 1 300 万英亩,各年几乎没有多大变动。

USDA 在 WASDE 中每月公布美国、中国及世界供需的统计数据,这本 WASDE 有一节提供了美国棉花供应和使用情况,包括诸如种植面积、产量或预估的棉花出口量等重要数据,WASDE 还有一节主要讨论世界棉花的供给和使用,重点放在了棉花主要进口国和出口国。USDAFAS 的美国出口销售报告每周公布棉花和其他农产品的上周相应出口数据,根据这份出口销售报告,可以跟踪每周净销售、对中国出口及本销售年度累计销售情况。由于出口市场占美国棉花销售很大部分,棉花出口对期货价格影响很大。

棉花的未来仍然深陷于农作物种植面积与纺织品需求之争中,由于全球人口和财富增加,对服装、家居用品及其他纺织产品的需求也在增长。这种需求上升都要面临棉花种植面积下降,因为全球性的粮食作物如玉米、大豆、小麦或者其他油籽作物需求上升的加剧了种植面积竞争。棉花生产要受气候影响,极端天气也会造成价格暴涨。总的来说,棉价应保持稳定提高,才能得到满足需求的棉花种植面积。

五、其他信息来源

可以在 USDA 网页找到棉花市场的相关信息,另一个可以查找美国棉花市场信息的重要来源是美国国家棉花理事会网站(www.cotton.org),上面也提供了棉花供需及价格分析的经济数据。

■ 巩固训练与提高 ■

1. 简述咖啡的分类。
2. 简述天气对于咖啡价格的影响。
3. 简述糖的市场结构。
4. 简述巴西甘蔗生产乙醇的政策影响。
5. 简述多种纤维协议(MFA)对棉纺市场的影响。

第八章　如何利用基本面分析进行投资

学习目标

掌握运用商品基本面的交易系统的内容。

能力目标

构建商品基本面交易系统。

案例导入

有一天,一朋友跟我说,他在和讯上看到一个高人,似乎很有一手。他自己倒不用基本面交易,但是看这高人分析得一套一套的,让我看看靠不靠谱。我跑去一看,其中一篇说是看豆粕和螺纹钢主力底牌的小技巧,这位高人是个老期货人,比我老,市场生存期如此长,应该算是个成功者吧。不过老期货人总是喜欢把事情当故事讲。

等我浏览一遍之后,我觉着他能在市场上生存多年,不无道理,因为他确实掌握了个人基本面交易者的一条重要的补拙法门——替代。哦,也许他未必把自己当基本面交易者来看,但绝对是个场外信息交易者,符合我对广义基本面的定义。且看他是如何利用场外信息的。

他查阅了阿根廷 MARVAL 指数,并认为阿根廷金融指数减去牛肉的影响就是大豆的影响,牛肉的价格用芝加哥活牛的走势来代替。理由是阿根廷是农业出口大国,主要出口大豆和牛肉。不选巴西的原因是因为巴西出口品种太杂。

这个,如果把这看成是他建立的模型,那这个模型确实有点糙,简化再简化,替代再替代。比如他完全把阿根廷的其他出口给忽略了,阿根廷出口的玉米也很多,是否应该被忽略? 阿根廷的经济是否是出口导向? 阿根廷市场是否是个开放市场(市场开放程度低,关税、补贴、配额对价格的影响大,会导致同种商品国际市场价格和国内价格相差很大)? 芝加哥活牛代替阿根廷牛肉价格,离得有点远。

他提到的四大国际用豆企业的股票价格和根茎类农产品打包指数,来作为豆类的价格指引。我觉得这是靠谱的。这种替代有效性的前提是:一个企业的主要原料的价格变化可以直接影响它的采购成本进而影响它的市盈率,这种关联够直接、够明确。所以这种替代是靠谱的,同时他也是高明的。

首先,和国内一样,国外的证券市场盘子大,玩证券的、研究证券的,人才的数量、资本的投入、历史的积淀,都要超过大宗商品期货。并且,证券研究也不是只盯着某家企业,他们照样要研究产业链,甚至因此而获得宏观微观的双重视角。总之,同样的事情,证券圈就可以拿出很漂亮的研究报告,而期货圈的报告就少,也晚,还不一定深刻。

其次,证券盘子大,即使出于对冲未来商品价格变动的目的,投资机构也会主动在相关股票和ETF上布局,而不一定会直接选择买卖该大宗商品。比如国内的诺安黄金基金和诺安油气基金,就是通过买卖相关的国外的ETF、股票、基金产品来实现理财,而非直接买卖黄金和油气的期货和实物。所以股票价格变动完全有可能先于商品价格变动。

他还提到使用中的要点:一个是看背离,如股票价格的涨跌,以当时大盘的走势为参照,如果大盘涨它也涨就不算真涨,大盘涨它已经走平了就相当于已经跌了。另一个是相互印证,正反向多个指标叠加后相互印证,避免单个指标不靠谱导致的误判。

螺纹钢上他拿与中国关联最紧密的日本的股市来做指引,拿有色类、矿山类、钢铁类分类指数与当时的其他分类指数做对比。这个同样是靠谱的,理由同上面对豆类的分析。

他找到的指引有效,用国外机构对某类股票的研究直接替代了我们对某种商品的研究,真所谓借力打力的高招。其本质就好比我们看着美元指数做黄金,看着A股来做螺纹钢,或看着日胶做沪胶,看着铜做锌等这种方法。而这位和讯高手则把这种寻找交易指引的触角进一步拓展到海外证券市场上。他的方式更明确、有针对性,信息来源多,就有利于作立体验证。我不敢说总能有效,但参考价值绝对是很大的。这做法,依赖于网络,对我们个人投资者也是完全有可行性的。我们唯一要做的就是建立看这些股票的走势和看行情一样的习惯,每天或经常查看。

其实你只要能找到两种标的资产的关联(包括关联强度的演化规律),你就可以用一种效率更高的市场的走势来指引效率低的市场的走势,或者相互验证。同理也可用于债券市场、汇率市场上。其实以前文华财经还提供很多类似的可参照的外部市场走势的。比如南美的大豆市场、美国的国债市场、广西的白糖现货市场、大连和吉林的玉米市场等,后来陆续不再提供数据了。所以我们要自己来寻找这类信息来源。[1]

第一节　商品期货交易系统基础

在本节中,我们探讨如何汇集重要信息来构建交易系统,关键的步骤如下:①确定需要那些重要的信息;②用这些信息来构建和测试系统或模型;③制定适当的风险控制。本节内容的目的不是展示一个成熟的系统,而是展示如何着手建立一个这样的系统。

建立一个交易系统的最主要目的之一当然是获利。但也有其他目的,如预测价格可能走向,分析师在分析大宗商品产品公司时,也许会发现需要这种预测,或者至少对基础

---

[1] 本案例引自虎嗅网的《3万字雄文:做基本面交易需要什么人格特质》
https://www.huxiu.com/article/265515.html

商品价格可能走势有一种感觉。无论是商品生产商还是消费者对未来价格走势都有明显的兴趣，被动投资的基金经理和投资者在考虑投资商品指数时可能想参照一些指标，来感觉商品投资是否会有正的还是负的收益。因此，即使本节只介绍了一些简单的交易系统的开发、方法和工具，都会有更广泛的应用。

需要强调的是，虽然建立了一个交易系统，但可能无法据此盈利，虽然它声称预测了多少收益，但不能保证一定能实现。而且即使理论上有可能，投资者之间的竞争也有可能导致那些过去有利可图的系统变得无利可图。此外，期货投资具有很大的风险，个人投资者通常都无法成功。

这里披露了如何处理对方向预测，例如，原油期货究竟会涨还是跌？在专业人士之间采取了一种流行的方法——套利交易。比如，人们可以观察两种不同商品间的价差或者同一商品不同期限合约之间的价差，人们通常相信价差套利风险小于完全的头寸交易，因为它们对价格变动方向有一个内置的价格对冲。然而，实践结果却并不一定如此，因为要实现合理的价差盈利水平，常常需要有非常大的规模，这种规模会大到足以抵消价差交易的固有安全性。

接下来第一部分考虑的因素对预测商品投资收益可能非常有用。首先，要看懂曲线的形状，这一点非常重要，有必要经常做一些仔细的研究。接下来探讨顺势交易，紧接着是消极的指数投资，这可能是最常见的商品交易策略，之后就可以锚定变量，再对潜在因素及风险控制做一些探讨，一个交易系统的样本就构成了。

一、期货交易曲线基础

期货价格和现货价格之间或同种商品的不同期限合约之间有什么联系呢？这些问题之所以重要是因为商品投资者一般会以实物商品为期货投资的参照，当然，随着时间的推移，期货合同可能会在某种程度上沿着曲线爬行，大幅影响投资收益率。本节中我们将会探究期货曲线的决定性因素以及其形状如何影响投资收益。

一个非常简单的解释是：期货价格反映的是投资者希望商品将来某一时刻的价格，这是个合理的推测，但是当套利出现时，它就马上遇到了困难，所以期望模型很快被凯恩斯纳入到反向市场理论（theory of normal backwardation）。

金融理论的一个基本原则是，如果两种金融工具间存在可行的套利，必然是这种套利关系决定着这两种金融工具间的比价，为说明这一原则，可以假设 1 个月后的足球比赛门票的期货合约，如果现在门票费用是 50 元，而利率为 5％，存储门票不需任何成本（又小又薄），并可迅速出售掉，应该怎样确定期货价格呢？首先要考虑是买方的意愿，她可以今天买，也可以将来买，当买了一张期货合约，今天不会有金钱换手，这是一个在稍后时间以今天价格交易的协议。无论哪种方式，她都会有一张 1 个月后的门票。如果她现在买，就放弃了本来把钱留在银行会获得的利息：$50×5％×1/12=0.21$（元）。因此，她会对到底现在以 50 元购买还是 1 个月后以 50.21 元购买，毫不纠结。这两种情况下，从今日起到 1 个月后的成本（包括放弃利息）都是 50.21 元。

现在再考虑卖方，如果他今天出售门票，他就得到 50 元，他可以以 5％的利息投资，下个月他将获得 0.21 元的利息，总收益是 50.21 元，他也无所谓于今天以 50 元卖出还是未来 50.21 元卖出,这两种情况他的财务头寸 1 个月后都是(包括赚取利息)50.21 元。

为什么价格就会是 50.21 元? 这一点是所有的买方和卖方都不关心的,毕竟,买方将会非常高兴看到未来价格是 45 元,谁也不敢说未来价格不会到达 55 元? 但喜欢了又如何? 套利终究会运作,若未来价格是 55 元,人们可以以未来价格卖出,同时借款 50 元买进门票,在 1 个月月底,卖方将得到 55 元,交付门票,并偿还贷款。这将是他创造的收益:

$$55.00 - 50.00 \times (1 + 5\%/12) = 4.79(元)$$

他会赚了 4.79 元的利润。

现在假设未来价格是 45 元。人们可以买未来价格,同时售价为 50 元的门票和短期投资的收益(请注意,这里是我们使用的假设卖空是允许的)在 1 个月月底,他将接受门票,支付 45 元(即未来价格),并有 50 元,另加利息。这将是他创造的收益:

$$50 \times (1 + 5\%/12) - 45 = 5.20(元)$$

总之,他将赚了 5.20 元的利润。

事实上,我们可以看到,只要未来价格不是 50.21 元,就会带来套利机会,由于套利冲动相当大,总有人愿意利用乘机套利,促使价格回到 50.21 元。

如果我们期望票价会变,那么我们今天会问未来的价格是多少? 例如,假设我们认为票价很可能明天上涨,而答案是:什么都不会改变,未来价格将仍然是 50.21 元。上述论点的每一步骤都继续有效,即使门票价格被期望变化,这正是套利的威力。

周期供应和超额存货在金融市场上套利关系往往较有效,因为金融工具不会损耗,做空很容易。而在商品市场上,套利理论并不十分理想,常常有很大出入。如果商品现货价和期货套利的市场结构能被强制执行,套利定价的关系就会有效;而如果市场结构使得套利困难,那么我们必须寻找其他的解释,来理解现货和期货关系及期货曲线的形状。

当新供应只有是周期的,且供应超过即期消费需要,此时商品市场的套利理论会运行地极好。以玉米市场来举例,美国是玉米市场的世界主要供应商,美国玉米春种秋收,只要该作物丰收,下一个秋天来临之前就没有新的供应。2018 年 11 月 11 日,最近月合约(front contract)是 2018 年 12 月,第二个最近月合约是于 2019 年 3 月,当天 12 月合约的结算价为 342.50 美分(每蒲式耳)。如果套利理论成立,那 3 月合约价格是多少?

2018 年 12 月的价格	342.50 美分
利率	5.37%
存储成本	0.15 美分/天
12 月到 3 月第一通知日期间的天数	90 天

在 11 月 11 日,12 月合约接近其第一通知日期,所以我们会假设这是一个良好的现货价格。

在 3 月的成本是:$(0.15 + 342.50 \times 5.37\%/360) \times 90 = 18.1$ (美分)

因此,我们可以猜测的是 2019 年 3 月合约的价格将是:

$$342.50 + 18.10 = 360.60 (美分)$$

结果当天 3 月合约的实际价格为 358.50 美分,相当接近。另一种思考的角度就是 3 月合约价格全结转率(full carry)为 88.4%。

$$(358.50 - 342.50)/18.10 = 0.884 （美分）$$

图 8-1 显示了从 1993 年开始的玉米市场全结转率记录，当时 7 月是最近月合约，12 月是第二最近月，全结转率是 50%，大体相当于其他时段的平均值。原因是，玉米是秋天收获的，所以玉米的供应在 7 月至 12 月间并不稳定，我们能够从图 8-1 看出什么？请注意，全结转百分率记录波动很大，但它几乎总是低于 100%。原因之一是，做空玉米很难，而对实物玉米来说，甚至几乎是不可能，在前述例子中，套利者就想购买 3 月合约，并对实物玉米做空。更复杂的是，即使套利者能卖空玉米，他也无法承受存储成本（如果他想要做多实物玉米，就必须支付）。

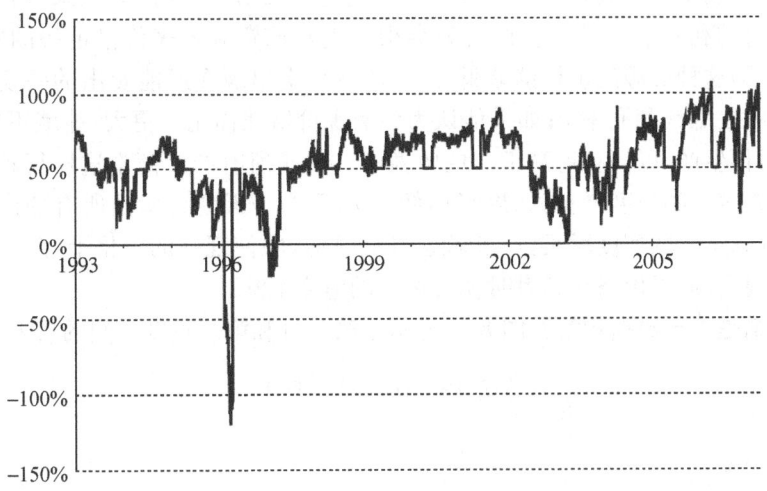

图 8-1　玉米市场全结转率百分比

第二个原因是神秘的便利收益率概念（卡尔多在 1939 年提出的），是指手中必须备有商品，以便应急使用的概念，而这是远期合约买主没有的。例如，养猪的农民手头上必须保持最低限度的玉米饲料，否则猪将饿死，猪只吃玉米，而不是玉米期货。便利收益率的理论发展并不充分，仅仅是解释者在解释经济过程中，无法解释模型的残差所用的一个概念。通常，当供应水平很低时，因为存在一个便利收益率，就可以把收益率假定为更大。在图 8-1 中可以看出，1996 年春季和夏季全结转率百分比的负数值非常大（临近月份的玉米价格比更远交割期的玉米价格高的太多），之所以会出现这种情况，是因为 1995 年在玉米种植区大旱，存货吃紧，玉米用户哄抬了现有存货的价格。

而当商品市场是连续供应，没有额外的库存时，情况则不同。原油与玉米完全不同，不适宜大量采集后留在地上（留在地底下要便宜得多），其产品往往倾向于较快地消费掉而不留多余库存。美国在任何时候，全国原油库存可能只有大约 20 至 25 天的消耗量。然而，玉米收获后，不但需要有足够的玉米库存来满足下一年的需求，还要大量出口。如果不能轻易掌握库存，不能低价储存，那么想象中的套利就不可能达成，套利定价关系也不可能确定期货曲线的形状。

另外两个经常被用来帮助理解期货形状曲线的理论是凯恩斯的正常反向市场理论（1930 年）和霍特林的耗尽资源理论（1931 年）。凯恩斯的正常反向市场概念就是指商品生产商通过在期货合同上做空来锁定销售价，然而要吸引投机者购买期货合约，生产商就必须提供比当前价要低的价格,或者如果价格预期改变时,低于未来期望的价格,投机者实际得到一个保险费,即当前价(或预期价)与已付的期货合同购买价之间的差价。对如果想锁定购买价的买家而言,这个论点也反向适用,这种情况下期货价格将超过现货价格,被称为正向市场。因此,根据这种推理,如果采用保证金交易方式的套期保值者是一个生产商,那么市场会处于一个正常的反向市场状态;如果采用保证金交易方式的套期保值者是一个消费者,那么市场应该在正向市场状态。

霍特林耗尽资源理论并不严格限制在期货曲线形状理论上,更多是解释不可再生资源如何随着时间推移价格变化的过程。假设一个有限资源生产商,或许是石油或基础金属,受生产者和利率 r 控制,生产者可以选择现在生产或以后生产。如果现在生产,他将能赚取销售价的利润率 r,此时生产者就会根据他对该资源未来价格走势的判断而做决定,如果他认为这种资源的价格涨幅低于 r,他就会卖出现在所能卖出的一切,以便投资到生产过程中去赚钱利润率 r;如果他认为该资源价格涨幅比 r 更大,他就不向市场供应该资源,以后再生产,以便获得高于 r 的收益率。由于所有的厂商都这样行动,该资源的价格就必定是按 r 的速度增长,如果涨幅低于 r,厂商今天就会卖出所有的产品,压低了价格;如果以高于 r 的速度增长,厂商就会抑制供应,驱使现在的价格上涨。把这个逻辑转到期货曲线上,期货价格在结束时就会按 r 的速度上涨。

这些理论是否与数据相符?图 8-2 显示了第一月和第二月度之间的价差百分比。

（合同 1—合同 2）/合同 1

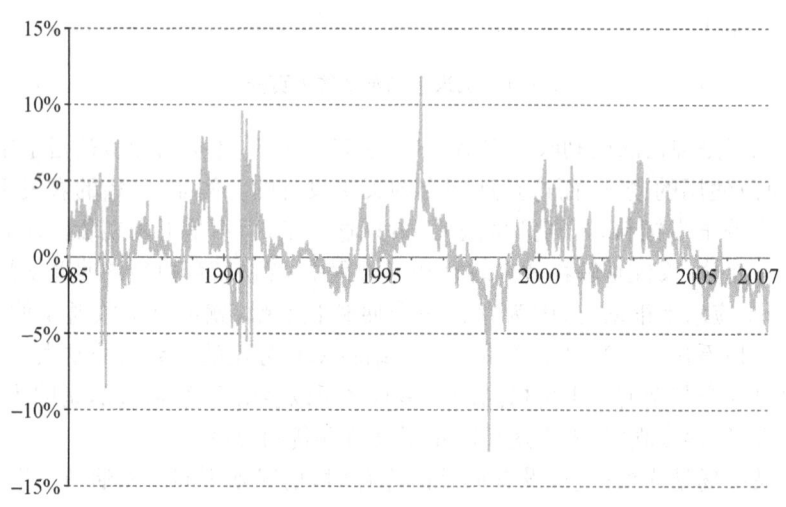

图 8-2　原油价差百分比

价差会波动,但其平均值是 0.5%,且 57.1% 的时候该值为正的。显然,霍特林理论提供的简单解释并未解释这种模式,而由于 40% 的时候,远期月份合约的价格比近期月份价格要高,所以正常的反向市场理论看来也不是唯一的解释。从 2005 年以来,可以注意到一个很有趣的现象,原油曲线处于正向市场状态(即远期合约交易价格高于近期合约),从 2005 年 1 月到 2007 年 4 月,平均一个月的价差是 −1.6%,如果原油现货价格和曲线形状没有改变,那么原油期货的多头按月将仓位向后面月份换仓的话,年化收益率会亏损大约 18%。

再看看玉米,我们看到,在供应紧张之时,近期月份期货价格可以比远期月份的价格高,这与便利收益率的概念是一致的。在原油的例子中,价差百分比与存货年同比变化率有-71%的相关性。当石油的库存比前一年高时,近期月份价格就较低,反之亦然。因此,正如玉米一样,可用存货对期货曲线的形状来说,至少似乎是一个重要的决定因素。

与正常反向市场相关的另一种解释是对冲压力学说,在一个正常反向市场故事里,希望锁定销售价的是生产商,相对于近期月份价格,他们把远期月份的期货价格压低。当然,对另一端的商品使用者而言,没有理由解释为什么他们要锁定购买价,或许养猪农户想要提供玉米喂猪而锁定价格,或者美国东北部的居民因为要在冬天买燃料油取暖?如果对冲被购买者主导,我们应该期望曲线处于正向市场状态。油价在 21 世纪前几年大幅上涨,卡特琳娜飓风造成供应中断可能使购买者对冲他们的石油购买,而使石油生产商感觉对冲无关紧要,这可能解释为什么在 2005 年到 2006 年石油期货曲线转向正向市场。

这里考虑的最后一个议题是季节性,对某些商品来说,可用存货的数量或需求量自然会因时间而变,汽油在夏天需求最高,因为人们开车较多;而冬天则对燃料油需求较高,这些供需因素波动会造成几年里的价格形态变化,也反映在期货价格上。以天然气为例,图 8-3 展列了 2006 年 11 月 27 日的 14 种天然气期货合约的价格(2007 年 1 月到 2008 年 2 月),里面就呈现了明显的季节形态:供暖季节的冬天,价格就高;而在春天和夏天,价格就较低。在说明影响曲线的因素时,了解价格形态季节的调整性就显得很重要。

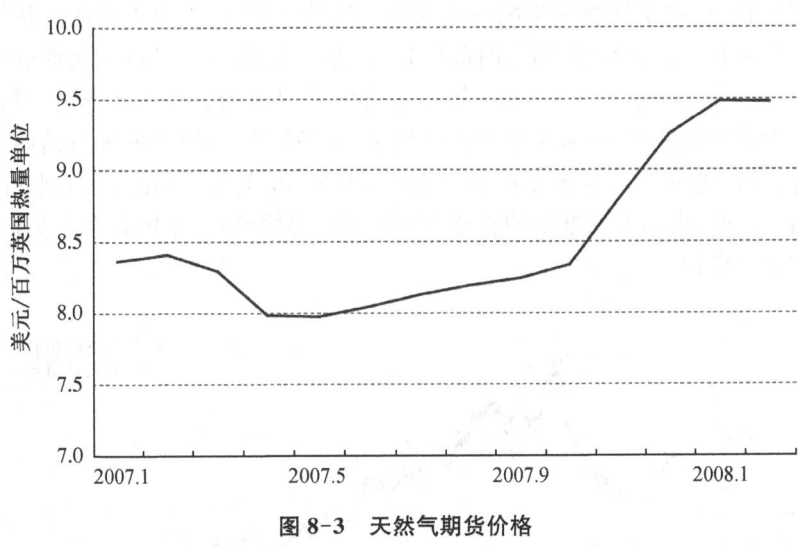

图 8-3　天然气期货价格

二、期货曲线和投资收益率

本节主要聚焦期货曲线如何影响商品期货投资,前面显示了有几种解释可以帮助理解期货曲线的形状。一种采用投资前景信息的方法是假设一种理论在一个或多个商品市场上是正确的,能指导投资。比如,人们可以认为凯恩斯的正常反向市场理论是最好的解释,因此买进一个分散化的商品篮子,希望期货价格能上升,与现货价收敛,因而能取得正收益。如果凯恩斯的正常反向市场对期货曲线形状是最好的解释,那么它就能证明商品指数能提供一个被动的、只做多头的方法。

本节我们以更简单的开始,我们看看少量的商品,以此了解期货曲线的典型形态如何影响买入-持有投资策略的收益率。在这里我们假定,如果期货合约到期了,买入-持有的投资者实际会随着时间的延伸,将仓位向后面的月份转移,比如,如果投资者希望持有天然气合约(之所以这是个经典的例子,是因为其高流动性),他会每月将仓位滚动到下一个月去;而玉米投资者一年只要滚动4次或稍多一点,这完全看他所选择持有的合约具体情况而定。

所以建立一个合并滚动的连续价格系列就显得很方便,这个系列可以用来计算交易策略的收益率,而不需要阶段性地调整价格来平滑滚动,这个方法可以通过连续后台调整滚动时两个合约的价差来达到。例如,假设2005年12月与2006年3月间玉米合约的价差为14个点(假设3月价格比12月要高),滚动当天,以3月合约价为连续系列的价格,而前面各个月份的价格都加上14个点。但这就会仅仅因为仓位的滚动而致使出现了利润和亏损。所以我们必须要注意,连续价格并不是一个真正的价格,在历史上的这一点上,实际并未没有出现连续合约里面的价格,仅仅是为允许更简单地计算投资收益而构造出来的。一个长期的投资者在购买时,仅仅通过比较当前价格与连续合约的价格,就能估算他的收益率。

正如前述,玉米市场一般都是价差市场。也就是说,大部分时间里,远期合同的价格要高于现货价格,反映了实物玉米的价差成本。这就意味着,如果玉米的现货保持不变,那么玉米的多头仓位就会亏损,随着时间的推移,期货价格将下滑趋于现货价格,即它有负的滚动收益。图8-4显示了从1993年1月到2007年4月初的玉米连续价格和实际的玉米各期主力合约价格,实际玉米合约价格始于215.75美分,以366美分结束,连续的玉米价格经过构造,也于366美分结束,但开始价却是519美分。因此,当玉米价格随着时间的推移而上升时,做多玉米期货的收益率却呈现明显的负数,主因就是多头投资者必须要支付储存成本费用。

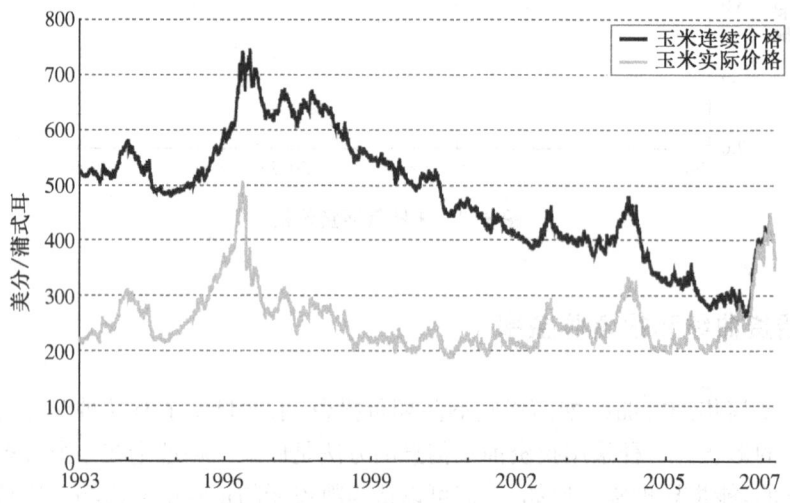

图8-4 1993年1月到2007年4月初的玉米连续价格和实际的玉米各期主力合约价格

这说明了一种经验通则：种植物商品（如谷物）的期货曲线倾向于逐渐呈现期货溢价状态。例如，粮食市场的专家简单地用"正向市场"这个专业术语来指到期日来临时，期货价上升的状态，这种类型的商品往往会有之前所讨论过的周期性供应超过库存的模型。同样，买入并持有的仓位往往会有内在的负收益率，迫使现货价格不得不涨得更高来克服这些负收益。

现在考虑 NYMEX 的原油，根据之前的讨论，这个市场 57％的时间处于现货溢价，也就是说，近期合约价格一般高过远期合约价格。这会如何影响该市场的投资收益率？图8-5 显示了实际的期货即月合约价格和连续期货即月合约价格。连续期货价格比实际期货价格上升锝要快得多，显示出买入即月合约并每月进行滚动的战略，其收益率要超过现货价的收益率。这是因为，通常投资者换仓时，比该合约即将到期时价格更便宜。但是，请注意，自从 2000 年底以来，购买即月合同并滚动的战略收益率要比实际价格低。这是因为 2000 年后的市场大多数都处于一个期货溢价的状态。如果原油市场上，更频繁发生期货溢价，将对商品指数投资产生十分重要的影响，因为原油是大多数商品指数的最重要组成部分。

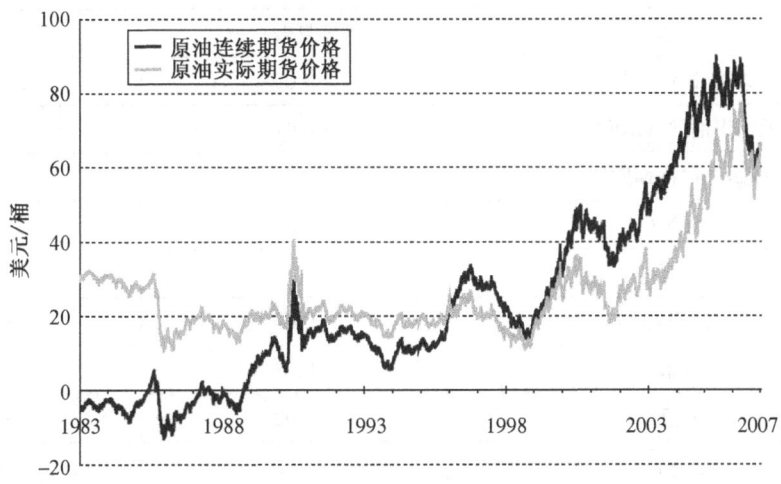

图 8-5　原油实际的期货即月合约价格和连续期货即月合约价格

本节的主要问题是投资者不会直接购买商品，而是购买商品期货，这些期货头寸必须在合约到期之前移仓，有鉴于此，曲线的形状会对收益率有显著影响。通常，现货溢价的市场收益率会上升，而处于期货溢价状态的市场会下降。

三、趋势跟踪

趋势跟踪是一个根据普遍猜想推测出来的普遍策略，也就是说如果一个东西的价格一直在上升；那么它将继续上升；如果一个东西的价格一直在下降，那么它将继续下降。趋势跟踪的确没有一个坚实的基础理论基础，但是我们感觉它是可行的，至少在历史层面上它已经做的足够好了。商品交易顾问（CTA）已经普遍实行了这种战略。在这一节中我们所讨论的普遍趋势跟踪策略的结果将横跨于商品期货市场。

一个普遍趋势跟踪战略其实就是一个移动平均线策略。它的规则是：如果价格高于其 N 日移动平均线，这种策略就是多头，只要低于其 N 天移动平均线，策略就是空头。根据这种持续价格来判断十分方便，交易利润就是单纯的收盘价格减去开盘价格（乘以短期的负面价格）。所有的干预滚动都将计入不断调整的过程。这个战略将在有价格趋势时运行自如，但当市场不断变动时则变得很糟。

为探究一个 100 天简单移动平均线策略的潜力（该策略广泛用于商品），假设每种商品基于各自特征，都有其合理的滑动、佣金和委托。每份合约都开始于 1984 年 1 月 1 日或该商品最早上市日，结束于 2007 年 4 月，就其连续价格点而计算的收益率和通过标准差正态分布，使其贯于整个合同来进行比较。

表 8-1 显示出结果非常弱，所有合约的平均月度夏普比率几乎完全为零，表现最好的是锌和镍，月度夏普比率是 0.12，表现最差的是银，月度夏普比率为 -0.18，大多数商品的夏普比率都接近零，没有一种商品显著为正数，对一些相关的商品而言，一些是正数，一些是负数。

表 8-1 各种商品月度数据的夏普比率

商品	月度夏普比率	月数
原油（NYMEX）	0.05	280
无铅汽油（NYMEX）	-0.01	263
取暖油（NYMEX）	-0.03	280
天然气	0.01	205
菜籽	-0.05	206
小麦（CBOT）	-0.07	280
玉米	0.06	280
大豆	-0.02	280
豆粕	-0.02	280
豆油	0.03	280
棕榈油（吉隆坡）	0.12	134
棉花	0.08	280
可可	-0.14	280
咖啡	-0.05	280
糖（纽约）	0.04	280
生猪	0.00	280
活牛	-0.05	280
铜（COMEX）	0.04	280
黄金	-0.10	280
银	-0.18	280

（续表）

商品	月度夏普比率	月数
铝(LME)	−0.01	280
锌(LME)	0.13	280
镍	0.13	280
平均	−0.002	

诚然,我们所做的一切,就是要选择一个简单的策略,并显示它做的多么糟糕,但并不是说,所有的趋势跟踪策略都无效。对于趋势跟踪者而言,他们可以运用很多工具,其中有些工具可能来自于成功的投资战略基础,可能有些趋势跟踪策略对某些商品有效,而对其他商品上无效。例如,多元化趋势追随者对不同的资产类别有不同的权重,他们在固定收益和货币上投资较多,而股票投资较少。然而我们必须十分警惕这种智力激增,因为它可能会是十分荒谬的,仅仅是数据挖掘而已。在表 8-1 中,我们发现 23 种商品中,有 10 种产生了正收益。如果没有明显的理由,就简单地剔除负收益商品而把正收益的商品硬性并成一个组合是十分荒谬的。最后需要注意的是,在这个时期内,统计结果往往是十分敏感的,譬如,锌绝大部分的收益来自于工业金属暴涨的 2006 年,而投资者通常没有多大耐性,把个人的成功建立于 20 年一遇的好运上,显然不是一个好方案。

这里讨论的趋势跟踪并不值得在此大肆渲染,它与前述的曲线效应有着潜在的相关性。就如所见的那样,如果市场只是一般的现货溢价,那么随着期货价上升最终与现货价趋同,连续价格就会有一个典型的上升趋势。由于连续价趋于上升,趋势跟踪交易系统通常是做多,所以趋势跟踪所产生的利益就可能只是在现货溢价市场做多趋势而致。

注意:开始日期是 1984 年 1 月 1 日或者是合约最早能提供的日期,截止期为 2007 年 4 月初,夏普比率是平均月度连续价收益率除以平均月度标准差,每份合约都考虑了合理的滑动和佣金。LME 的合约(铝、锌、镍)是 3 个月远期合同而不是期货合约,所以这些结果都是未实现的收益率,仅仅是价格序列模式的指标,2006 年 11 月汽油合约转为 RBOB。

即使趋势跟踪作为一个孤例,看起来有效性较差,它也可能在一个更有效的策略环境中有其功效。控制住其他变量之后,趋势跟踪变量或许会有所帮助,下文将进一步探索。总之对趋势跟踪策略而言,褒贬不一,许多人觉得是一个有用的工具,建立了一个全行业标准,人们必须非常小心谨慎地严格处理趋势跟踪策略,时刻警惕数据挖掘。

四、锚

我们将锚定义为一个数字,或反过来按其他逻辑上相关的价格所构筑。这是个比套利要弱的概念,它想要从经济层面表达这样的一种强烈的概念,某些事物的价格会同另外其他价格绑定,如股票价格和股权持有者收到的每股未来所有现金流量贴现值。假设选择了一个合理的贴现率,股价应该与现金流量值趋向运动,可能不会完全匹配,但差异不会超过一个数量级,股价可能很长一段时间不同于贴现现金流,但不会无限期不同。另一个例子是货币购买力平价(PPP),这一概念是指汇率与两个不同国家的产品成本相均衡,名义汇率可能很长时间与购买力平价汇率不同,也许会长达几年,但最终会随着时间推移而趋同,购买力平价汇率就可作为名义汇率的锚。

锚变量很有帮助,因为他们可以在模型中对其余变量提供现状核实。例如,人们在运行一个简单移动平均趋势跟踪系统时,假设铝价为每吨 2 800 美元,高于其移动平均线,从而产生了买入信号;如果价格上升到 28 000 美元,仍然是买入信号;即便到了 28 万美元,仍然还是买入信号。在一个简单的趋势跟踪系统中,没有基本价值意义。同样曲线变量也会有这个问题,因为曲线的平行位移不会对任何个别期货曲线下滑产生影响,当然也不能保证锚在商品的利益链中一定存在,或者猜测锚会在投资模式里有效。

那么如何发现商品市场的锚变量呢?可以选择所投入成本作为锚定变量,如根据猪喂养成熟所需花费的玉米和豆粕的投入数量,就可以很合理地假设猪肉价与玉米和豆粕成本会有一定关系;同样,也可以选择产出价格作为合理的锚变量;还可以以替代品作为锚变量,如果消费者除了消耗商品甲之外,还可以消耗商品乙来达到同一目的,那么甲和乙互为替代品。例如,天然气和燃料油就是如此,两者都是化石燃料,天然气是从地底抽取的,而燃料油是原油精炼过程中提取后的残余。许多工业用户既可用天然气也可用燃料油,如果天然气价格贵,就改用燃料油,所以合理地假设,如果天然气与燃料油价格相差过大(以 BTU 当量表示),势必会有一个回撤势头将它拉回。图 8-6 显示了以一个基础 BTU 当量的天然气价格和燃料油价格,很显然,该关系并不完美,但价格一般都联动,在那些投资模式的构筑中,特别令人感兴趣的是当燃料油价格创出新高回落后,天然气价格也开始飙升。

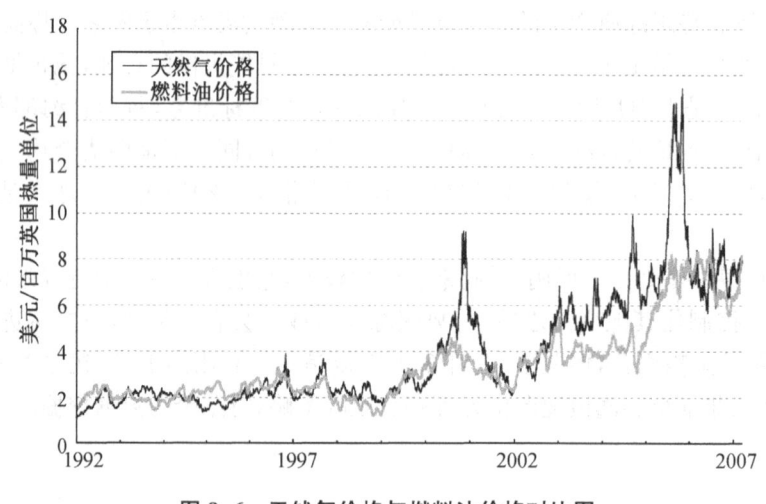

图 8-6　天然气价格与燃料油价格对比图

五、构建简单的交易系统

本节我们结合前述议题来构建一个简单交易系统,这就要求演示一种合成各种要素进入交易系统的方法,它并不意味着只有唯一一种方法,或最佳途径,甚至我们都不知道该系统在未来是否有效。

可用很多不同的方法来建立一个合成了多个变量的交易体系,其中一个非常好的方法就是使用回归,把你认为能预测商品收益率的各个变量简单地回归,倘若合适就是合理的,合成的模型可以为投资决策提供基础。当有足够可用数据且其表现良好时,回归就是一个良好选择(当然需要注意,并不能保证全部有效,而且,过去有效也不见得未来也有效)。

商品价格波动很大,且历史较短,所以我们尝试另一种方法,我们将建立一个简单的指数,指数高于临界点做多,低于临界值做空。我们使用 CME 的猪腩合约,并考虑一个趋势变量、一个曲线变量和一个锚变量。这个趋势变量将是 60 天、80 天、100 天、120 天移动平均线信号,每个信号可以是 1 或 -1,正趋势看成是猪腩的牛市。曲线变量是美国农业部现金现货价格和猪腩合约价格的去季节化之后的价差,现货价格高于期货价格为牛市(也即曲线现货溢价——反向市场)。锚变量是去均值后的总喂养利润(即指生猪价和玉米、大豆饲料投入价格的差额),当猪肉价格高于饲料价格时时可视为牛市,反之亦然。

为了构造一个指数,必须对各变量彼此进行定量比较,用现货和期货之间的价差除以标准差、去均值后的总喂养利润也除以它的标准差。这两个变量的上下限分别是 3 和 -3,以防止发生任何极端影响。趋势变量设定在 -1 到 1 之间,因此没有必要调整。因此,该指数公式为:

$$指数 = 趋势 + creep/\sigma(creep) + GFM/\sigma(GFM)$$

必须建立一个交易规则来确定什么时候买及什么时候卖,我们实施一个简单的规则:当该指数大于或等于 0.25 时,买入猪腩;当指数介于 0.25 到 -0.25 之间时,不操作;当指数低于 -0.25 时,做空。按猪腩合约面值的百分比计算收益率(更精确地讲,以猪腩期货面值价格来计算每天收益率),每笔交易收费 12 个基点(不包括滚仓收费)。表 8-2 显示了结果,图 8-7 显示了累积收益率,每月平均收益率约 1.3%,每月夏普比率为 0.20,这结果较为可观,值得进一步发掘。

表 8-2　猪腩交易系统性能

平均值	1.3%	最佳月	27.4%
标准差	6.6%	最差月	-30.1%
中位数	1.0%	最大资金回撤率	-41.1%
夏普比率	19.9%	月数	**204**

交易策略的研究人员很容易陷入数据挖掘(或曲线拟合)的圈套当中,即使模型和收益率序列没有真正相关,交易策略研究人员也会过度搜查模型形式与解释变量,以便使交易策略变得好看(通常是真能变好看)。没有一种统计测试结论能确认是否存在数据挖掘,最好的测试是对模型进行大量时间或大量数据的检验,而非用来构筑模型。然而,即使存在疑虑,人们也不会生活在真空中,他们往往构筑那些历史数据有效的模式。最好是以诚实和理性来避免数据挖掘,如果一些解释因素影响了收益率,却又无法清晰解释时,那就不应该再考虑这些因素。

图 8-7　猪腩期货的累积收益率

六、风险控制

在 2005 年夏末,由于遭受了卡特里娜飓风的影响,一些闻名的对冲基金在天然气市场上遭受巨额亏损。一年后,Mother Rock 对冲基金因天然气的亏损不得不清盘,再过一个月后,Amaranth 对冲基金也因为天然气亏损而倒闭了。2007 年 4 月,蒙特利尔银行宣布,也是因为天然气的原因,它在交易中亏损 4 亿美元,显然,商品交易风险很大。

参与投资,风险是不可避免的,风险控制可以允许人们能评估风险的置信度:①如果真的发生非常糟糕的事情,会有多少损失。②发生非常糟糕的事情的可能性有多大。尽管没有确定性,但最顶尖的风险控制模型能做到有迹可循。

风险控制是一个广泛和重要的课题,不过,这里只能稍微考虑一下必要的空间,尤其是,我们要考虑资金最大损失率和蒙受风险值,我们也鼓励读者寻找关于这一问题的其他来源。

资金最大损失率(maximum drawdown)是指投资策略所能承受的最大的波段下降值,投资策略评估机构或投资经理都同样关心最大损失率,可以明白可能发生的最坏情况。比如前面开发的猪腩交易系统在 1999 年曾有 41% 的损失(以猪腩价格来计),虽然整个资产净值曲线看起来非常吸引人,但如果当天投资者刚开始投资,就会损失其初始投资额的 41%(假定他能够持续这么久)。而这只不过是基于历史模拟,历史模拟不能实际反映交易策略真实情况。因此,出于持续操作的理由,很合理地期望预测有多少幅度的损失率。

最大资金损失率的第二个问题是它对较短纪录的策略不是很有效,只经历了一两年的策略不见得会在更长时间投资期也有效。相对于此,评估较长跟踪记录的策略就不利了,由于在定义期内,随着时间推移,价格波动增大,使最大资金损失率也上升,与较短期策略相比,更长跟踪记录的策略更倾向于更大的最大资金损失率幅度。

　　这里讨论的第二个风险分析工具是风险值（value-at-risk），风险值有很多定义，但通常是指在特定的时间内，损失等于或超过某一个数值。每次测量风险值都有两个数字：概率水平、该概率水平下的等于或超过的数值（以元或账户净值的百分比表示）。假设你选择概率水平为5％，设定此次该策略的损失为8％或超过5％，那么，风险值就是8％。

　　决定了要测量什么之后，关键就是要测量它了，此时最典型的方法，就是观察所关注的金融工具或投资组合收益率的历史分配，假设将来的收益率分配区间和以前的一致，仍会实现同样的收益率。但切记这只是假设，虽然过去通常对未来有很好的指引，但不能仅仅因为过去发生过，就认为以后必然还会再次发生。

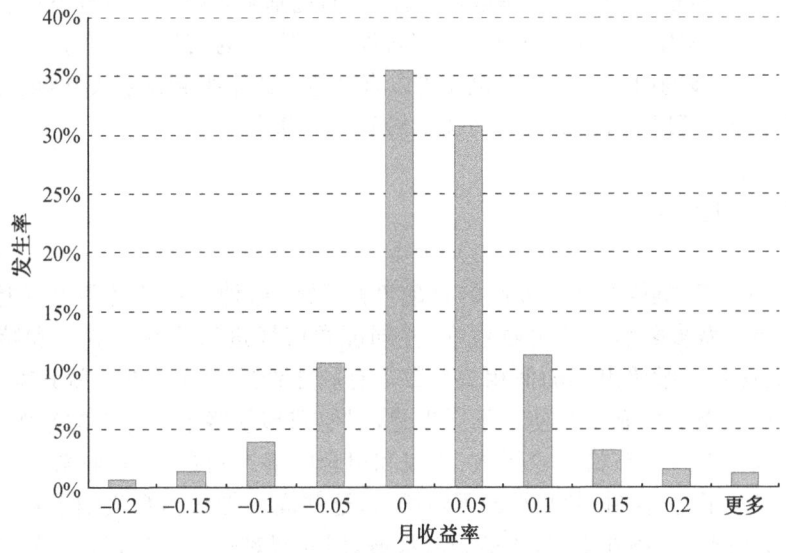

图8-8　大豆月度收益率分布图

　　图8-8展示了从1959年8月到2006年10月大豆即期合约的月度收益率分布图，该直方图呈现典型的钟形形状，大部分收益率聚集在均值附近，均值两端的分配区间狭窄，这意味着多重标准差事件，也是低概率事件。在这种情况下，每月平均收益率大约0.13％，但也有很多收益率比这要高得多或低得多。假设选择1％的概率水平，风险值是多少？可以通过该收益率序列的第一个百分率来决定，该大豆每月收益率的第一个百分率是−18.1％，所以，此时大豆的一个百分点的直接位置是损失18.1％以上。由于组合包含一个以上的金融工具，除了用组合收益率的历史分配区间之外，还可以重复同样的步骤。

　　注意，按这里的定义，风险值独立于投资策略，完全是投资组合位置的函数，好策略和坏策略都有相同的风险值，特别当风险是由外部进行监测时，这是非常典型的做法。

　　最后，值得注意的是，虽然基于历史收益率分配区间的风险值是最常见的做法，但它并不是唯一的方法，记住：检验点是在给定的概念水平下可能发生多大的损失。过去可能对未来有良好的指引，但如果你有资料能帮助预测你的风险状况，你应该使用它。最常见的其他资料信息可能是波动率预测，市场的波动率会随着时间的推移而变化，也可以是季节性的。如果当前的波动率高于正常情况,真实的风险值会比基于历史收益率分配方法所预测的要高。标准的预测波动率的方法一直是 ARCH 和 GARCH 模型,但这些模型的效果并不佳。然而近年来,在波动率预测方面已经取得了很大的,更好的办法是预测已实现的波动率(安德森等人对此在 2003 年有论述)。

第二节　指数的上升

除了主动投资,投资者还可以采取被动投资,通过基金来投资。这样既能在其组合里有商品头寸,同时不用开立期货账户或追踪石油存货之类的信息。许多投资者选择了商品指数,这就是本节的内容。投资者也还可以有其他方式来得到期货头寸,例如可以关注交易所交易基金(ETF)、商品交易顾问(CTA)和共同基金。

一、指数的上升

2002～2006 年,机构对大宗商品的兴趣急剧增加,这种兴趣的转移很可能是投资者看到对商品指数做多之后的历史收益率,并同证券市场进行了平均收益和特有风险水平的比较,发现其与股票市场的低相关系数等有利之处后才开始的。就其本身来说,均值方差最优化之类的可靠工具使人不忍拒绝,但他们却忽略了收益率的来源,也未考虑未来可能的收益率。本节将讨论指数、构成和组合的潜在角色、超额收益率的前景。

图 8-9 显示了对这些指数兴趣的不断增长,这些商品做多指数吸纳了各种渠道的资产,由于大部分投资在场外市场,不需公开披露,因此很难估计规模,只能做个粗略估计。在 2006 年的前 4 年里,商品做多资产从约 150 亿美元上升到约 900 亿美元,相比之下,

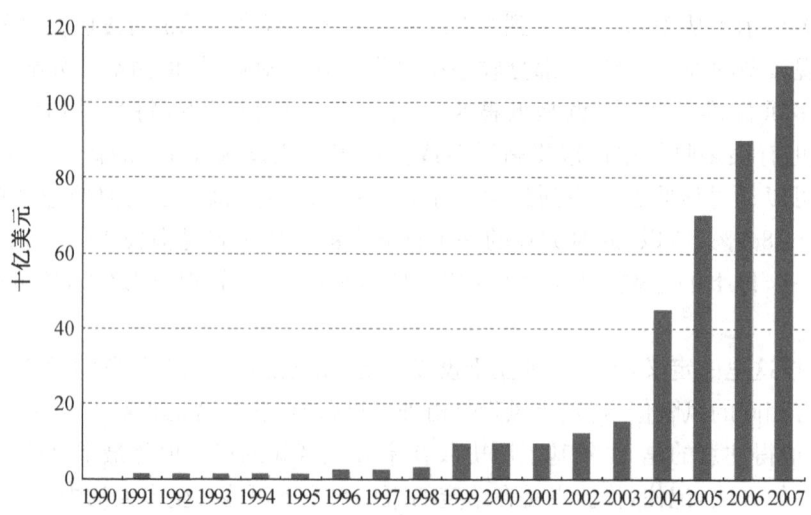

图 8-9　商品指数的资产额

2007 年全球每天原油消费量只有 40 亿到 60 亿美元,每天交易所挂牌交易的石油合约名义价值只有 400 亿至 600 亿美元。资金流向商品做多指数的理由可能与第一章阐述的逻辑类似:良好的长期运作收益率与股票、债券相关系数很低,标普 GSCI 指数是最流行的选择,所以我们将在本节检测其构成和收益率的具体细节。

二、指数的历史

正如前述,目前流行的商品指数最悠久的是经济学家商品价格指数,在 1864 年就发布了。20 世纪 30 年代,虽然商品价格已经广为传播,如《华尔街日报》,专门用了整幅版面报道商品期货的价格和新奥尔良棉花市场、芝加哥粮食市场、伦敦金属市场的每天市况,但美国商务部还是要求推出 CRB 指数,用于洞察美国的经济周期。20 世纪 30 年代还有 3 个(现已不存在了)商品价格指数每天在报纸上报道:道琼斯商品期货指数、穆迪现货商品指数以及路透英国商品指数。一个敏感原材料价格指数在 1961 年开始发布,被列入了经济分析局的领先经济指标指数(世界大型企业联合会——Conference Board, 2001)。研究商品价格直觉感性的逻辑是:当经济日益升温,对原料出现需求,这些材料的价格也会上涨,这样就会快速反映商业周期状态。但随后几年,发现大宗商品价格和商业周期的经验联系并不成立,所以 1996 年把大宗商品价格从经济领先指标中删除。

高盛在 1991 年推出了高盛商品指数(GSCI),从一开始就被设计成一个可投资的指数—— 即能反映投资者可获收益率的指数。2007 年该指数卖给了标准普尔公司,就是现在众所周知的标普 GSCI 指数。标普 GSCI 指数的主要特点是其期货合约指数的高度流动性,仔细考虑了从一个合同滚仓到另一个合同,量化了对流动性不足的合同删除以及补充新合约的流动性的标准。此外,每份期货合约的权重随时间的推移而转化,根据商品的重要性,既有期货交易价格又有成交量的函数,我们会进一步详细讨论标普 GSCI 指数的收益率。

三、各种商品指数比较

再看图 8-9,我们可以看到,在 2000 年之前,标普 GSCI 指数的资产增长虽稳定但却并不引人注目,但之后,当商品价格普遍被关注,同时股市的熊市使得投资者转而寻求新的投资方向。不久,大量资金流向标普 GSCI 指数等做多指数开始扩散。就像许多银行家一窝蜂一样,到 2007 年,几乎每一个投资银行都有自己的商品指数。表 8-3 是常见商品指数的概要,表 8-4 是常见商品指数月度收益率相关系数。

表 8-3　常见商品指数概要表

项目	路透/杰弗里斯 CRB 指数	标普 GSCI 指数	道琼斯 AIG 商品指数	罗杰斯国际商品指数	德意志银行流通商品指数	雷曼兄弟商品指数
信息描述						
数据起始第一月	1940.1	1969.12	1991.1	1998.7	1988.11	2000.12

（续表）

项目	路透/杰弗里斯 CRB 指数	标普 GSCI 指数	道琼斯 AIG 商品指数	罗杰斯国际商品指数	德意志银行流通商品指数	雷曼兄弟商品指数
指数构建月份	1940.1	1991.1	1998.7	1998.7	2003.2	2006.7
抵押担保收益率	无	有	有	有	有	有
彭博代码	CRY Index	SPGSCITR Index	DJAIGTR Index	RICIGLTR Index	DBLCMAVL Index	LBCITR Index
ETF 代码		GSG，GSP	DJP		DBC	
跟踪指数的资产预估值		600 亿美元	350 亿美元	70 亿美元	10 亿美元	
收益率						
1970 年 1 月～2006 年 12 月年收益率	3.0%	11.5%	7.8%	15.7%	13.2%	7.2%
年化标准差	12.0%	18.8%	12.3%	16.7%	19.7%	19.6%
年数	37	37	16	8	18	6
样本内年收益率		15.8%	4.1%		12.7%	
样本外年收益率		6.0%	11.2%		15.1%	

表 8-4 常见商品指数月度收益率相关系数表

月度收益率相关系数	路透/杰弗里斯 CRB 指数	标普 GSCI 指数	道琼斯 AIG 商品指数	罗杰斯国际商品指数	德意志银行流通商品指数	雷曼兄弟商品指数
路透/杰弗里斯 CRB 指数	1	0.72	0.81	0.81	0.57	0.78
标普 GSCI 指数	0.72	1	0.88	0.93	0.92	0.96
道琼斯 AIG 商品指数	0.81	0.88	1	0.91	0.84	0.95
罗杰斯国际商品指数	0.81	0.93	0.91	1	0.96	0.90
德意志银行流通商品指数	0.57	0.92	0.84	0.96	1	0.89
雷曼兄弟商品指数	0.78	0.96	0.95	0.90	0.89	1
各行业所占权重						
能源	39%	79%	33%	44%	55%	59%
粮食	13%	7%	21%	20%	23%	11%
基本金属	13%	6%	18%	14%	13%	17%

（续表）

月度收益率 相关系数	路透/杰弗里 斯 CRB 指数	标普 GSCI 指数	道琼斯 AIG 商品指数	罗杰斯国际 商品指数	德意志银行 流通商品指数	雷曼兄弟 商品指数
贵重金属	7%	2%	8%	7%	10%	8%
热带植物	21%	3%	9%	10%	0%	3%
牲畜	7%	4%	10%	3%	0%	3%
其他行业	0%	0%	0%	2%	0%	0%
商品数量	19	24	19	36	6	20

　　这些指数尽管滚仓时的规则也不同,但主要差异在商品配置上面,标普 GSCI 指数界限清晰,其方法包括对合约加权化处理(见图 8-10),基于大宗商品的实物产品总价值(既有价格又有成交量的函数)。道琼斯 AIG 商品指数和雷曼兄弟商品指数的权重基于其指数所包含的期货合约平均成交量,但稍有不同的权重。而其他指数的方法更自由裁量,这就出现了两个极端:极端不能变现的、非美元定价的罗杰斯国际商品指数以及选择 6 个流动性最高商品的德意志银行流通商品指数。

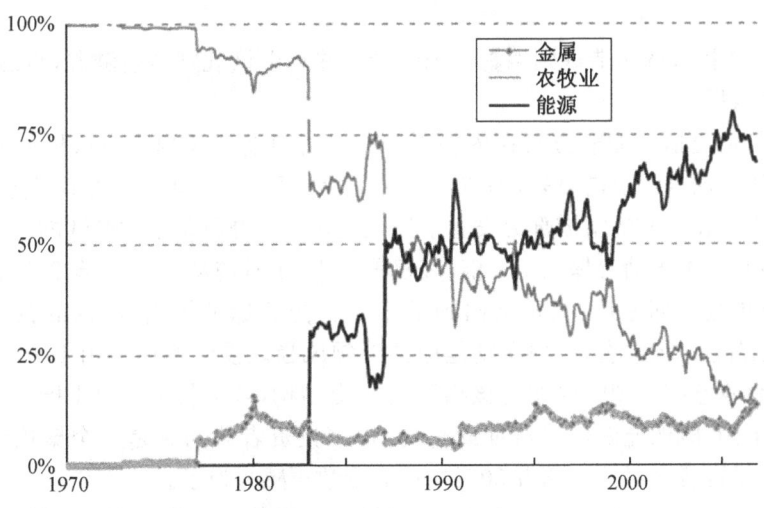

图 8-10　标普 GSCI 指数按板块加权指数(月度)

　　尽管各个指数收益率大幅变化,且完全根据各时段而定,但其月度收益率的相关性却很高。我们不采用事后诸葛亮式的所谓"样本内"收益率,而采用汇编了指数规则之后的实现收益率(即所谓的"样本外"收益率)。如表 8-3 和表 8-4 所示,这些指数的样本外收益率与样本内收益率经常有显著区别,但却不能保持一贯的优势或劣势。因而无法清晰地判断未来哪种指数做的最好。

四、标普 GSCI 指数的粗略分解

　　既然标普 GSCI 指数是市场的主导者,我们就应详细检查其结构和收益率。老的商

品指数只是在每个商品上设置静态的权重,而标普 GSCI 指数却专门创设了加权机制,该加权方式专用于标普 GSCI 指数的某些特定商品的收益率。第一步是按这些要求每年对备选的大宗商品期货合约进行筛选:①以美元标价;②在发达国家期货交易所交易;③交易要活跃。一旦选择好这类合约,权数就按该商品的全部生产量(视情况而选择世界或地区范围)以及商品期货价格的函数来设置。每大类的权重随时间而动态调整,就如图 8-10 所示,1970 年代早期,农牧业的权重令人惊讶地达到 60%,而现在能源类的权重却达 70%。

市场上所报道的标普 GSCI 指数有 3 种类型:现货、超额收益率和总收益率。现货指数来源于近期期货合约,不做调整,适用于合约到期后滚动到另一个月份的情形,因为没有滚动调整,这些收益率都是未实行的收益率。这个指数的变化会粗略告诉你,计划期结束后,近期合约的价格水平会发生怎样的变化。要注意,期货市场中,"现货市场"既可能是指期货的近期合约市场,也可能是指货币现金交易市场。为不致混淆,在本节提到实物商品价格时,用"现金市场";而"现货市场"专指标普 GSCI 系列指数中的同名指数。我们至今为止所说的"超额收益率"是指非抵押担保的期货收益率,标普 GSCI 指数的规则是用等额资金在该月第五个到第九个营业日时从该月合约转到下一个合约。我们所说的"总收益率"是指经过抵押担保的收益率,即保证金被假定投资在三月期美国国债上面。标准普尔会发布所有的 3 种标普 GSCI 指数、各种分类指数以及所包括的每种个别商品的收益率。

标普 GSCI 指数的构造规则编纂于 1991 年,并且以该规则向前溯源,重编了 1970 年至 1990 年的数据。

将商品价格囊括至加权方式在内使得原油产品在标普 GSCI 指数里面异常引人注目,从 1987 年原油合约引进以来,到 2007 年已占到 67%。这也导致了高盛指数在测试规则仿真期内收益率时的组成部分发生了惊人变化。白糖就是个戏剧性的例子,1973 年被引入该指数时,由于糖价暴涨了 5 倍,其权重在 12 个月内从 10% 升至 30%;再在 15 个月内,随着糖价被打回原形,权重又回到了 10%。随着原油被引入,糖的权重进一步下降,1987 年已降至 2% 左右,而现在则是原油独领风骚。投资者在引用 1970~1987 年阶段数据来观察收益率表现时要切记该指数的历史结构,今天标普 GSCI 指数主要是集中在能源板块上面,既然能源对经济如此重要,很多投资者认为它是一个聚焦经济的好选项,很少再有投资者会对一个糖占 30% 权重的指数再感兴趣了。

还有一个与标普 GSCI 指数表现相关的议题,假设价格围绕长期均值波动,在这种情况下,这种战略相当于在价格相对于长期平均价较高时买入,而价格较便宜时卖出,换言之,该指数将不断买高卖低。这可在图 8-11 中展现出来,它比较了两种牲畜类的组合,一个是猪腩和活牛的等权重组合,另一种则是开始时权重平均,但每月根据标普 GSCI 指数规则再调整。尽管这两种期货在这段时间里都明显上涨,但等权重组合(每年 6.5%)比动态组合(每年 3%)做得更好。如果投资者相信,有些商品相对于其他商品涨幅更大,那么动态权重指数要比静态指数是更好的选择。

表 8-5 列示从仿真期 1970 年开始时,标普 GSCI 指数系列的总收益率与第一章我们所构建的等权重指数收益率相似,尽管略低。相对于传统的资产,标普 GSCI 指数收益率与股票大体相似,但高于债券收益率,而与这两者的相关系数很低。自从 1991 年推出指数以来,尽管收益率稍逊于股票,而相关系数很低。

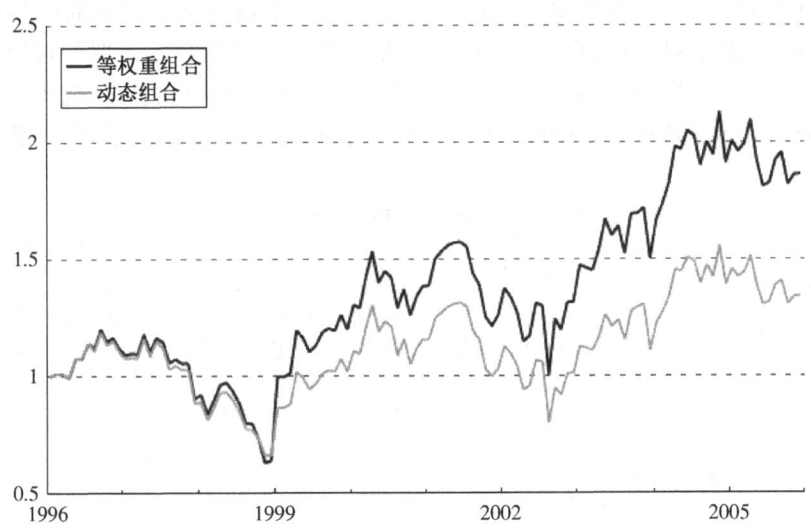

图 8-11　两种畜牧业组合的比较

表 8-5　标普 GSCI 指数收益率分析

项目	全样本阶段：1970.1～2006.12				样本外阶段：1991.1～2006.12			
	标普 GSCI 指数总收益率	抵押证券加权组合	标普 500 指数总收益率	美国 10 年债券总收益率	标普 GSCI 指数总收益率	抵押证券加权组合	标普 500 指数总收益率	美国 10 年债券总收益率
每月结算的年化几何收益率	11.51%	13.16%	11.23%	8.25%	5.36%	8.34%	11.78%	7.33%
每月平均收益率	1.06%	1.12%	0.99%	0.69%	0.58%	0.71%	1.01%	0.61%
月收益率标准差	5.43%	4.20%	4.39%	2.19%	5.44%	2.86%	3.94%	1.72%
平均标准差	0.19	0.27	0.22	0.31	0.11	0.25	0.26	0.35
最佳月份	25.8%	25.1%	16.8%	11.4%	16.9%	8.1%	11.4%	5.4%
最差月份	−15.6%	−12.8%	−21.5%	−7.4%	−14.4%	−6.1%	−14.5%	−5.7%
相关系数								
标普 GSCI 指数总收益率	1	0.75	−0.04	−0.07	1	0.73	−0.01	0.06
抵押证券加权组合	0.75	1	0.02	−0.16	0.73	1	0.17	−0.05
标普 500 指数总收益率	−0.04	0.02	1	0.20	−0.01	0.17	1	−0.01
美国 10 年债券总收益率	−0.07	−0.16	0.20	1	0.06	−0.05	−0.01	1

商品价格的变化及沿着期货曲线爬行的速率决定了持有抵押担保商品指数的收益率,标准普尔不提供这些收益率,或许是因为难以计算现金收益率,主要是选择使用何种确切的现金系列。尽管如此,我们尝试采用月度标普 GSCI 指数权重,并应用至每份合约的现金系列来拆分收益率,这种分析并不完美,但我们却认为这样是值得的。表 8-6 显示了结果。

表 8-6 标普 GSCI 指数收益率分解

标普 GSCI 指数总收益率分解					
项目	现金(A)	标普 GSCI 指数超额收益率(B)	标普 GSCI 指数总收益率(C)	近似利率(C-B)	近似爬行率(B-A)
全样本阶段(1970.1~2006.12)	5.87%	4.88%	11.51%	6.63%	−0.99%
原油加入标普 GSCI 指数之后(1987.1~2006.12)	6.94%	4.86%	9.82%	4.96%	−2.07%

原油差额收益率分解			
项目	原油现金	标普 GSCI 指数 WTI 原油单独超额收益率	近似爬行率
原油加入标普 GSCI 指数之后(1987.1~2006.12)	6.31%	11.21%	4.90%
原油最近进入正向市场的阶段(2005.1~2006.12)	13.12%	−8.62%	−21.74%

数据来源:A 栏是根据数据来源自己计算,B 栏和 C 栏通过高盛数据计算,是以年化几何收益率计算。

A 栏显示了根据标普 GSCI 指数加权方式加权的现金价格变化率;B 栏显示了标普 GSCI 指数超额收益率或持有期货的非抵押担保收益率;C 栏显示标普 GSCI 指数的总收益率或者我们称之为抵押担保收益率;最后两栏是根据投资者可能获得的收益率分解之后的粗略估算。在整个测试期间,通过标普 GSCI 指数,投资者每年获得 11.5% 的收益率。其中,稍微超过一半的收益率来自于设定的保证金的利息,大部分余额源于商品的价格变动。

我们对爬行率或者期货与现金收益率差额的粗略估计,无论是整个时期,还是加入原油之后,都略偏于负数,即计算表明,由于期货溢价超过了现货溢价合约所补偿的钱,使得货币投资者已经放弃,这也符合期货合约持有人至少要补偿储存成本的原理。负爬行收益率可能略微令投资者惊讶,因为原油现货溢价图上有所上升,所以我们开始增加两个分析:1987 年加入了原油期货合约的标普 GSCI 指数之后的指数和原油本身自己的走势。

考虑到单独的原油价格有沿着曲线爬行的预期结果,此时现金对收益率有几乎相等的贡献,此阶段原油曲线处于现货溢价状态。但这个阶段的最后两年却不一样,此时原油价格曲线主要处于期货溢价状态。

与在只做多的商品指数里面升值资产相一致的一个最重要变化是:原油期货曲线在近期合约期货溢价的时间更多,而不像历史上的现货溢价时间更多。所以,我们可以把近期在石油曲线平均形状所获得的实验也用来检验标普 GSCI 指数的历史表现上。图 8-12 绘制了 3 条曲线,最上面的曲线是标普 GSCI 指数超额收益率系列,包括了按照标普

GSCI 指数加权方式加权的非抵押担保期货收益率;中间的线是"标普 GSCI-石油现金",用石油合约的现金收益率代替期货收益率,即没有选用期货收益率,而是用了原油(布伦特和 WTI)、燃料油和无铅汽油的现金收益率。该图提示了:在检验阶段中,沿着石油结合物曲线的运动是标普 GSCI 指数关键来源。在该图中最有趣的线是标有"调整后标普 GSCI-石油现金"的线,它代表了和"标普 GSCI-石油现金"相同的现货石油收益率,并减去 2007 年 3 月结束之前 12 个月里面第一个与第二个合约价格的平均差额。我们的目的是回答这个问题:如果石油曲线看上去和最新阶段那样,标普 GSCI 指数会怎么办? 记住价差并不完全就是我们所想测试的,我们用第二个合约减去第一个合约,是把该差额作为第一个合约(这正是标普 GSCI 指数所投资的)与现金的差额的替代物。还要记住,我们假设在整个阶段,曲线形状将保持不变。我们第三条线显示如果 2005~2007 年期货溢价的逆风如果出现在以前,标普 GSCI 指数就可能是负收益率了。同样,我们还可以说,如果 2007 年石油市场曲线的期货溢价如果能够持久,且足够的大,就不但会把整个 1987~2007 年阶段在石油上面赚取的资本收益抹去,还会把在非石油期货品种上赚到的利润席卷一空。

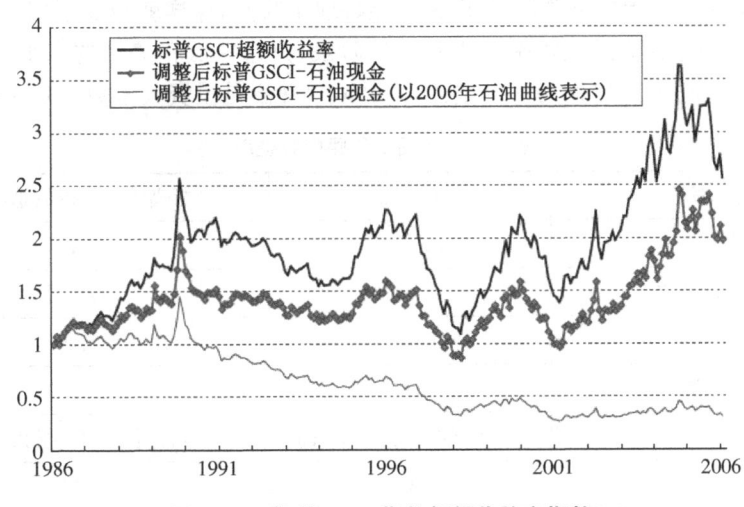

图 8-12　标普 GSCI 指数超额收益率指数

五、较新推出的商品指数

由于商品的投资变得越来越受欢迎,原油曲线在前端从现货溢价转移到期货溢价价差,发起人开始推出商品相关品种,我们将之称为半主动管理,即那些把曲线前段形状考虑进去的产品。德意志银行就在 2006 年推出这样的一种指数,该指数把最吸引人的滚动收益放入到期货合约的交易,这个概念虽引人注目却并不令人惊奇,其模拟收益率尽管非常强劲,但却过早地检验了这些方法的样本外收益率。

六、商品交易顾问(CTAs)

与指数投资截然相反,投资者可能更会对积极管理商品类项目感兴趣,会很自然地假设商品交易顾问能满足这个要求。商品交易顾问会使人以为是对商品投资管理的人员，但事实上，只是在全国期货联合会注册、提供期货交易建议的人员。全国期货联合会是一个在商品期货交易委员会监督下的自我管理的组织。所以即使商品交易顾问头衔上有"商品"两个字，却也不限制期货交易的种类。尽管我们本书讨论的是关于商品期货，但事实上建立于股票、债券、外汇之类的金融期货比商品期货交易得更多。

另类资产界有这样一种认识：CTAs主要交易金融期货，而且采用跟随趋势系统，近似与前几章所阐述的价格驱动交易原则。如果我们从主要的CTAs追随者——巴克莱集团中选取数据，至2007年，只有20个程序是农业指数，却分别有114个外汇指数、133个金融指数。另外，按照巴克莱集团跟踪的程序中，至2006年第三季度，基础交易策略的议题中有59％是有系统规则的，而只有18％是随意条件的，其余的是混合的。随意数据中，有一些除交易决策价格之外，还包括基本面数据。

我们可以从表8-7中看到商品交易顾问收益率，正如巴克莱CTAs指数所衡量的，与标普GSCI指数并不相关。可是，也可能出现这种情况，由于CTAs是主动地多空轮换，换言之，但标普GSCI指数下跌时，CTAs也能赚取正收益，这样就减少了相关性。要解释这种可能性，我们避开商品收益率为正和负的阶段，只选择低相关性的水平，而不管商品到底是上升还是下降，所以作为一个整体，商品敞口并不是投资大多数CTAs的好借口。

表8-7　商品交易顾问收益率

收益率	CTAs	标普 GSCI 指数总收益率
年化几何收益率	12.35％	8.10％
月度收益率年化标准差	16.18％	17.73％
收益率/标准差	0.76	0.46

月度收益率相关系数		
所有月份	当标普 GSCI 指数上升时	当标普 GSCI 指数下跌时
0.04	0.17	0.03

数据来源：巴克莱CTA指数，从1980年1月至2006年12月月度数据

七、证券市场商品的风险敞口

投资者有很多方法通过证券市场来持有商品敞口，商品相关证券（直接或通过共同基金投资的）既有商品敞口又有公司特有敞口，商品证券也会遭受更广义层面股票市场的波动，商品ETF对商品市场更关注，但却较新且迄今为止流动性还不顺畅，我们可以依次考虑每种投资选项。

1. 股票

投资者可以选择买入那些产品是大宗商品的公司，然而此时要注意：某些采掘业特别容易受到原有合同再谈判的风险（比如2006年委内瑞拉和欧美石油公司的风波），或者不管是事实上的（俄罗斯对尤科斯公司的破产整肃）抑或是法理上的（比如1970年代智利议会将智利铜矿资源过户给智利国家铜公司）。

　　由于政府拥有的采掘权只是世界范围内可供量的一小部分,所以我们还可以在证券市场上买相应的股票。比如,在原油市场上,沙特国有的阿美石油公司宣称它至2007年已探明储藏量将近2 600亿桶,是全世界最大的上市公司储量的12倍,即使一个公司开采权不变,替代产能也是被证明是需要充分发挥的。另一方面,上市公司可以因其专业能力而去承包国有公司,这样仍然可以对相关公司价格提供方向性敞口。

　　表8-8列有主要的自然资源公司,并有证券代码和主要上市国家(地区),对石油公司还列出了2006年年底的储备量[以百万桶石油当量(BOE)表示]。5年以上历史的公司还有与标普GSCI指数总收益率月及对应商品的相关系数,比如能源公司与原油、主业为某种金属的采矿公司与对应金属,还比较了多元化金属公司与3个主要工业金属——铜、铝、锌的等权重指数的相关系数,非常典型地可以看出,这些公司既与商品收益率又与股票市场的收益率相关(股票市场收益率即标普500指数的总收益率)。这种分析类似第一章,当时我们比较了证券指数与相应商品的收益率。

表8-8　主要自然资源公司及其股票

	公司名称	代码	上市国家(地区)	与对应商品的相关系数	与标普500指数总收益率的相关系数	2006年的石油储备(百万桶)
石油公司	埃克森美孚	XOM	美国	0.15	0.46	22 110
	英国石油公司	BP	英国	0.32	0.38	16 769
	卢克石油公司	LKOH	俄罗斯	0.07	0.39	15 931
	俄罗斯石油公司	ROSN	俄罗斯			12 597
	中石油	857	中国香港	0.35	0.28	11 627
	雪佛龙	CVX	美国	0.25	0.45	11 620
	荷兰皇家壳牌	RDSA	英国,荷兰			11 554
	康菲	COP	美国	0.30	0.41	11 169
	道达尔	FP	法国	0.21	0.36	10 728
	埃尼	ENI	意大利	0.30	0.42	6 436
铜业公司	安托法加斯塔	ANTOO	英国	0.35	0.24	
	弗里波特麦克莫兰铜金公司	FCX	美国	0.47	0.36	
	墨西哥	GMEXICOB	墨西哥	0.47	0.30	
	哈萨克斯坦铜业公司	KAZ	英国			
	皇家矿业公司	SMCV	秘鲁	0.38	0.14	
	南方铜业	PCU	美国、秘鲁	0.44	0.29	
铝业公司	美铝	AA	美国	0.39	0.57	
	中铝	2600	中国香港	0.46	0.48	
	加拿大铝业	AL	加拿大	0.42	0.59	

（续表）

	公司名称	代码	上市国家（地区）	与对应商品的相关系数	与标普500指数总收益率的相关系数	2006年的石油储备（百万桶）
锌业公司	澳大利亚锌开发公司	ZFX	澳大利亚	0.80	0.12	
	韩国锌业	010130	韩国	0.33	0.27	
	印度斯坦锌业	HZ	印度	0.36	0.05	
	博尔登	BOL	瑞典	0.51	0.42	
多元化金属公司	必和必拓	BHP	澳大利亚	0.41	0.36	
	英美资源	AAL	英国、南非	0.49	0.47	
	斯特拉塔	XTA	英国、澳大利亚	0.50	0.46	
	特克科明科	TCK/A	加拿大	0.43	0.32	
	力拓	RIO	英国、澳大利亚	0.44	0.45	

注意:相关系数是以1990~2006年的月度百分比收益率计算,石油储备以百万桶石油当量表示。

2. 共同基金

不准备在单独期货合约上投机的个人投资者还有另一个选项:专营自然资源证券的共同基金。晨星公司在它的专业自然资源指数里面跟踪了这个板块的专业共同基金收益率,大约有50个专注于生产、炼油、运输或零售的天然资源公司股票,这些基金能完全聚焦于天然气或可能横跨整个自然资源公司。

目前没有一个投资工具能达到晨星专业自然资源指数那样的业绩。所以,虽然它并不是这类指数理想的代表,但还是体现了业界水平。与其他资产不同,共同基金指数包括了佣金率,这当然会降低晨星的收益率,这类指数的收益率在表8-9中显示。从广义上讲,共同基金的平均收益率好于前面所述的等权重商品期货指数和更广义的股票指数,尽管风险稍微大一点。表8-9的相关系数暗示自然资源共同基金结合了商品和股票的特点。

表8-9　自然资源共同基金的相关系数

项目	晨星专业自然资源	标普GSCI指数总收益率	等权重抵押组合	标普500指数总收益率
收益率分析				
年化几何收益率	12.3%	5.9%	9.3%	10.9%
收益率年化标准差	19.1%	19.3%	10.1%	13.6%
平均*	0.64	0.31	0.93	0.80
最佳月收益率	16.5%	16.9%	8.1%	9.8%
最差月收益率	−19.2%	−14.4%	−6.1%	−14.5%
月度收益率的相关系数				
晨星专业自然资源	1	0.58	0.59	0.51

（续表）

项目	晨星专业 自然资源	标普 GSCI 指 数总收益率	等权重 抵押组合	标普 500 指数 总收益率
标普 GSCI 指数总收益率	0.58	1	0.73	0.00
等权重抵押组合	0.59	0.73	1	0.20
标普 500 指数总收益率	0.51	0.00	0.20	1

注意：1992 年 5 月推出晨星自然资源指数，所有数据都以此为起点。＊表示：这一栏是平均月度收益率除以月度收益率标准差。

3. 交易所交易基金（ETFs）

由于商品的日益风行，2005 年起大宗商品的交易所交易基金（ETFs）也开始启动。就商品投资方式而言，这些基金复制指数，或者买入并完全对冲了单个商品期货的风险。现在有数十个这类基金，大多数成交寡淡，大型专业投资者从中进行选择，量身度作为场外投资工具。像交易股票一样，ETF 对任何想要投资商品世界的人打开了大门，所以对那些不想专门开立期货账户的人来说，是个非常好的选项。表 8-10 展示了美国上市的几种商品 ETF，在 2006 年 9 月，ETF 证券有限公司推出了一系列指数和在 LME 上市的单一商品交易所买卖基金。

表 8-10　美国上市的几种商品 ETF 概况表

ETF 名称	ETF 跟踪的指数	2007 年市值 （10 亿美元）	代码
Street Tracks Gold Trust	Gold	14.60	GLD
iPath DJ-AIG Commodity Index	DJ-AIG Index	2.30	DJP
Deutsche Bank Commodity Index	DB	1.30	
Powershares DB Agricultural	Deutsche Bank Agricultural Index	0.70	DBA
US Natural Gas Fund LP	Natural Gas	0.50	UNG
US Oil Fund LP	WTI Oil	0.40	USO
iShares GSCI Commodity	标普 GSCI 指数	0.40	GSG
iPath 标普 GSCI 指数	标普 GSCI 指数	0.20	GSP

八、结论

让其他人为你投资必然有利有弊，许多投资者不能或不愿自己购买商品期货，如果只想要挑选某种针对一种或一篮子商品的被动投资工具，那么本节所述的投资工具可以使投资者不费吹灰之力做到这一点。但自然资源共同基金会将投资者置于证券市场的异动和商品市场的波动之中，更不用说要依靠基金经理的技能水平如何。在某些极端情况下，商品期货指数可能会有预期收益率较低的投资情况，比如标普 GSCI 在 2005～2007 年大多数期间处于原油曲线期货溢价状态。不管怎样，正如本书反复所强调的，投资成功的第一步是了解市场和你投资的工具。

第三节 结 论

大宗商品是 21 世纪之初最令人激动的投资主题之一,几十亿的美元进入被动的做多策略中,过去几十年里这些策略卓有成效,但未来它们也能同样奏效吗?

任何投资策略是否可取必须满足两个标准:①明智合理;②历史检验有效。很多人认为第一个标准完全满足商品:世界人口越来越多,购买力越来越旺盛,而地球自然资源却如此稀缺,所以价格就得上涨,争论就此出现。作为反方,我们提供了更多的论据:商品不是投资资产,它们存在就是为了被消耗的,而且无法像占有股票和债券那样天然地产生现金流。

此外,尽管从某种绝对意义上来看,世界资源是稀缺的,但很难说在何处终结或趋于终结。比如,技术发展以及人口增加会激励人们使大量荒地变为耕田。当然,没人确切知道商品价格的趋向,很可能随时间价格上涨——通货膨胀总是趋于使绝大多数商品价格上涨——但问题是否会以实际价格上涨,抑或是在和其他投资选项(如股票)比较之后变得更为有利,那就是另一个问题了。

通过历史检验问题可以明确地回答,过去几十年里,投资与商品期货组合,包括利息,都表现得很好,有相当于股票的收益率。既有和股票市场相似的波动率,却又和证券市场几乎不相关。滚动总收益率或爬行率一般都是负的,但在某些重要的情况下,如原油,却是显著性正收益率。

然而历史检验往往疑云密布,令人疑窦重重。经济学人商品物价指数(一个商品的现金指数,不是期货指数)在其 19 世纪中叶开端时期就是负收益率,股票的收益率远超过商品的名义收益率。而且当 20 世纪 20 年代后期股票市场崩盘时,商品价格也随股票下降。

更近一点,在 21 世纪早期,也有很长一段时间原油期货曲线急剧地期货升水。考虑到许多常见的指数在石油上面配置了极大的权重,下次这种情况是否发生,使指数投资者面临一个重大挑战。正如第八章第二节"指数的上升"所述,如果历史上充斥着近期的期货溢价现象,标普 GSCI 指数的投资者就不会在过去 20 多年里赚钱。投资一个商品指数,投资者应当仔细研究这种情况,为有效处理结果,应综合掌握下列几点:①确信商品价格即将上涨;②期货市场处于反向市场状况(即现货溢价状态);③短期利率高企。

如果有事实表明商品指数并未提供具有吸引力的机会,那也不说明整个商品风潮已经转向。本书的一个主题就是:从投资前景来研究商品,会使投资者们大有裨益。深刻了解商品及其市场,会帮投资者评估各种各样其他的基于商品的策略。这些策略近年来蓬勃发展,例如简单的商品证券(如石油公司)、基于商品的风险投资、商品对冲基金、战术性商品策略,更有甚者只是为了锁定冬季燃料油价格。

长期来看,有些商品价格前景更为强势,比如稀缺性或无替代商品会比那些储能丰沛且易被替代商品的价格更强。例如相对于铝,铜较为稀缺;世界经济的现实框架使得原油没有很多替代品。但另一方面,如果小麦涨价了,人们可以吃别的农作物或者开耕更多农田种小麦。那些拥有稀缺资源的公司会比拥有丰富资源的公司赚更多的利润。

正如前面各个商品的章节所说明的那样,供给冲击是一个普遍的主题:天气、罢工、政治动荡、自然灾害、政治干预——所有这些都会使商品价格暴涨,当然这是商品独有的,金融资产并不存在供给冲击。

收集并量化模型中重要信息是可能的,我们在"商品期货交易系统基础"给出了一些指引。但是想要让所构的模型能实际有效运转非常困难,建模结果往往不够成功,甚至与理想状况相差十万八千里。然而,复杂的建模过程可以迫使人们不得不深思熟虑地检验自己的想法,使人仔细考虑历史上影响价格的各种因素,这会加深了人们的悟性,也提供了评价策略的前因后果。

最后,对于大多数读者来说,可能既不从事商品行业也不进行投资,只是彷徨于两端之间,我们希望通过本书所提供的数据、分析方法以及思考框架能帮助你决定到底选择哪条道路。

巩固训练与提高

1. 建立商品期货基本面交易系统的步骤有哪些?
2. 请用凯恩斯的正向、反向市场理论解释期货曲线形状。
3. 霍林特理论适用在哪些领域?
4. 如何发现商品市场中的锚变量?
5. 试述资金最大损失率概念。
6. 试述各大商品指数的不同点。
7. 试述投资商品的不同途径。

附录一　第三章至第七章案例答案

5 个案例的答案：即违反哪一条谬误。

第三章违反第 3、5、10 条。

第四章违反第 1、3、4 条。

第五章违反第 2、4 条。

第六章违反第 9、10 条。

第七章违反第 7、12 条。

伦敦金属交易所(LME)

LME 拥有 6 个主要工业金属的活跃交易:铝、铜、铅、镍、锡和锌,本书集中讨论铝、铜和锌。

1. LME 概述

LME 与本书前面所讨论的其他交易所有着本质的区别,其运作模式介于远期市场和期货市场之间。LME 这一独一无二的特点归因于其历史上强烈的实体产业经济倾向:假设每份合同都会实物交割,这些商业需求导致了更多的交割数据,比其他交易所更精心制作的合约规格。

典型的商品期货市场会在合约中规定每月的到期期限,这个期限取决于交易参与者期望交割期和交易到期日之间基差风险的对冲。不只 LME 如此,几乎所有市场原则上都有交割日期。合约的交割日期起始于现金付款时(即最后交易日,在到期日的前两个交易日),每天延期 3 个月。LME 在每个星期三对 3 个月到 6 个月期合约提供结算,每隔 3 个星期三对 6 个月到 63 个月合约提供结算。

最重要也是流动性最强的是 3 个月合约,通常其他合约都以对 3 个月合约的现货溢价或期货溢价的美元报价,比如,6c 表示对 3 个月合约期货溢价 6 美元,6b 表示对 3 个月合约现货溢价 6 美元。各月合约与 3 个月的协同是有历史原因的,LME 的第一个品种就是铜,而铜矿石从智利经海路运到欧洲的时间恰好是 3 个月。在那些更长期合约中,15 个月、27 个月和 63 个月的合约在流动性变现方面都扮演着至关重要的角色。

如果有人不愿意在 15 个月、27 个月和 63 个月合约的日期交易的话,那么他只要提出申请调整日期就可以了。比方说,有人买了在 6 月 15 日交割的 3 个月合约的铜矿石,那么他就可以调整到他想要交割的具体日期,比如 6 月 8 号。此时,如果铜市场在这一期间期货溢价,那这位买家就可以得到相对于 3 个月合约的折扣;如果铜市场是现货溢价,那么他就按 3 个月合约费率多付费用。但这样的话,就需要这种市场调整是特别不透明的。在非正规流程里,你可能需要支付两笔佣金,至少是隐形地两笔,一次是交易矿石时,还有一次是调整到目标期时。如果你确实想要调整交割期,那么尽量改在周三(或每隔 3 个周三)交易,因为这是流动性最高的时候。

LME 报价在全世界范围内为大多数直接参与金属交易者(尤其是那些不通过 LME 仓库的)提供了参考基准,商业出版物在 LME 报价基础上加上一笔溢价金,该溢价金视交割品种的不同等级和地域而变化。比如,美国中西部 99.7% 高纯度的 P1020 铝锭在美国中西部交割,那么溢价金为每磅3.5美分。很多市场参与者密切关注溢价金的高低,把它当作市场供货的风向标,溢价金越高,说明货源供应就越少。

就像典型的期货交易所一样,LME的每一笔合约都是标准化的,然而制定这个标准却颇费周折。LME交易的实物金属必须是属于特定清单上的450家注册品牌,才可以进行交割。并且,对应于合约期满的金属交割及回收必须在400多个LME登记的仓库中进行。在可交割金属运抵仓库之后,其拥有者会收到一份充作财产所有权的仓单,这张仓单记录了金属矿石的重量、品牌、原产地和矿石的存放位置,LME库房所发行的仓单里的金属如果已经列在仓单上了,那么就被认为是被担保了。当有人想要赎回仓单,以得到该金属,那么仓单就被注销,矿石现在就处于脱离担保状态,但依然可以存放在伦敦金属交易所的库房里。相对于金属自身来说,仓单的流动性对于卖家更为重要,仓单可以被卖掉、与另一笔仓单交换、持单投机、作为抵押或者甚至转移给另一个客户。

对那些不想交割或接受交割的交易者来说,品牌和仓库的区别无足轻重。但对那些实物市场的玩家来说,这些却是至关重要的。在LME,交割听凭卖家处置,因此,卖家可以根据其需求来移交仓单,具体移交哪种呢?毫无疑问,肯定是最低价值的仓单。当然,对那些要在更合乎需要的地点交换更合意的品牌,本来要收取适当额外费用的,卖家却想要免费,但这不正是博弈之道吗?

这就令人疑窦重生了:LME不是通常在交易厅内设定标准级别金属价格的吗?如果前面所说的还不能使你明白,那么从另外一个层面来说吧,交易所仓库不是让卖家堆放金属的地方,如果卖家马上把货物销售给了顾客,那么不会收他额外的仓储费用。此外,买家宁可在更方便的地方接受金属,即便那里正是典型的收费高的地方。LME是没人要的金属的堆积场,虽然是做非常重要目的的堆积场,但仍旧是堆积场。

2. 交易细节

LME有各种各样种类金属,但关键的玩家是11家场内结算会员(ring-dealing members),每一家场内结算会员都坐在场内的固定位置上,该交易厅共11个座位,各会员公开叫价交易,特定的小范围结算会员,显然要比CME的点对点的混乱公开叫价要庄重得多。

LME的交易日经过精心设置,核心交易日分解成商品专门小节(ring trading)和商品混合交易小节(kerb trading)。每个金属都有4~5分钟的专门小节,两节在上午,两节在下午,交易员可以直接关注特定的金属,专门小节也有实际的流动性,原则上,其他金属也可以交易,但却可能有价无市,一天官方价格在第二小节订出。

除了专门小节之外,还有两个混合小节进行各个金属的交易。混合交易有点像信步漫游式的交易,上午混合交易有90分钟,下午有45分钟。混合交易是多用途的、低强度的,如果交易量太低,场内会员就会从他们的座位上走开,流动性因而就更低,但可能更好收拾了,因为就临近结束了。在最后一个混合小节结束时,收盘估价就可以确定出来,此时交易主要集中在场外,通过电话24小时不断进行混合交易,但此时交易往往很寡淡,流动性很低。

此外,公开叫价市场和场外电话交易市场是在LME电子交易平台上进行的,这被称为LME Select。它从伦敦标准时间上午1点到下午7点,通过公开叫价交易,LME会员公司一起与LME Select相连,来为客户执行交易,这个电子平台为市场增加了流动性,特别是为特定金属设计的场外交易时间。

在 2006 年 12 月，LME 启动了 LME 迷你合约，它是小型的、每月现金结算的期货合约，可以在 LME Select 或通过场外电话市场交易，LME 迷你合约有铝、铜和锌，未来可能会成为较小资金投资者投机的良好工具。在 2007 年整个夏天，还未引起多大关注，所以投资者在介入这些合约之前，要充分验证其流动性的存在。

想要得到进一步的信息，可以参阅《沃尔夫伦敦金属交易所指南》(*Wolff's Guide to the London Metal Exchange*)或者上 LME 的官方网站(www.lme.co.uk)。

还要注意，LME 的很多合约以前是以英镑而非美以元交易的，如果要构筑长期历史价格时应特别注意。